DROEMER

JAMES COMEY

Nichts als die Wahrheit

Der Ex-FBI-Direktor über die Unterwanderung des amerikanischen Justizsystems

Aus dem amerikanischen Englisch von
Gisela Fichtl, Karl Heinz Siber, Pieke Biermann, Hella Reese,
Monika Köpfer, Karsten Singelmann, Elisabeth Liebl,
Stephan Kleiner und Christiane Bernhardt

DROEMER

Die amerikanische Originalausgabe erscheint im Januar 2021 unter dem Titel *Saving Justice: Truth, Transparency, and Trust* bei Flatiron Books, New York.

Besuchen Sie uns im Internet:
www.droemer.de

Aus Verantwortung für die Umwelt hat sich die Verlagsgruppe Droemer Knaur zu einer nachhaltigen Buchproduktion verpflichtet. Der bewusste Umgang mit unseren Ressourcen, der Schutz unseres Klimas und der Natur gehören zu unseren obersten Unternehmenszielen. Gemeinsam mit unseren Partnern und Lieferanten setzen wir uns für eine klimaneutrale Buchproduktion ein, die den Erwerb von Klimazertifikaten zur Kompensation des CO_2-Ausstoßes einschließt.
Weitere Informationen finden Sie unter:
www.klimaneutralerverlag.de

FSC
www.fsc.org
MIX
Papier aus verantwortungsvollen Quellen
FSC® C083411

Deutsche Erstausgabe Januar 2021
Droemer Verlag

Lektorat: Kristian Wachinger
Covergestaltung: total italic, Thierry Wijnberg
Coverabbildung: gettyimages / Bill Clark / Kontributor
Satz: Adobe InDesign im Verlag
Druck und Bindung: CPI books GmbH, Leck
ISBN 978-3-426-27855-0

2 4 5 3 1

INHALT

EINFÜHRUNG

Der US-Bundesanwalt ist nicht der Repräsentant einer Partei in einem Rechtsstreit, sondern der des Souveräns, und gleichermaßen zwingend zu unparteiischem Handeln wie zum Handeln überhaupt verpflichtet.

United States Supreme Court, 1935

Wir haben ein paar der schönsten Huren der Welt‹, hat Putin zu mir gesagt.« Donald Trump saß wie eingerahmt zwischen Bill Clintons goldenen Oval-Office-Vorhängen, mit Hintergrundbeleuchtung durch das schwindende Licht eines späten Februarnachmittags. Er war erst seit siebzehn Tagen im Amt und noch nicht fertig mit dem Umdekorieren, aber weil er Gold liebte und Obama hasste, hatte sein Stab vermutlich beschlossen, dass es die alten Clinton-Vorhänge auch erstmal taten. Sie hingen jetzt zu beiden Seiten seines grellgoldenen Kopfs, und er erzählte mir von Putins Ansichten über russische Prostituierte.

Ich war Direktor des FBI, im vierten meiner vorgesehenen zehn Dienstjahre. Laut Amtsauftrag hatte ich das Land vor seinen Gegnern zu schützen, unter anderem vor einem aggressiven Russland, das aktiv mitgeholfen hatte, diesen Mann auf den Stuhl des Resolute Desk zu bringen, auf dem er jetzt mir gegenüber thronte und in Erinnerungen an eine schlüpfrige Unterhaltung mit dem russischen Machthaber schwelgte.

Zwei Wochen zuvor und nur ein paar Schritte entfernt hatte Donald Trumps Nationaler Sicherheitsberater FBI-Beamte über seine Gespräche mit den Russen belogen. Das Justizministerium war führungslos, nachdem meine Chefin, die geschäftsführende Justizministerin Sally Yates, von Trump gefeuert worden war, weil sie sich geweigert hatte, den von ihm per Dekret verfügten »Muslim Ban« umzusetzen, einen Einreisestopp für Muslime, der noch immer für Chaos auf den Flughäfen sorgte. Der neue Präsident hatte die ersten Angriffe auf die Intelligence Community, die Gemeinschaft der US-Nachrichtendienste, zu der das FBI gehörte, gestartet. Über kurz oder lang würde er sich den kompletten Justizapparat vornehmen, der versuchte, die Gründe für all die Lügerei und all die Verbindungen zwischen Trump und Russland herauszufinden. Aber das war erst der Anfang des Generalangriffs auf die Justiz und ihre Werte. Er sollte sich noch Jahre hinziehen und einer unentbehrlichen amerikanischen Institution gravierenden Schaden zufügen.

Seit seinen Anfängen hat Amerika Institutionen geschaffen und gepflegt, in denen es um die Wahrheitsfindung geht. Seit Jahrhunderten trägt Justitia auf allen Darstellungen eine Augenbinde. Sie strebt danach, die Wahrheit allein durch die Gewichtung der Fakten und ohne Ansehen der Person zu finden. Die Verfassung will es, dass Bundesrichter ihr Amt auf Lebenszeit bekommen, damit sie nicht in Gefahr geraten, aufgrund von politischem Druck die Augenbinde abzunehmen. Das Justizsystem wurde auf dem Grundsatz errichtet, dass die Bundesanwaltschaft, wie es der Supreme Court 1935 formuliert hat, die Rechtsvertretung für eine Idee – nämlich der Gerechtigkeit – ist, und nicht für einzelne Mandanten. Ebenso wenig ist der Justizminister, der als »General Attorney« den Titel des Generalstaatsanwalts trägt, der persönliche Anwalt des Präsidenten. In den Worten von Robert Jackson, der kurz selbst Justizminister gewesen war, bevor er zum Richter am Supreme Court ernannt und nach dem Zweiten Weltkrieg als amerikanischer Hauptanklagevertreter zu den Nürnberger Kriegsverbrecherprozessen gesandt wurde: Der Justizminister »hat eine Verantwortung gegenüber anderen Menschen als dem Präsidenten. Er ist der Rechtsvertreter der Vereinigten Staaten.«

Das Justizministerium und das Justizsystem im Allgemeinen sind alles andere als vollkommen, was das Streben nach inspirierenden Idealen betrifft. Das gilt seit Langem und für Amerika insgesamt. Menschen und die von ihnen geschaffenen Institutionen sind geprägt von Voreingenommenheit, Ängsten und abwegigen Leidenschaften und bleiben immer hinter den Erwartungen zurück.

Die Justiz ist da keine Ausnahme. Unschuldige werden verurteilt, Schwarze Menschen kommen viel zu oft ins Gefängnis, arme Menschen werden viel zu selten anständig vertreten, dabei hängt in unserem System die Gerechtigkeit oft von der Qualität des eigenen Anwalts ab. Es ist sehr vieles falsch an der Rechtsprechung in Amerika. Aber eines war immer richtig an der amerikanischen Justiz, nämlich ihre in Generationen durch das Justizministerium geschaffene Realität und ihre Reputation. Jahrzehntelang und insbesondere in den fünfundvierzig Jahren seit Watergate wurde Justizmitarbeitern eine Art Sonderstellung zugedacht – als Menschen, die zwar Fehler haben wie alle anderen auch, und doch irgendwie anders sind, vertrauenswürdig. Ihnen traute man zu, schwierigste Situationen zu klären, gegen Politiker zu ermitteln, schmerzhafte ethnische Konflikte in Angriff zu nehmen, nach der Wahrheit zu suchen und dem amerikanischen Volk die Wahrheit zu sagen.

Wenn diese Sonderstellung im amerikanischen Leben für die Mitarbeiter der Justiz nicht mehr gilt, verlieren wir alle an Sicherheit. Wenn Staatsanwälte von Geschworenen, Richtern, Opfern, Zeugen, Polizisten und gesellschaftlichen Gruppen als Angehörige einer politischen Clique angesehen werden, denen man entsprechend weniger trauen kann, dann geht etwas Wesentliches verloren.

Donald Trump hat zusammen mit seinem Justizminister William P. Barr das Vertrauen der Nation in die Justiz massiv zersetzt. Trump hat nie viel auf die Reihe gekriegt, aber er war immer außergewöhnlich gut darin, erbarmungslos gegen Menschen und Institutionen vorzugehen, die er als Bedrohung empfand. Anfangs wurden seine Lügen nach dem Prinzip des Tods durch tausend Stiche noch durchkreuzt, denn Jeff Sessions, sein erster Justizminister, stand bei all seinen Fehlern treu zu den altgedienten Regeln. Er ordnete vom Präsidenten gewünschte Ermittlungen nicht an und zog sich aus den Ermittlungen zur russischen Wahleinmischung 2016 zurück, weil er selbst eine Schlüsselfigur in Trumps Wahlkampagne gewesen war. Trump feuerte ihn, ersetzte ihn durch Bill Barr, und der erwies sich als weniger sensibel für die Werte der Justiz. Barr war von Anfang an das Echo des Präsidenten, er plapperte dessen unlautere Aussagen über die Arbeit des Ministeriums nach und agierte offenkundig gemäß den eigennützigen Forderungen des Präsidenten nach Ermittlungen und Anklagen. Das Justizministerium hat dadurch Schaden genommen. Und es wurde weiter beschädigt, als sein Chef Barr das amerikanische Volk über die Arbeit des Sonderermittlers Mueller in die Irre führte. Und noch einmal, als er intervenierte, um im Prozess gegen einen Freund des Präsidenten die von den Beamten im Ministerium empfohlene Verurteilung zu hintertreiben. Und ein weiteres Mal, als er massiv intervenierte, um einen Prozess gegen einen politischen Verbündeten des Präsidenten zu torpedieren, der sich bereits zweimal schuldig bekannt hatte.

Wenn unser Land wieder gesund werden soll, muss dieser Schaden behoben werden. Mein Buch ist ein Versuch, etwas zu dieser lebenswichtigen Aufgabe beizutragen – ich möchte meinen Landsleuten in Erinnerung rufen, wie die Justiz als Institution funktionieren und wie ihre Führungspersönlichkeiten sich verhalten sollten. Ich hatte das große Glück, unter Republikanisch wie Demokratisch geführten Regierungen Ämter innezuhaben – als Staatsanwalt, als US-Bundesanwalt, als Beamter des Justizministeriums und als Direktor des FBI –, und ich möchte anhand von Geschichten aus meiner Arbeit beleuchten, welche lebensnotwendigen Kernwerte die amerikanische Justiz hat und warum wir die heftige Korrosion überwinden und reparieren müssen, die ihr Trump und seine Unterlinge mit ihrer Unehrlichkeit, ihrem Klüngel, ihrer politischen Geschäftemacherei und ihrer moralischen Skrupellosigkeit zugefügt haben.

Meine Justizkarriere begann als Staatsanwalt in Manhattan, wo ich sechs Jahre lang eine Menge Fälle bearbeitet habe und – durch Vorgesetzte, Kolleginnen und Kollegen und eigene Fehler – schmerzhaft lernen durfte, dass das Justizsystem dazu verpflichtet, immer und vollständig die Wahrheit zu sagen, auch die Zeugen dazu zu bringen und sich mehr um die Schaffung von Gerechtigkeit zu kümmern als ums Siegen. Danach lernte ich während drei Jahren in einer privaten Rechtsanwaltskanzlei, dass Strafverteidigung harte Arbeit ist, und erfuhr noch einmal neu, dass ein Staatsanwalt keinen Mandanten im üblichen Sinn des Wortes, sondern das ganze Konzept Gerechtigkeit zu vertreten hat. Als ich danach zur staatlichen Justiz zurückkehrte, war ich sechs Jahre lang Bundesanwalt in Virginia und wieder Ankläger – und lernte, dass zum Aussprechen der Wahrheit das Halten von Versprechen gehört –, aber meine Arbeit drehte sich bald mehr um Mitarbeiterführung und die gesellschaftlichen Auswirkungen unserer Arbeit. Das Vertrauen der Öffentlichkeit in die Justiz war alles, das wurde mir sehr klar, ohne dieses Vertrauen konnten wir unsere Kernaufgabe nicht erfüllen: Sicherheit für die Menschen. Es musste gepflegt werden, und nur im Gerichtssaal die Wahrheit zu sagen, reichte nicht. Wir hatten auch die Pflicht, transparent zu agieren und unseren Landsleuten zu erklären, was wir tun und warum.

Nach dem 11. September 2001 wurde ich erst leitender Bundesanwalt in Manhattan und dann Stellvertretender Justizminister in Washington – die Nummer zwei im Ministerium. Hier lernte ich, dass es ein für das Vertrauen der Öffentlichkeit entscheidender Faktor ist, dafür zu sorgen, dass Politik bei unseren Entscheidungen keine Rolle spielt. Zwar wurden die Führungskräfte von der Politik ernannt – ich selbst auch zum ersten Mal in New York und dann in Washington –, aber unsere Arbeit hatte apolitisch zu sein. Wenn wir effektiv arbeiten wollten, mussten wir als von politischen Interessengruppen getrennt und unabhängig gelten können und unsere Entscheidungen allein aufgrund von Tatsachen und Gesetzen fällen. Und wenn wir die Öffentlichkeit davon überzeugen wollten, mussten wir unsere Arbeit nach außen vertreten.

Ich wurde zu einer Zeit FBI-Direktor, als Amerika stark polarisiert war, und es notwendiger denn je für das Vertrauen des Landes war, unsere Arbeit transparent zu machen und die Wahrheit zu sagen – auch über erschütternde eigene Fehler. Wenn es in Amerika gerecht zugehen sollte, durften wir weder zu irgendeinem Team gehören, noch irgendeiner Führungsfigur persönlich zu Loyalität verpflichtet sein, auch nicht dem Präsidenten.

Die Geschichten in diesem Buch handeln von Erfolgen und Niederlagen, Fakten und Lügen, Sachzwängen und Versehen. Sie bieten schmerzhafte Lektionen darüber, dass im Zentrum unseres Justizsystems die ganze Wahrheit stehen muss und eine von Menschen geschaffene Institution auch grauenhafte Fehler macht. Und dass man als Rechtsvertreter des amerikanischen Volkes, das eben kein üblicher Mandant ist, eine andere Art von Verpflichtungen hat. Die Geschichten illustrieren, dass auch politisch ernannte Juristen getreue Sachwalter einer apolitischen Justiz sein können und wie hoch der Preis ist, wenn sie dieser Verpflichtung nicht gerecht werden. Meistens sollen sie aber vor allem zeigen, dass Wahrheit etwas Reales ist und gesucht, gefunden und ausgesprochen gehört – im Gerichtssaal, in Konferenzräumen, bei Vernehmungen –, ohne Ansehen von Privilegien, Beziehungen oder Parteizugehörigkeiten.

Hier überall den Primat der Wahrheit wieder durchzusetzen und in der Zeit nach Trump das Vertrauen wieder herzustellen, darum geht es in diesem Buch. Donald Trump wird nach dem 20. Januar 2021 nicht mehr Präsident sein. Die Justizinstitutionen, die er zu desavouieren versucht hat – mit seiner Attacke auf die Wahrheit an sich –, müssen repariert und gestärkt werden. Die Lügenpandemie wird wiederkommen wie ein Virus – durch sie sind zu viele aalglatte Leute zu Macht und Geld gekommen, sie werden wieder darauf setzen. Um darauf vorbereitet zu sein, müssen unsere Institutionen stärker und widerstandsfähiger werden. Dieses Buch ist nicht für Rechtsexperten oder Historiker gedacht, sondern für normale Bürgerinnen und Bürger – denn mit dem Thema sollten wir uns alle auskennen –, und es handelt davon, warum und wie wir daran arbeiten müssen.

Erster Teil

GERECHTIGKEIT LERNEN

Als Staatsanwalt in Manhattan wurden mir die Werte unserer Justiz bewusst: immer und vollständig die Wahrheit zu sagen, auch Zeugen dazu zu bringen, egal wie sehr sie sich dagegen sträuben; nie eine Argumentation aufbauen oder einen Fall übernehmen, wenn man nicht daran glaubt; sich seiner Grenzen und Möglichkeiten stets bewusst sein. Doch all dies führte immer wieder zum Essenziellen: Wessen Sache vertrittst du eigentlich? Ich hatte begriffen, dass ich nicht einen Ermittler, nicht einen Zeugen, nicht meine Vorgesetzten vertrat, ja nicht einmal mich selbst. Ich vertrat etwas Größeres und Wichtigeres – die Gerechtigkeit. Das amerikanische Volk erwartete von mir nicht so sehr, dass ich einen Prozess gewinne, sondern dass ich mich mehr darum kümmere, zum richtigen Ergebnis zu gelangen.

1
DIE GUTEN TAGE

Gott, gib mir die Gelassenheit,
Dinge hinzunehmen, die ich nicht ändern kann,
den Mut, Dinge zu ändern, die ich ändern kann,
und die Weisheit, das eine vom anderen zu unterscheiden.
Reinhold Niebuhr

Der Mann auf dem Moped packte sie einfach und fuhr mit ihr davon. Ihre kleine Schwester rannte schreiend ins Haus, um die Mutter zu verständigen, die umgehend zur Auffahrt stürmte, wo die Mädchen gespielt hatten. Aber die Straße lag still da, ihre wunderhübsche sechsjährige Tochter, die mit den schulterlangen braunen Haaren und den großen Kulleraugen, war verschwunden.

Entführungen durch Fremde sind selten, aber an diesem Mittwochnachmittag, dem 14. September 2016, geschah eben dies am Ende einer Auffahrt in einer vorstädtischen Wohngegend von Wilmington, North Carolina. Ein überführter Sexualstraftäter, der nach Verbüßung einer Haftstrafe von 16 Jahren wegen eines Übergriffs auf eine andere Sechsjährige in der Nähe wohnhaft war, hatte sich des kleinen Mädchens bemächtigt. Er fuhr in Richtung eines dichten Waldstücks und passierte einen Schulbus, kurz bevor er von der befestigten Straße abbog und zwischen den Bäumen verschwand.

Entführungen durch Fremde enden außerdem oft tödlich. Die Polizei weiß, dass die Wahrscheinlichkeit, ein entführtes Kind lebend zu bergen, äußerst gering ist, wenn es nicht schnell aufgespürt wird. Eine fieberhafte Suche begann, unter Beteiligung der örtlichen FBI-Dienststelle zur Unterstützung der lokalen Polizei. Nachrichtensender verbreiteten die Amber Alert-Meldung. Freiwillige und Beamte suchten die ganze Nacht im strömenden Regen.

Im FBI-Hauptquartier am nächsten Morgen erzählte mir Steve Richardson, der für die kriminalpolizeiliche Abteilung zuständige Stellvertretende Direktor, während der turnusmäßigen Leitungsbesprechung von dem kleinen Mädchen, das vor 16 Stunden in North Carolina entführt worden war. Er berichtete, dass unsere Leute in Wilmington die Nacht durchgearbeitet und alles getan hätten, um unseren Partnern vor Ort behilflich zu sein. Es gebe einen Verdächtigen – einen vorbestraften Kinderschänder, der ein Moped besitze –, aber dieser Fall würde aller Wahrscheinlichkeit nach schlimm enden. Ich sagte: »Was für eine Welt«, und bat ihn, mich auf dem Laufenden zu halten.

Zwei Stunden später kam Richardson in mein Büro gestürmt. »Man hat sie gefunden.« Er legte mir ein großformatiges Farbfoto auf den Tisch. »Und sie lebt.« Ich betrachtete das Bild. Das kleine Mädchen sah mich an. Ihre auffallend großen Augen waren weit aufgerissen, ihr Gesicht, immer noch wunderhübsch, obwohl von Mückenstichen übersät, war ausdruckslos, als begriff sie nicht, was mit ihr passiert war. Sie blickte hoch zu dem Beamten, der das Geschehen festhielt, während andere Beamte nur wenige Zentimeter von ihrem Kopf entfernt mit einer Elektrosäge hantierten, um die dicke Kette, die sie in Halshöhe an einen Baum fesselte, zu durchtrennen. Der Rest ihres Körpers war von der Regenjacke eines Beamten eingehüllt, um die wunde Haut zu schützen, die eine ganze Nacht lang dem Regen und den Insekten ausgesetzt gewesen war.

Mir kamen die Tränen. Ich konnte den Blick nicht von dem Foto abwenden. Ich hob die Hand, die Innenfläche Richardson zugekehrt, um ihm zu danken und ihn zu bitten, mich allein zu lassen, alles ohne Worte. Er sagte: »Chef, das hier ist einer von den guten Tagen«, dann ging er. Ich starrte weiter auf das Foto. Ich dachte an das Mädchen und seine Schwester und ihre Eltern, an meine eigenen Kinder und all die Kinder, die nicht gefunden und nicht gerettet werden.

Dieses Kind konnte dank eines Hinweises gerettet werden. Nach der nächtlichen Suchaktion im Regen hörten die Ermittler von einem Schulbusfahrer, der sich erinnerte, am Nachmittag zuvor einen Mann und ein kleines Mädchen auf einem Moped in der Nähe eines Waldgebietes gesehen zu haben. Zwei Mitarbeiter des Sheriffs begaben sich zu dem angegebenen Ort. Sergeant Sean Dixon führte seinen Hannoverschen Spürhund Dane mit sich. Er ließ Dane an der katholischen Schuluniform und einem Kissenbezug des Mädchens schnuppern, bevor sie sich in den Wald schlugen. Doch dann war es Lieutenant J. S. Croom, ohne Hund unterwegs, der sie nach zweihundert Metern zuerst erblickte, in Embryohaltung zusammengerollt, Arme und Beine in ihr rosa Hemd gewickelt, mit einer dicken Kette um den Hals, die sie an eine Eiche fesselte. Überzeugt davon, dass sie tot war, rief er nach Dixon und rannte auf den scheinbar leblosen Körper zu. »Schon an der Stimme und wie er meinen Namen rief, hab ich erkannt, dass er was gefunden hatte«, berichtete Dixon. »Mir ist ein bisschen das Herz in die Hose gerutscht.« Croom sagte später aus, er habe die reglos auf dem Boden liegende Gestalt berührt. »Und sie riss den Kopf herum, ihre Augen waren ganz groß, und sie fragte: ›Sind Sie hier, um mir zu helfen und mich zu meiner Mama zu bringen?‹« Durch die Bäume hörte Dixon Croom erneut rufen: Das Kind sei am Leben, das Mädchen lebe.

»Sie war das tapferste kleine Mädchen, das ich je erlebt habe«, sagte Dixon aus. »Sie starrte mich einfach nur an. Ich fragte sie, ob sie friere, und sie sagte, ja. Sie war klitschnass. Sie hatte Mückenstiche am ganzen Körper.« Beamte hielten einen vorbeifahrenden Baulaster an und liehen sich eine akkubetriebene Säbelsäge aus. Dixon hielt seine Finger zwischen Baum und Kette, und Croom sägte sie durch. Das Kind wurde mit Blaulicht ins Krankenhaus gebracht. Croom stand neben der Eiche und weinte. Ich saß in meinem Büro, starrte auf das Bild des kleinen Mädchens, und auch ich weinte.

Der 46-jährige Douglas Nelson Edwards wurde schuldig gesprochen und wegen Entführung, versuchten Mordes und sexuellen Missbrauchs eines Kindes zu einer langjährigen Gefängnisstrafe verurteilt. Er wird sich nie wieder an einem Kind vergehen. Ja, dies war einer der guten Tage. Er zeigte uns, warum wir diese Arbeit machen.

Ich hatte nie geplant, einmal Teil des Justizapparats zu werden. Ich wusste nur, dass ich meinen Jura-Abschluss machen und Menschen helfen wollte. Ich hatte allerdings keine Ahnung, wie ich das anstellen könnte. Mein erster Job nach dem Examen half mir auf die Sprünge. Ich wurde Rechtsreferendar – ein hochtrabender Ausdruck für »Assistent des Richters« – bei einem Bundesrichter im Bezirksgericht New York Süd, zu dem Manhattan und weite Teile der Stadt und ihrer nördlichen Vororte gehören. Meine Aufgabe bestand darin, dem Richter ein Jahr lang bei der juristischen Recherche und dem Abfassen von Schriftstücken zu helfen.

So ein Referendariat war eine prestigeträchtige Sache für junge Juristen, in der Regel nur den akademischen Stars vorbehalten. Ich hatte mich zwar gut geschlagen an der juristischen Fakultät, war aber absolut kein Star, was erklärt, warum Dutzende von Richtern meine Bewerbung abgelehnt hatten. Der Richter, der mich schließlich engagierte, John M. Walker jr., war ganz neu im Amt, ernannt erst während meines letzten Studienjahres. Er hatte als Stellvertretender Finanzminister gedient, bevor Ronald Reagan – dessen Vizepräsident George Herbert Walker Bush ein Cousin des Richters war – ihn zum Bundesrichter bestimmte. Das Timing war für mich sehr günstig, denn Richter Walker hielt Ausschau nach seinen allerersten Referendaren zu einem Zeitpunkt, als die akademischen Stars schon mit guten Stellen versorgt waren. Er war bereits ein bisschen verzweifelt, und, um ehrlich zu sein, das galt auch für mich. Später, sprich: in den folgenden Jahrzehnten, engagierte er Absolventen mit besseren Zeugnissen.

Wie es bei neuen Bundesrichtern so ist, war Walker sehr bestrebt, seine Sache gut zu machen. Und obwohl er durchaus eindrucksvolle Referenzen vorzuweisen hatte, hing über seiner Berufung doch ein Hauch von Vetternwirtschaft, den er naturgemäß schnell zu vertreiben suchte. Der Richter verbrachte während der Woche zwölf Stunden pro Tag im Gericht und arbeitete meist auch an mindestens einem Tag des Wochenendes. Von mir und meinem Referendarkollegen wurde erwartet, dass wir immer, wenn er da war, ebenfalls auf der Matte standen, also praktisch durchgehend.

Ich war fünfundzwanzig, und es machte mich fertig. Wir fanden, er sollte – und wir sollten – mal ein bisschen rauskommen. Der Richter war ein 45-jähriger Single in der Großstadt – gutaussehend, mit Geld in der Tasche und einem Job, der ihm laut Verfassung auf Lebenszeit sicher war. Besser geht's doch gar nicht, oder? Immer wenn er seine Robe anzog, um auf dem Richterstuhl Platz zu nehmen, ließ er seine Anzugsjacke im Büro zurück. Unter dem Vorwand, ihm ein Memo über einen Fall auf den Tisch zu legen, schlich ich mich dann hinein und zog seinen in Leder gebundenen Taschenkalender aus dem Jackett, um nachzusehen, ob er für den Abend eine Verabredung hatte. Wenn ja, konnten auch wir ausgehen.

Im Sommer unseres Referendariats war er einmal einen ganzen Tag lang auswärts auf einer Fortbildung. Mein Kollege und ich saßen an unseren Schreibtischen, die sich in einem kleinen Raum gegenüberstanden. Nachdem ich eine Weile in einem dicken Wälzer mit mikroskopisch kleinem Schriftbild gelesen hatte, blickte ich auf.

»Lass uns zum Strand fahren.«

Jack schnaubte belustigt.

»Nein, ganz im Ernst. Wir gehen zu mir, packen ein paar Sachen ein und nehmen mein Auto.« Meine Wohnung in Hoboken, New Jersey, lag auf dem Weg nach Spring Lake, einem Strandort, wo wir mit einem Dutzend Freunden zusammen ein Sommerhaus gemietet hatten. Wir hatten den Kalender des Richters eingesehen; er würde heute nicht mehr ins Büro kommen. »So eine Chance kriegen wir so schnell nicht wieder.«

»Ja, du kannst deine Sachen packen. Ich hab keine Sachen.« Da hatte er recht; seine Wohnung lag weitab in der verkehrten Richtung, hoch im Norden, in der Nähe der Columbia University. Ich konnte ihm Shorts und ein Shirt leihen, aber meine Schuhe waren ihm viel zu groß.

»Moment mal, ich hab eine Idee.« Jack und der Richter hatten die gleiche Größe. Ich schlüpfte ins Büro des Richters und borgte seine Laufschuhe aus, mit denen er manchmal joggen ging, bevor er zum Gericht musste. »Jetzt hast du auch Sachen. Auf geht's.«

Es war ein unglaublicher Strandtag in New Jersey, mitten unter der Woche. Ein Tag wie aus dem Film »Ferris macht blau«. Wir schwammen, warfen auf Basketballkörbe, joggten am Strand. Und keiner kam uns je auf die Schliche. Sehr, sehr früh am nächsten Morgen stellte ich die Laufschuhe dem Richter wieder in den Schrank.

Rückblickend wäre es vielleicht klüger gewesen, ich hätte, bevor ich das Gebäude betrat, die Schuhsohlen ordentlich ausgeklopft. Noch viele Jahre lang sollte Richter Walker sich fragen, wie es kam, dass seine Nikes, die er noch nie außerhalb der Stadt getragen hatte, eines schönen Morgens plötzlich eine rätselhafte Sandspur auf dem dunkelblauen Teppich seiner Diensträume hinterließen. Er sprach seine Sekretärin darauf an, die nur mit den Achseln zuckte, aber zu unserem großen Glück kam er nie auf die Idee, uns danach zu fragen.

Zu Beginn seiner juristischen Laufbahn war Richter Walker als Staatsanwalt im Bezirksgericht New York Süd tätig gewesen. Er erzählte gern Geschichten aus dieser Zeit, mit einer Mischung aus Freude und Bedauern. Es war der beste Job seines Lebens gewesen. Die Arbeit, die Freundschaften, die Fallbeispiele. Es gab nichts, was dem gleichkam. Fast verklärte sich sein Blick, wenn er andachtsvoll über »das Amt« und seine Rolle darin sprach.

Wenn wir im Gerichtssaal saßen, um die Verhandlungen zu beobachten, die er leitete, konnte ich nachvollziehen, was er meinte. Wir sahen jede Menge schlechter Anwälte – oft waren sie nachlässig gekleidet, schlecht vorbereitet, verspätet, aalglatt, sogar respektlos. Ganz anders dagegen die Frauen und Männer von der Bundesanwaltschaft. Sie waren fast immer jünger als die anderen Anwälte, standen gerader, knöpften sich schneller das Jackett zu, antworteten mehr auf den Punkt, hielten sich an Fristen und gaben offen zu, wenn sie etwas nicht wussten. Wurden sie korrigiert oder ermahnt, antworteten sie: »Ja, Euer Ehren«, und taten nicht wieder, was der Richter beanstandet hatte.

Aber es war viel mehr als nur eine Frage des Stils. Mir fiel auf, dass der Richter – und sogar die Anwälte der Gegenseite – glaubten, was die Bundesanwälte sagten. Wenn sie die Fakten darlegten oder Schlüsse aus einem bestimmten Präzedenzfall zogen oder beschrieben, was während eines Telefonats passierte, hielten alle Anwesenden ihre Ausführungen für stichhaltig, selbst die, die sie nicht kannten. Etwas nicht Sichtbares schien für sie zu bürgen. Es war seltsam, und im Alter von fünfundzwanzig konnte ich es mir nicht erklären. Aber ich fühlte mich zu dieser Arbeit hingezogen. Ich wollte auch so ein Leben führen. Mit sechsundzwanzig bekam ich dann die Chance und kostete dieses Leben aus, mit kleineren Unterbrechungen dreißig Jahre lang, in verschiedenen Funktionen für den Justizapparat, bis ich schließlich als FBI-Direktor von Donald Trump gefeuert wurde.

Ich liebte meine Tätigkeit im Justizministerium und im FBI, welches nur eine der Untergliederungen des Ministeriums darstellt. Die Organisationsstruktur ist außerordentlich komplex, sie umfasst mehr als 100 000 Mitarbeiterinnen und Mitarbeiter im In- und Ausland. Es sind:

- Sonderermittler und Deputy Marshals;
- Staatsanwälte, die meisten davon einem der 94 Bundesgerichte in sämtlichen 50 Bundesstaaten und den US-Territorien zugeordnet;
- Zivilanwälte, die die Regierung bei Gerichtsverfahren vertreten und die ebenfalls im ganzen Land tätig sind;
- Analytiker, Wissenschaftler, Rechtsassistenten, Sekretärinnen, Sachbearbeiter, Handwerker, Lehrer, Wachleute und Tausende mehr, die den weitgespannten Betrieb am Laufen halten.

Das ist das Justizministerium. Es ist eine ganz vielfältige Ansammlung von Menschen, die sich alle auf die gleiche Sache stützen – die Sache, von der ich als junger Rechtsreferendar in Richter Walkers Gerichtssaal eine erste Ahnung bekam: eine Gabe, die ihnen mit dem Eintritt ins Ministerium zuteilwurde. Es ist eine Gabe, die ihnen vielleicht gar nicht bewusst war, bis sie sich zum ersten Mal erhoben, sich als Angehörige des Justizwesens auswiesen und den Mund aufmachten – sei es in einem Gerichtssaal, einem Tagungsraum oder bei einer Grillparty – und feststellten, dass vollkommen fremde Menschen ihnen zuhörten und glaubten.

Man glaubte ihnen, weil sie, wenn sie das Wort ergriffen, nicht als Republikaner oder Demokraten wahrgenommen wurden. Sie wurden als etwas angesehen, das im amerikanischen Leben ganz für sich steht – als eine Gruppe von Personen, die versuchen, das Richtige zu tun. Oft beschreibe ich diese Gabe, die so viel von dem Guten ermöglicht, das sie bewirken, als ein Reservoir des Vertrauens und der Glaubwürdigkeit, ein Reservoir, das für sie angelegt und Tropfen für Tropfen aufgefüllt wurde von denen, die ihnen vorausgingen – und die sie zum größten Teil nie kennengelernt haben. Es waren Menschen, die Opfer brachten und Versprechen hielten, um diesem Reservoir etwas hinzuzufügen. Es waren Menschen, die Fehler machten und diese eingestanden. Es waren Menschen, die schwere Entscheidungen trafen ohne Rücksicht auf Privilegien oder politische Erwägungen, Menschen, die Fakten zu bestimmen suchten und das Gesetz auf diese anwandten.

Es ist die Verpflichtung aller Justizmitarbeiter, dieses Reservoir zu schützen, es weiterzugeben an jene, die ihnen nachfolgen und wahrscheinlich nicht mal ihre Namen kennen werden. Das Problem mit solchen Reservoirs ist, dass man ungeheuer viel Zeit und Mühe braucht, es aufzufüllen, doch schon ein einziges Loch in einem Damm reicht hin, um es binnen Kurzem leerlaufen zu lassen. Der Schutz dieses Reservoirs erfordert Wachsamkeit, ein unbeirrbares Einstehen für die Wahrheit und die Erkenntnis, dass die Handlungen eines Einzelnen die unschätzbare Gabe beschädigen können, die allen zugutekommt.

Als frischgebackenen Bundesanwalt erwarteten mich schmerzliche Lektionen hinsichtlich dessen, was ich schuldig war: zum einen der Institution – unabhängig von jedem Einzelfall – und zum anderen dem ständigen Einsatz dafür, dass immer die ganze Wahrheit ans Licht komme.

2
THE FLY

Der Edle trachtet nach der Wahrheit.
Konfuzius

Sonderermittlerin Alina Sacerio-Polak war im achten Monat schwanger, weswegen sie instinktiv ihren Bauch abschirmte, während sie die Rückseite des Hauses überwachte. Die Dunkelheit der Oktobernacht bot etwas Schutz, dennoch presste sie sich dicht an eine der hintersten Ecken der Klinkerwand eines Apartmentgebäudes in Manhattan. Ihre Waffe hielt sie mit beiden Händen, sie drückte sich fest an die Wand, einsatzbereit, und beobachtete die Feuertreppen über der Durchfahrt.

Sie hörte den Lärm, der zeitgleich losbrach, als ihre Kollegen bei der Vollstreckung der Durchsuchungsbefehle in klassischer Drogendealer-Manier »Poliziei« riefen und gegen die Türen zweier identischer, nach hinten gelegener Apartments hämmerten, eines direkt über dem anderen: Die Nummer acht war die Verkaufsstelle, die zwölf das wehrhafte Geheimversteck. Das Ganze spielte sich in New York City in den späten 1980er Jahren ab. Erfolgreiche Crack-Dealer waren vorsichtig und gewaltbereit, sogar gegenüber der Strafverfolgung. Sie drückte sich noch enger an die Wand.

Wenige Sekunden nachdem der Lärm begonnen hatte, kletterten zwei Männer aus dem als Verkaufsstelle dienenden Apartment auf die Feuertreppe. Sacerio-Polak und ihr Partner brüllten, sie sollen stehenbleiben. Als Antwort ertönten fünf Schüsse von oben. Sofort presste sie ihre Wange gegen die Ziegelsteine, lugte jedoch so weit um die Ecke, dass sie das Mündungsfeuer im Blick behalten konnte. Ziegelsteinsplitter prasselten auf ihre Wange, als eine Kugel in dem Backstein direkt neben ihrem Auge steckenblieb. Sie erwiderte das Feuer, verfehlte aber den Schützen. Doch der Dealer ließ seine Waffe in die dunkle Seitengasse fallen und folgte seinem Partner nach oben. Mit ihrem Funkgerät machte sie Meldung und alarmierte die auf dem Dach stationierten Ermittler, die die beiden festnahmen.

Der Schütze, der behauptete, er sei Verkäufer in einem erfundenen Spirituosengeschäft, trug Schmuck im Wert von 3100 Dollar und hatte Hunderte Dollar Bargeld in seinen Taschen. Er wurde einer der Angeklagten in meinem ersten Strafprozess als Staatsanwalt, in einem Prozess mit fünf Beschuldigten, die sich wegen Drogendealerei, Waffenbesitz und des versuchten Mordes an FBI-Ermittlern zu verantworten hatten. Das waren ziemlich aufregende Themen, aber der Fall brachte ein paar ernsthafte Probleme mit sich – im Bezirksgericht New York Süd bezeichneten wir diese als »Angelegenheiten«, ein Wort mit etwas optimistischerem Klang.

Eine dieser Angelegenheiten war »The Fly«. Er war der bezahlte Informant, der zu Apartment Nummer acht gegangen war und in den Tagen vor der Razzia das Geld der Steuerzahler benutzt hatte, um »kontrollierte Einkäufe« von Crack-Röhrchen zu tätigen. The Fly, ein Schwarzer, der wohl so um die vierzig sein mochte, verdiente seinen Lebensunterhalt damit, sich an Orte zu begeben, die für einen verdeckten Ermittler zu gefährlich waren, und so zu tun, als wäre er ein Süchtiger auf der Suche nach dem nächsten Kick. Er brauchte dafür kein sonderlich großes Schauspieltalent. The Fly selbst war Suchtpatient auf Entzug und bekam damals Methadon verabreicht, doch die Drogen, die er kaufte, konsumierte er nicht; sie sollten als Beweismittel in den strafrechtlichen Ermittlungen der Bundesbehörde dienen. Die Nummer acht in der Edgecombe Avenue Nr. 165 in Manhattan war ein gefährlicher Ort, der von einer jamaikanischen Drogenbande kontrolliert wurde; eine andere Kundin war dort mit vorgehaltener Waffe vergewaltigt worden, und zwar von einem der Männer, die später über die Feuertreppe nach oben fliehen sollten, während ihr Gangster-Kollege versuchte, die FBI-Ermittler aus dem Weg zu räumen. Es war genau diese Art von Gefahr, weswegen das FBI den Umschlagplatz dichtmachen wollte und The Fly einsetzte, der Drogen kaufen sollte.

Das von The Fly gekaufte Crack diente als Beweismittel in meinem Fall, und er sollte als wichtiger Zeuge auftreten. Ich traf ihn einige Male, um ihn auf die Zeugenaussage vorzubereiten. The Fly, dessen echter Name Steve war, bestand darauf, The Fly oder einfach nur Fly genannt zu werden, aber ich fühlte mich mit keiner der beiden Optionen wohl. Er war kein idealer Zeuge, aber alles, was er für mich tun sollte, war, den Geschworenen von seinen Botengängen zur Nummer acht zu erzählen, und wie er danach die von ihm gekauften Crack-Röhrchen mit einem Filzstift kennzeichnete, den ihm die Ermittler aushändigten, wenn er zu ihrem Auto zurückkehrte. Ich legte ihm verschweißte Beutel mit Beweismittelaufklebern vor, in denen sich die Röhrchen befanden. Er erkannte seine Initialen. Ich überlasse sie Ihnen als Beweismaterial, Euer Ehren. Fertig.

Am Nachmittag vor der geplanten Aussage meldete sich The Fly beim Bezirksgericht New York Süd und wartete im Empfangsbereich im siebten Stock auf einem blauen Kunstledersofa darauf, dass ich aus dem Verhandlungssaal zurückkehren würde, um seine Aussage ein letztes Mal mit ihm zu üben. An jenem Morgen nahmen die Ermittler und ich, wie es während eines Prozesses unsere Gewohnheit war, zwei Metallkörbe, in denen die Beweismittel – die Pistole und die Drogen – lagen, aus der riesigen Asservatenkammer der Behörde. An diesem Tag nahmen wir nur einen der Körbe mit vor Gericht. Den zweiten, der das von The Fly gekaufte Crack enthielt, würden wir erst benötigen, wenn er aussagte. Aber ich brauchte den Korb später für meine Probe mit The Fly. Als ich mich zum Gericht aufmachte, befand sich der Korb also von einer Gruppe FBI-Ermittlern bewacht in meinem Büro.

Dann spielten sich zwei Dinge ab. Zum einen nahm jeder der Ermittler an, es sei die Aufgabe eines anderen, die Drogen zu bewachen, und so schlenderten sie aus meinem Büro. Zum anderen wurde es The Fly langweilig, er stand von dem blauen Kunstledersofa auf und schlenderte auch ein bisschen, und zwar in Richtung meines Büros, um jemanden für ein Schwätzchen zu finden. Und so stießen The Fly und das von The Fly gekaufte Crack ohne Aufsicht aufeinander. In diesem Augenblick beschloss The Fly, kein genesender Süchtiger mehr zu sein, er stopfte sich die verschweißten Plastikbeutel in die Hose und verließ das Gebäude, um sich in einem abgewrackten Motel in der Nähe des Flughafens LaGuardia zuzudröhnen. Es sollte mehrere Tage dauern, bis ich davon erfuhr.

Was ich nach einem langen Tag bei Gericht hingegen bemerkte, war, dass in dem Beweismittelkorb in meinem Büro Drogen fehlten. Während die Ermittler und ich überall suchten, schnürte sich mir allmählich die Kehle zu. Denn ich kannte da eine Geschichte. Ich hatte gehört, dass vor etwas mehr als einem Jahr, kurz bevor ich meine Stelle als Staatsanwalt im Bezirksgericht New York Süd angetreten hatte, ein anderer Staatsanwalt festgenommen worden war, weil er Drogen aus der Asservatenkammer gestohlen hatte und diese mit Prostituierten, die bei ihm in der Wohnung lebten, konsumiert und geteilt hatte. Ich wusste, dass Rudy Giuliani, der US-Bundesanwalt, der sich eine strahlende Zukunft als Person des öffentlichen Lebens ausmalte, sehr wütend auf den Staatsanwalt wurde und ihn mit Handschellen an einen Stuhl gefesselt in den öffentlichen Lobby-Bereich des Büros beorderte, wo der junge Mann wartete und schluchzte, bis seine Verhandlung begann. Der schluchzende

Staatsanwalt mit den gestohlenen Drogen wanderte für drei Jahre ins Gefängnis. Rudy hatte eine Haftstrafe von 12 Jahren gefordert.

Ich hatte Schluckbeschwerden, als mir mein Vorgesetzter sagte, Rudy Giuliani erwarte mich am Abend in seinem Büro. Dort waren Rudy und sein Stellvertreter, die wissen wollten, was mit den Drogen meines Falls geschehen war. Ich erklärte ihnen, dass es mir ein Rätsel sei. Sie sagten, sie wollten diesbezüglich eine eidesstattliche Erklärung von mir. Natürlich, sagte ich und kehrte in mein Büro zurück, um die Stellungnahme zu tippen, in der ich schwor, die Drogen nicht entwendet zu haben. Ich konnte tippen, aber das Schlucken war mir vergangen.

Meine Vorgesetzten sagten mir auch, ich müsse den Bundesrichter unverzüglich in Kenntnis darüber setzen. Die gestohlenen Drogen waren die Grundlage für die Anklagepunkte in dem gerade angelaufenen Prozess. Während meines Eröffnungsplädoyers hatte ich von den Einkäufen des Informanten gesprochen, und die Strafverteidiger erwarteten, dass der Informant als Zeuge auftreten würde. Sie mussten Bescheid wissen. Am nächsten Morgen ging ich also zum Richter und erzählte ihm und den Verteidigern die ganze Geschichte, außer das Ende, das ich ja noch nicht kannte. Es sollte meine Karriere retten: Ermittler fanden The Fly halb bewusstlos in seinem Motel-Zimmer in Queens, um ihn herum verstreut die aufgerissenen, leeren, nun nicht mehr zugeschweißten Beweismitteltüten.

Ich rief The Fly nicht als Zeugen auf, legte keinen seiner Crack-Käufe aus der Nummer acht als Beweismittel vor und ließ die Anklagepunkte fallen, die mit den Käufen in Verbindung standen. Der Fall überlebte The Fly.

Aber bald schon kamen weitere Angelegenheiten auf mich zu.

The Fly trat also nicht als Zeuge in Erscheinung, wohl aber eine tapfere junge Frau, die beschrieb, dass sie – Anfang des Jahres, vor der Razzia der Bundesbehörde – Stammkundin in Apartment Nummer acht gewesen war, bis zu dem Tag, als sie unter vorgehaltener Waffe von einem der Angeklagten meines Falls vergewaltigt worden war, von einem der beiden, die aus dem Fenster auf das Dach geflohen waren. Nicht von dem, der in der Seitengasse versucht hatte, die Ermittler zu ermorden, sondern dem anderen. Nach dem Übergriff rannte sie aus dem Apartment und rief die Polizei, die auf die beiden Männer stieß, die das Unternehmen anführten. Der für meinen Fall zuständige Richter erlaubte der Frau nicht, den sexuellen Übergriff zu beschreiben, weil es sich dabei um ein Delikt handelte, das nicht in eine Bundesanklage einbezogen werden durfte. Er gewährte ihr jedoch, den Geschworenen von dem florierenden Drogengeschäft zu erzählen und von den beiden Männern, die es leiteten.

Und natürlich sagten auch die Bundesbeamten darüber aus, was sie gesehen, gehört und gefunden hatten bei der Hausdurchsuchung damals in der Oktobernacht. Die Beweismittel – allerlei Drogen, Pistolen und Hunderte Patronen Munition –, das alles lief ausgezeichnet. Bis ich mich bei meinem Schlussplädoyer vor den Geschworenen für besonders clever hielt.

Es handelte sich wirklich um eine Trivialität. Wie war den Geschworenen klarzumachen, dass der Schütze auch Drogendealer war? Weil er keinen Job hatte, Schmuck im Wert von 3100 Dollar trug und Hunderte Dollar Bargeld – allesamt in kleinen Scheinen – bei sich hatte. »Wenn man etwas für den [Straßen-]preis verkauft«, sagte ich zu den Geschworenen, »bekommt man keine großen Scheine.« Ich war mit meinem ersten Schlussplädoyer ziemlich zufrieden.

Ich hatte geübt, was ich sagen würde; war in unserem winzigen Wohnzimmer nachts auf und ab gelaufen und legte meinen Auftritt als Anwalt vor meiner schwangeren Frau hin, die auf unserem braunen Kordsamt-Sofa als Geschworene herhalten musste.

»Sehr gut«, sagte sie. »Aber warum läufst du immer vor und zurück?«

»Das machen Anwälte so«, sagte ich. »Du weißt schon, so wie im Fernsehen.«

»Hm, lass das lieber sein. Du siehst wie eine brünstige Giraffe aus. Du bist zwei Meter groß. Du jagst Menschen Angst ein. Bleib stehen, tritt einen Schritt zurück.«

»O je, das ist ganz schön brutal.«

»Ja, tut mir leid. Ich liebe dich wirklich sehr, aber beweg dich besser nicht.«

Am darauffolgenden Tag fühlte ich mich auf meinen wie angewurzelt stillstehenden Füßen dermaßen wohl, dass ich sogar improvisierte, als ich bemerkte, dass ein Geschworener in der ersten Reihe eingeschlafen war, während ich davon erzählte, wie die Angeklagten aus dem Fenster auf die Feuertreppe geflohen waren. Anstatt wie geplant zu sagen, dass der Angeklagte fünf Schüsse auf die Ermittler abfeuerte, sagte ich: »Er sah von der Feuertreppe auf sie herunter«, dann machte ich eine Pause und schrie: »PENG, PENG, PENG, PENG, PENG.« Das rüttelte den Schläfer wach.

Zufrieden damit, dass der Fall recht gut verlaufen war, dass The Fly, die Drogen und meine Karriere allesamt mehr oder weniger in trockenen Tüchern waren, entspannte ich mich im Gerichtssaal, während die Geschworenen sich zur Beratung in den Konferenzraum hinter der Richterbank zurückzogen. Der für den Fall zuständige Ermittler kam zu mir angeschlichen, sagte, ich hätte einen guten Job gemacht und er würde mich gerne unter vier Augen sprechen. Meine Aussage bezüglich der kleinen Scheine in der Tasche des Angeklagten habe ihm etwas vor Augen geführt, wovon er mir erzählen wolle.

Als die Angeklagten schon verhaftet waren, aber noch bevor mein Gerichtsverfahren begonnen hatte, war es in einem anderen, nicht mit diesem in Beziehung stehenden Fall, zu einer

Krisensituation gekommen: Eine Gruppe von Drogendealern in Brooklyn entführten die Mutter von jemandem, den sie im Verdacht hatten, ihre Bande zu hintergehen. Sie drohten, die Frau umzubringen, es sei denn, der Überläufer würde gestehen. Ein anderer Informant erzählte den Ermittlern, er könne sie zu der entführten Frau bringen. Allerdings wollte der Informant zuerst Geld sehen. Es war Samstagnacht, nach 24 Uhr. Wo sollten sie das Geld hernehmen, um den Informanten zu bezahlen? Der für den Fall zuständige Ermittler ging in sein Büro, schloss die Asservatenkammer auf und nahm etwas von dem Geld, das während der Razzia in den Apartments Nummer acht und zwölf beschlagnahmt worden war, darunter auch das Geld aus den Taschen des Schützen auf dem Dach. Er nutzte es, um an die Information zu kommen, die es dem Einsatzkommando ermöglichte, die entführte Frau zu retten. Montagmorgens bekam er Bargeld aus den Mitteln der Behörde und ersetzte damit das Geld, das er am Wochenende entwendet hatte.

Während der Ermittler im Gerichtssaal saß und zuhörte, wie ich den Geschworenen erzählte, die kleinen Scheine in den Taschen des Schützen bedeuteten, dass er ein Dealer gewesen sei, wurde ihm klar, dass er ein Problem hatte: Er hatte nicht auf die Stückelung der Scheine geachtet, die er in der Wochenendnacht mitgenommen hatte, und auch nicht auf die des Ersatzgeldes. Er dachte, die Beträge seien in etwa richtig, aber er konnte nicht sicher sagen, ob das Geld aus den Taschen des Schützen aus Einern, Fünfern oder Zehnern bestanden hatte. Vielleicht waren es erst jetzt kleine Scheine, weil er genau die von der Nebenkasse des Gerichts bekommen und als Ersatz in den Beweismittelumschlag gelegt hatte. Vielleicht waren es aber auch Zwanziger gewesen, bevor er das Geld angefasst hatte. Oder Fünfziger. Er wusste es nicht, und genau darum erzählte er es mir.

Ich wollte einfach nur, dass es vorbei wäre. Ich hatte The Fly überlebt. Die Geschworenen berieten sich. War es die Sache wirklich wert, den gesamten Fall wegen meiner einen nebensächlichen Bemerkung platzen zu lassen? Noch immer war der Kerl ein arbeitsloses Schmuckmodel mit viel Bargeld in den Taschen, nachdem er aus einer Drogenhöhle geklettert war. FBI-Ermittler hatten ihm zugesehen, wie er versuchte, sie umzubringen. Er war sowas von schuldig. Wer sollte sich also schon groß daran stören? Mein Vorgesetzter störte sich daran. Als ich ihm mitteilte, was mir der Ermittler erzählt hatte, wies er mich an, auf der Stelle zum Bundesrichter zu gehen und ihm davon zu berichten. Ich könne noch immer argumentieren, dass es keine Bedeutung habe, dass man daraus keine Konsequenzen ziehen müsse, aber das Gericht müsse die Wahrheit wissen, und zwar sofort.

Widerstrebend marschierte ich von meinem Büro zum Gerichtsgebäude. Der Sekretär des Richters sagte, der Richter ruhe sich in seinem an das Beratungszimmer der Geschworenen angrenzenden Privatbüro hinter der Richterbank aus. Ich solle einfach eintreten. Als ich die Tür zu dem kleinen, fensterlosen Büro öffnete, sah ich in Richtung seines Schreibtisches, wandte den Blick jedoch augenblicklich ab, entschuldigte mich für die Störung und zog mich schleunigst aus dem Raum zurück. Dabei stotterte ich etwas wie: »Komme. Zurück. Euer Ehren.« Ich hatte nicht viel gesehen, hauptsächlich seine Füße und den Saum seiner richterlichen Robe. Aber es war genug. Der strenge Richter mit den grauen Haaren war in seiner langen schwarzen Robe auf seinem Schreibtisch gestanden und hielt ein Ohr an den Lüftungsschacht knapp unterhalb der Decke. Ich kann nicht sicher sagen, was er da getan hat. Vielleicht hatte es nichts mit dem Geschworenenzimmer nebenan zu tun. Vielleicht hing es mit der Temperatur in seinem kleinen Büro zusammen oder mit einem nervtötenden Insekt, das um ihn herumschwirrte. Er sagte nichts. Ich fragte nicht. Zurück im Bezirksgericht, erzählte ich meinem Vorgesetzten, was ich gesehen hatte. »*Das* können Sie gleich wieder vergessen. Trotzdem müssen Sie zurückgehen und ihm von dem Problem mit dem Geld erzählen. Unsere Beweisführung muss vollkommen akkurat sein.«

Kurze Zeit später war ich wieder dort. Der Richter saß hinter seinem Schreibtisch. Wir taten so, als wäre ich vorhin nicht da gewesen. Ich erklärte das Problem mit dem Geld und meiner Beweisführung und bat ihn, eine Anhörung abzuhalten, in der wir den Verteidigern davon erzählen könnten und ich die Möglichkeit hätte, darzulegen, dass diese Offenlegung keine Rolle spielte. Er unterbrach mich rasch und ordnete an, ich solle es den Verteidigern erzählen. Er würde ihnen die Möglichkeit geben, die Beratung der Geschworenen zu stoppen, dann würde er den für diesen Fall zuständigen Ermittler in den Zeugenstand rufen, damit er darlegen konnte, was er getan hatte, und den Geschworenen neue Argumente liefern konnte, die dann mit eben diesen ihre Beratung wieder aufnehmen würden. Von so etwas hatte ich noch nie zuvor gehört. Er machte viel zu viel Aufhebens um die Sache. Diese eine unwesentliche Behauptung würde keinen Unterschied machen. Doch der Richter erkannte etwas, das ich nicht sah. Als ich gerade protestieren wollte, schnitt er mir das Wort ab und erklärte: Ja, der Prozess wäre auch ohne die ungewöhnlichen Schritte noch fair, aber er würde nicht fair *erscheinen;* die Verteidiger hätten nicht die Möglichkeit, etwas zu diskutieren, das ihrer Meinung nach wichtig war. Und die Geschworenen müssten von der Justiz die ganze Wahrheit erfahren; sie könnten dann entscheiden, was sie damit anfangen wollten, aber sie mussten sie erfahren.

Entgegen meinem Einwand wurden die Geschworenen wieder in den Gerichtssaal gerufen. Der für den Fall zuständige Ermittler machte eine Aussage über das, was er getan hatte, er gestand, gegen die Regeln verstoßen zu haben, und er erklärte, warum er es getan hatte. Die Verteidiger griffen ihn in seiner Glaubwürdigkeit an und erzählten den Geschworenen, sie könnten dem Staat nicht trauen. Der Richter bat die Geschworenen, sich noch einmal neu zu beraten, den Fall unter Einbeziehung aller Beweismittel noch einmal mit frischem Blick zu betrachten. Die zwölf New Yorker gingen zurück in ihr Beratungszimmer, um die Angeklagten, von denen Geld entwendet worden war, Stunden später bei ihrer Rückkehr zu verurteilen. Nach einem fairen Prozess, bei dem die Justizbehörde trotz der Einwände eines 27-jährigen Staatsanwalts, der seinen ersten Fall verhandelte, die ganze Geschichte enthüllt hatte, lernte ebenjener 27-Jährige eine wichtige Lektion darüber, was es bedeutet, die Wahrheit und nichts als die Wahrheit zu sagen, und so fügte er dem Reservoir seine ersten Tropfen Wasser hinzu.

3
HENRY

Wenn du etwas siehst, das nicht rechtmäßig ist,
nicht billig, nicht gerecht, hast du die moralische Pflicht,
etwas dagegen zu tun.
John Lewis

Für Patrice und mich war immer klar, dass wir nicht nach New York ziehen würden. Wir hatten uns beim Studium in Virginia kennengelernt und Stunden damit verbracht, uns unsere Zukunft auszumalen. Der Großraum New York, wo ich aufgewachsen war, spielte dabei nie eine Rolle. Patrice kannte sich dort gut aus und hatte keine Lust darauf. Nach der Heirat würden wir uns in Virginia niederlassen, wo wir uns kennengelernt und verliebt hatten. Als ich noch Bürodienste für Richter Walker in Manhattan erledigte, war Patrice schon einen Schritt weiter und unterrichtete an einer Public School in einem Vorort von Washington. Ich hatte sie nie gefragt, ob sie sich vorstellen könnte, in der Umgebung von New York zu leben – bis ich Auftritte von Staatsanwälten des Justizministeriums vor Gericht erlebte.

Ich rief Patrice an.

»Ich weiß jetzt, was ich mit meinem Leben machen will«, sagte ich.

»Das ist toll«, antwortete sie. »Was denn?«

Ich erklärte ihr, was ein Bundesanwalt war und was mich daran so faszinierte.

»Klingt, als wäre es perfekt für dich«, sagte sie.

»Und ich will das hier machen, in New York. Es ist der beste

Ort dafür mit den besten Fällen. Jede Menge Energie. Du wirst hier oben auch einen Job finden. Das wird super.«

Statt einer Antwort kam eine lange Pause. Doch nach vielen Gesprächen sah sie ein, dass das Bezirksgericht New York Süd in Manhattan mir wirklich die beste Berufsperspektive bot. Ich versprach ihr, mich nur für drei Jahre zu verpflichten; danach könnten wir woanders hingehen. Patrice kam also nach New York, fand eine Arbeitsstelle, und wir heirateten.

Als frisch verheiratetes Paar mieteten wir eine kleine Wohnung über einem Fahrradladen in der Hauptstraße von Hoboken in New Jersey, direkt auf der Manhattan gegenüberliegenden Seite des Hudson River. Patrice fuhr jeden Tag mit dem Bus nach Manhattan und weiter mit der U-Bahn zur Columbia University, wo sie ihren Bürojob hatte. Ich nahm den Zug zum World Trade Center und marschierte von dort zu Fuß zu meiner neuen Arbeitsstelle im Büro des Bundesanwalts im Bezirksgericht New York Süd, Rudy Giuliani.

Rudys oft für Schlagzeilen in der Boulevardpresse sorgende Großmäuligkeit und sein übergroßes Ego faszinierten den 26-jährigen Berufsanfänger, der ich damals war. Ich brauchte Jahre, um herauszufinden, dass eine Führungskultur, die voll und ganz auf den Chef ausgerichtet ist, keine besonders gesunde Sache ist – eine Erkenntnis, die sich im ganzen Land herumsprach, als Rudys Freund Donald Trump Präsident wurde.

Patrice blieb bis kurz vor der Geburt unseres ersten Kindes berufstätig. New York war seinerzeit, 1988, eine »andere« Stadt. Nicht weniger als 1842 Menschen wurden in diesem Jahr in New York ermordet, was damals eine Rekordzahl war, der weitere Rekorde folgen sollten. Einmal wurde Patrice, schon fast im neunten Schwangerschaftsmonat, in der U-Bahn von einer Gruppe Teenagern umringt. Unter den Augen schweigend wegschauender Fahrgäste mokierte sich die Clique darüber, dass Patrice ein Buch las; einer tippte ihr an den Kopf, um sie zum

Aufblicken zu bewegen, woraufhin ein anderer ihr das Buch entriss und für die Rückgabe Geld verlangte. Sie fixierte die Burschen mit durchdringendem Blick und sagte in bewährtester Lehrerinnen-Diktion: »Gebt … mir … mein … Buch … zurück.« In dem Moment hielt der Zug an einem Bahnhof, und die Türen öffneten sich. Unter Gelächter stiegen die Teenager aus und warfen ihr das Buch zu. Das Erlebnis machte ihr zu schaffen; mich erschreckte es zutiefst.

Wie so viele junge New Yorker Paare in den späten 1980er Jahren beschlossen Patrice und ich, uns eine ruhigere Wohngegend zu suchen, und nach der Geburt unseres Kindes entschied sie sich, nicht in ihren Job zurückzukehren. Wir fanden und mieteten ein Haus mit drei Schlafzimmern in Maplewood, New Jersey, rund 35 Kilometer westlich von Manhattan. Es war eine Doppelhaushälfte, unsere Vermieterin, eine Witwe mit erwachsenen Kindern, wohnte in der anderen, der rechten Hälfte. Die Miete war erschwinglich und das Haus nahe genug am nächsten Bahnhof. Das erlaubte es uns, von meinem Gehalt als Bundesanwalt zu leben, und so konnte Patrice zu Hause bleiben. Während der fünf Jahre, die wir dort wohnen blieben, kamen zwei unserer Kinder auf die Welt, bevor wir dann nach Virginia übersiedelten.

In der Zeit unseres Umzugs nach Maplewood gehörte ich dem Rauschgiftdezernat an und hatte ein ungutes Gefühl in der Sache Henry Flete. Er hatte sich in einem formalen Sinn strafbar gemacht, aber die ganze Anklage gegen ihn bereitete mir Unbehagen. Die Behörde für die Verfolgung von Rauschgiftdelikten (Drug Enforcement Agency, DEA) hatte Flete verhaftet und zusammen mit einem gewissen Carlos Moreno wegen eines Drogengeschäfts angeklagt, bei dem zwei Spitzel der DEA ein Kilo Kokain von einem kolumbianischen Großhändler gekauft hatten. Letzterer, der eigentlich der große Fisch war, blieb ungeschoren, während der kleine Fisch Moreno und ein Zierfisch namens Henry Flete in die Falle gingen.

Das alles begab sich innerhalb weniger Tage im Mai 1988. Ein V-Mann der DEA – es war sein erster Spitzeleinsatz nach seiner Verhaftung wegen eines Drogenvergehens und er hoffte, die DEA so gnädig stimmen zu können, dass sie ihn straflos davonkommen ließ – machte sich in der Nähe von Fletes Wohnung in der Bronx, unweit vom Yankee Stadium, an Flete heran. Der V-Mann kannte Fletes Bruder und hatte gehört, Henry (mit dem er selbst nie Geschäfte gemacht hatte) kenne Leute, die mit Drogen handelten. Der Spitzel unterhielt sich ausgiebig (auf Spanisch) mit Flete und rückte irgendwann damit heraus, er suche einen Kokain-Lieferanten. Nach einigen weiteren Unterredungen erklärte Flete sich bereit, nach jemandem Ausschau zu halten. Am nächsten Tag machte er einen Kolumbianer mit dem Spitzel bekannt. Die beiden einigten sich, während Flete in der Nähe wartete, darauf, den Handel – es ging um ein Kilo Kokain – in einem Burger-Restaurant namens White Cattle am Rande des Cross Bronx Expressway abzuwickeln. Damit war die Sache für Henry Flete erledigt: Er hatte den Kontakt hergestellt und ging seiner Wege.

Am nächsten Tag saß Carlos Moreno mit einer braunen Sporttasche im White Castle und wartete. In der Tasche befand sich das Kilo Kokain, Reinheitsgrad 96 Prozent. Derweil verhandelte der Spitzel mit dem kolumbianischen Lieferanten. Der Spitzel erklärte, er wolle die Ware prüfen, bevor er sie zu seinem Boss brachte, der das Geld bereithielt. Der Informant und der Kolumbianer fuhren zum Parkplatz des Burger-Restaurants, ließen Moreno einsteigen und parkten um die Ecke. Moreno öffnete auf dem Rücksitz die Tasche und reichte einen braunen Papiersack nach vorne. Der V-Mann nahm einen Schlüssel, stieß ihn vor den Augen Morenos und des Kolumbianers durch das Papier, zog ihn wieder heraus und begutachtete das daran haftende weiße Pulver. Er sagte, er sei zufrieden, und wies dem Kolumbianer den Weg zu der Stelle, an der sein »Boss«, ein weiterer DEA-Spitzel, wartete. Der Kolumbianer blieb im Auto sitzen, während Moreno und der Spitzel zum Auto des zweiten Spitzels gingen. Sie wiederholten die »Inspektion«, wobei der »Boss« einen seiner eigenen Schlüssel in den Papiersack rammte, um das Pulver zu prüfen. Die Ware für gut befindend, stieg der »Boss« aus dem Wagen, um das Geld aus dem Kofferraum zu holen – das war das verabredete Signal an die Adresse des auf der Lauer liegenden DEA-Kommandos. Als die DEA-Leute zugriffen, warf Moreno das Kokain ins Auto des »Bosses«. Er wurde festgenommen. Der kolumbianische Lieferant raste davon und konnte entkommen. Henry Flete spürten die DEA-Beamten wenig später auf und verhafteten ihn.

Weniger als ein Jahr nach meinem Einstieg in die Laufbahn eines Bundesanwalts erbte ich den Fall nach der Anklageerhebung. Meine Aufgabe sollte es sein, das Gerichtsverfahren gegen Carlos Moreno und Henry Flete durchzuziehen, angeklagt der Verschwörung und diverser Drogenbesitz-Delikte. In meinen Augen lagen Beweise dafür vor, dass Moreno ein bezahlter Kurier des Kolumbianers und bis über beide Ohren in die Operation verstrickt war. Er wäre sonst keinesfalls mit einem Kilo Kokain höchster Reinheit durch die Straßen der Bronx spaziert. Die Geschworenen sahen das ebenso, trotz Morenos Aussage vor Gericht, er habe keine Ahnung gehabt, dass in der Tasche Kokain war, habe nie davon gehört, dass seine Heimatstadt Cali in Kolumbien ein Kokainzentrum ist, und habe doch nur für einen bescheidenen Lohn ein Paket für einen mächtigen kolumbianischen Landsmann abgeliefert.

Bei Flete lag der Fall nicht so einfach. Es gab keine Beweise dafür, dass er Mitglied einer im Drogenhandel tätigen Organisation war. Er war davor noch nie mit dem Gesetz in Konflikt gekommen. Ein Typ, der seinen Bruder kannte, hatte ihn beschwatzt und gebeten, einen Drogendealer für ihn zu finden. Da die Gespräche zwischen den beiden nicht abgehört worden waren, wussten wir nicht, wie der Spitzel Flete angeworben hatte. Flete kannte einen Dealer und vermittelte den Kontakt, wobei der Dealer Flete misstraute und ihn bei dem Deal nicht dabeihaben wollte. Flete hätte die Finger davon lassen sollen, denn es ist ein strafbares Vergehen, Beihilfe zu einem Drogengeschäft zu leisten. Da es bei dem Deal um einen größeren Brocken Kokain gegangen war, drohten ihm fünf Jahre Gefängnis. Ich hatte dabei kein gutes Gefühl.

Nachdem ich mir den Fall angesehen hatte, suchte ich meine Vorgesetzten beim Rauschgiftdezernat auf und erklärte ihnen mein Unbehagen an einer Anklageerhebung gegen Flete. Er war in meinen Augen ein Einfaltspinsel, der es nicht verdient hatte, für fünf Jahre eingesperrt zu werden. Sie fragten, ob gerichtsfeste Beweise vorlägen. Ja, antwortete ich, Flete habe sich darauf eingelassen, ein Geschäft einzufädeln, bei dem es, wie er wusste, um Drogen ging. Von der Warte des Gesetzes sei er Beteiligter an einem Kokain-Komplott, auch wenn wir nicht beweisen könnten, dass er für seine Dienste Geld bekam, und obwohl er bei der Abwicklung des Geschäfts nicht dabei gewesen war. Er wusste, dass der Fremde, der ihn auf der Straße ansprach, Drogen kaufen wollte, und brachte ihn mit einem Drogendealer zusammen. Trotz alledem wiederholte ich meine Bedenken. Ich ging so weit, meinen Chefs zu erklären, dass ich die Anklage gegen Flete gerne fallen lassen würde. Das lehnten sie ab mit der Begründung, die DEA würde darüber sehr ungehalten sein, weil es wichtig sei, die Botschaft nach außen zu tragen, dass niemand ungestraft Drogengeschäften Vorschub leisten darf. Ja, antwortete ich, aber fünf Jahre Gefängnis? Er wird die vollen fünf Jahre bekommen, weil er niemanden hat, gegen den er mit uns kooperieren kann, um sich eine Strafminderung zu verdienen. Ziehen Sie den Fall durch, beschieden sie mich, das ist Ihr Job.

Plädieren Sie im Sinne der Anklage. Niemand erwähnte, dass unser oberster Boss, Rudy Giuliani, sich gerade anschickte, als harter Kämpfer gegen das Verbrechen für das Amt des New Yorker Bürgermeisters zu kandidieren – konnten wir da eine Drogenanklage in der Bronx fallen lassen? Sie brauchten es gar nicht zu erwähnen, Rudys ehrgeiziges Ziel stand als Elefant im Raum. Ich sagte, ich hätte verstanden, und zog den Prozess durch.

Wie befohlen, erklärte ich den Geschworenen, die Beweislage spreche für die Schuld des Angeklagten. Flete verteidigte sich nicht, aber Moreno plädierte in eigener Sache und log, weshalb ich ihn mir aggressiv zur Brust nahm. Ich weiß nicht, was die Geschworenen aus meinen Worten herauslasen, aber sie sprachen Flete frei, während Moreno fünf Jahre absaß. Ich bat um Versetzung aus dem Rauschgiftdezernat.

Ich hätte mich weigern sollen, Henry Flete anzuklagen, hätte meinen Chefs gegenüber darauf bestehen müssen, die Anklage fallen zu lassen, oder hätte wenigstens versuchen sollen, sie an einen anderen Bundesanwalt abzutreten. Aber ich hatte nicht die Courage – oder erkannte nicht, wie wichtig es für die Justiz war, niemals etwas zu tun, wovon man nicht voll und ganz überzeugt ist. Als ich Jahre später US-Bundesanwalt wurde, also das Amt bekleidete, das Giuliani innehatte, als ich als junger Ankläger im Rauschgiftdezernat anfing, überreichte ich jedem Staatsanwalt ein eingerahmtes Zertifikat mit richtungweisenden und inspirierenden Worten eines meiner Amtsvorgänger, Whitney North Seymour. Er hatte 1973, als Watergate am Ruf unserer Justiz zu kratzen begann, seine Mitarbeiter ermahnt:

> Der Dienst als Staatsanwalt im Bezirksgericht New York Süd erfordert das Bekenntnis zu absoluter Integrität und Gerechtigkeit; zu Wahrhaftigkeit und Fairness im Umgang mit Widersachern und Gerichten; zu akribischer Vorarbeit, um

nicht mit Unterstellungen arbeiten oder irgendetwas dem Zufall überlassen zu müssen; niemals sollten Sie ein Verfahren weiterführen, wenn Sie nicht zutiefst von der Richtigkeit der eigenen Position oder der Schuld des Angeklagten überzeugt sind.

Wer als Anwalt in die Dienste der staatlichen Justiz tritt, arbeitet nicht für Mandanten im üblichen Sinn dieses Wortes. Die Erfahrung hat mich gelehrt, dass ein Anwalt, der einen privaten Mandanten vertritt, moralisch verpflichtet ist, sich möglichst wirksam für die Sache des Mandanten einzusetzen; privat praktizierende Anwälte sind keine Sachwalter einer Institution. Hingegen hatte ich als Bundesanwalt eine über jeden Einzelfall oder Zeugen oder Kollegen hinausweisende Verantwortung, umso mehr, als mein Mandant nicht im Gerichtssaal anwesend war. Mein Mandant war ein Ideal, und zwar ein für unseren demokratischen Rechtsstaat zentrales: Gerechtigkeit.

Mein erstes Jahr als Bundesanwalt stand nicht ausschließlich im Zeichen von Problemen und ethischen Dilemmata. Es gab auch Fälle, die einfach nur Freude machten und mich in der Liebe zu meinem Amt bestärkten – wie die Flucht eines mysteriösen Verbrechers aus dem siebten Stock des Bundesgefängnisses in Manhattan mithilfe von Zahnseide.

Eine Immobilienmaklerin rief die Polizei, weil ihr die Sache eigenartig vorkam. Der 30-Jährige, der sich ihr als Michael Anderson, Mitarbeiter der US-Regierung, vorstellte, war ihr nicht ganz geheuer. Er deutete nur vage an, für welche Behörde er arbeitete, und interessierte sich nur für den Kauf einer bestimmten Luxuswohnung, die das oberste Stockwerk eines Wohngebäudes an der East Side von Manhattan einnahm. Sie rief also die Polizei, und die wandte sich an die Sonderkommission für Terrorismusbekämpfung des FBI, die einige ihrer Mitarbeiter als verdeckte Ermittler auf den Fall ansetzte. Die FBI-Ermittler gaben sich »Anderson« gegenüber als Mitarbeiter der Maklerin aus und erfuhren von ihm, er arbeite für das Verteidigungsministerium der Vereinigten Staaten und gehöre einer »gemeinsamen Task Force mit dem Außenministerium« an.

Die Ermittler verhafteten »Anderson« unter dem Verdacht der Amtsanmaßung, weil er sich als Bundesbeamter ausgab, und durchsuchten seinen Aktenkoffer. Sie fanden ein erstaunliches Waffensortiment: eine halbautomatische M-11-Pistole, Kaliber neun Millimeter, mitsamt einem mit zehn Patronen gefüllten Magazin; einen Schalldämpfer für diese Waffe; ein Messer, Rauchgranaten; ein Würgeeisen; in Fläschchen abgefülltes Strychnin und Chloroform, dazu Gummihandschuhe, Schwämme und eine Spritze. In dem Aktenkoffer fanden sich des Weiteren Grundrisspläne von Wohnungen im Gebäude. In dem Haus in Pennsylvania, in dem »Anderson« zur Miete wohnte, stieß das FBI auf Bauteile für Bomben, chemische Waffen und chemische Formeln für Nervengase. Wie sich herausstellte, war der Mann iranischer Staatsbürger und hielt sich illegal in den USA auf – er war nach Ablauf seines Studentenvisums verbotenerweise im Land geblieben. Das FBI konnte sich nicht zusammenreimen, was der Mann vorgehabt hatte, außer dass es wohl etwas ziemlich Verwerfliches war. Seine Behauptung, er sei gezwungen worden, das Ganze im Auftrag der iranischen Regierung zu inszenieren, hatte weder Hand noch Fuß.

Während ich die Anklage für die Verhandlung vorbereitete, saß der Iraner auf Anordnung des Gerichts ohne die Möglichkeit einer Haftverschonung gegen Kaution im Hochsicherheits-Bundesgefängnis in Lower Manhattan ein, einem zwölfstöckigen Quaderbau direkt neben dem Gerichtsgebäude, in dem ich mein Büro hatte. Buchstäblich nur wenige Meter vom Fenster meines Amtszimmers entfernt begannen der Iraner und seine beiden wegen Drogenhandels einsitzenden Mithäftlinge in ihrer

Zelle im siebenten Stock des Gefängnisses unbemerkt eine harte Nuss zu knacken: In vielstündiger Geduldsarbeit rückten sie der dicken Plexiglasscheibe ihres Zellenfensters mit dem ausgebauten Heizelement eines aus der Wäscherei geklauten Bügeleisens zu Leibe. Mit diesem Werkzeug, gleichsam dem langsamsten Schneidbrenner der Welt, schmolzen sie eine Sollbruchkante in die Fensterscheibe, um ein Rechteck, durch das ein Mensch schlüpfen konnte, herausbrechen zu können. Damit kamen sie sogar noch relativ schnell voran im Verhältnis zu der Zeit, die sie für die Herstellung ihres Seils brauchten. Sie hatten packungsweise Zahnseide mitgehen lassen und flochten diese Nacht für Nacht zu einer Schnur zusammen. Als diese dünne, aber reißfeste Schnur die benötigte Länge erreicht hatte, konnte es losgehen.

Eines späten Abends hebelten sie das geschwächte Stück aus der Scheibe, banden die Zahnseide-Schnur an den Abflussrohren der Zelle fest und ließen die Schnur dann durch die Fensterlücke an der Außenfassade des Gebäudes hinabgleiten. Sie hatten alles, was sie brauchten – eine Öffnung, ein Seil und ein wichtiges drittes Element: Handschuhe. Ihre Schnur war zwar unglaublich reißfest, aber auch gefährlich dünn. Sie hatten zwei Paar Arbeitshandschuhe aus dem Bestand des Gefängnisses gestohlen: Je einer war für die beiden Drogenhändler bestimmt, die beiden anderen für den Iraner, der den Fluchtplan geschmiedet hatte.

Offenbar herrschte große Aufregung in der Zelle, als die drei sich auf ihren Fluchtweg machten. Die Drogenhändler schafften es, jeder mit einem Handschuh bewehrt, sich abzuseilen; sie landeten vier Stockwerke tiefer auf dem Flachdach eines Vorbaus, in dem Elektrotechnik für die Stromversorgung des Gebäudes untergebracht war. Der Iraner seilte sich dann aber mit bloßen Händen ab – seine Handschuhe wurden später auf seinem Bett gefunden. Wie die Polizei bei der Untersuchung des sichergestellten Zahnseide-Seils feststellte, hatte es ab circa dem dritten Meter unterhalb der Zelle eine rosa Färbung angenommen, die sehr bald in ein dunkles Blutrot überging. Einmal ins Rutschen gekommen, hatte der Iraner sich so lange an die Schnur geklammert, bis er den Schmerz nicht mehr ausgehalten und losgelassen hatte. Er stürzte auf das Flachdach und erlitt dabei eine schmerzhafte Knöchelverletzung. Er war nicht mehr in der Lage, seinen beiden Zellengenossen zu folgen, die den Stacheldrahtverhau an der Dachkante überwanden und an der Gebäudefassade zur Straße hinabkletterten, wo sie allerdings schon von einem Kommando des United States Marshals Service, einer Behörde des Justizministeriums, erwartet und festgenommen wurden. Der Iraner verharrte auf dem Dach, stark humpelnd und mit Händen, in die die Zahnseide tiefe, Sehnen durchtrennende Einschnitte gefräst hatte, aus denen das Blut strömte.

Mithilfe einer von den US-Marshals angeforderten Hebebühne wurde der Iraner vom Dach geholt. Als zwei der Beamten ihre Waffe auf ihn richteten, forderte er sie auf, ihm nicht näher zu kommen, sonst werde er das Strychnin schlucken, das er bei sich zu haben behauptete – er streckte ihnen seine blutbeschmierte Hand entgegen, in der er ein Glasflakon hielt. Einer der Beamten, Deputy US-Marshal John Cuff – er hieß wirklich wie das englische Wort für Handschelle –, gab darauf eine Antwort, die in der New Yorker Strafverfolgerszene Kultstatus erlangen sollte: »Hey, you gotta do what you gotta do.« (Hey, tu was du nicht lassen kannst.) Die beiden Marshals stürzten sich gleichzeitig auf den Iraner, öffneten ihm mit Gewalt den Mund und holten die Glasphiole heraus, in der sich, wie später festgestellt wurde, tatsächlich Strychnin befand.

Der rätselhafte Iraner war so schwer verletzt, dass er in eine Spezialklinik eingewiesen wurde, die seine lädierten Hände operativ wiederherstellte. Mit seiner Bewachung waren dort zwei vom Marshals Service angeheuerte Wachleute betraut, pensionierte Polizeibeamte, die rund um die Uhr in seinem Krankenzimmer saßen. Eines Nachts, als die beiden Bewacher in ihren Sesseln selig schliefen, schlich sich der Iraner aus der Klinik – barfuß und nur mit Jogginghose und T-Shirt bekleidet. Der amtierende United States Marshal war darüber so erbost, dass er die beiden Bewacher persönlich zur Rede stellte. Sie erklärten, der Iraner müsse sie unter Drogen gesetzt haben. Der Marshal befahl ihnen, sich sofort in der Notaufnahme den Magen auspumpen zu lassen. Dabei kam heraus, dass sie nur Orangensaft und Kaffee zu sich genommen hatten – allerdings offenbar zu wenig Kaffee.

Der Iraner blieb drei Tage verschwunden. Unsere Chance kam, als er sich telefonisch bei einem Bekannten meldete und ihn bat, ihm Geld an einen Western-Union-Kiosk zu überweisen. Als der Flüchtige die betreffende Western-Union-Außenstelle in Manhattan betrat, um das Geld abzuholen, tauchten die Angestellten hinter ihrer Bedientheke ab, und ein SWAT-Team des FBI stürmte herein und nahm den Mann zum dritten (und letzten) Mal fest. Er war in keiner guten Verfassung: verdreckt und mit einer ganzen Kollektion von Platzwunden und Blutergüssen im Gesicht und am Hals. Er schien dieses Mal seine Festnahme eher mit Erleichterung hinzunehmen, hatte es ihn doch nach seiner Flucht aus der Klinik, wie er anschließend berichtete, in ein für seine hohe Verbrechensrate berüchtigtes Viertel im oberen Manhattan verschlagen. Er war dort zweimal überfallen und beide Male verprügelt worden, weil für die Räuber bei ihm kein Geld zu holen war. Das New York des Jahres 1988 war kein guter Ort für barfüßige Flüchtlinge ohne einen Penny in der Tasche.

Kurz vor Beginn des Prozesses gegen den Iraner wurde im Libanon ein Oberst der US-Marines, der einer Friedenserhaltungsmission der Vereinten Nationen beigeordnet war, von Terroristen mit iranischem Rückhalt entführt, gefoltert und hingerichtet, für den Verteidiger unseres Iraners Grund genug, eine Verschiebung des Prozesses in Manhattan zu beantragen. Der Richter lehnte den Antrag mit der Begründung ab: »Wenn wir diesen Prozess so lange aussetzen, bis Terroristen damit aufhören, unschuldige Amerikaner zu ermorden, wird er nie stattfinden.« Am Ende brauchten die Geschworenen nur sechs Minuten Beratungszeit, um für alle fünf Anklagepunkte zu dem Urteilsspruch »schuldig« zu kommen. Der Iraner wurde zu einer langjährigen Gefängnisstrafe verurteilt, und es gelang ihm keine Flucht mehr. In unseren Bundesgefängnissen wurde Zahnseide von da an nur noch in vorgekürzten Stücken ausgegeben. Und mein Zahnarzt bestand jedes Mal, wenn ich zum Gebiss-Check kam, darauf, dass ich die Geschichte noch einmal erzählte.

Ich lernte meine Arbeit lieben, aber mein erstes Jahr als Bundesanwalt lehrte mich, dass ich meine Loyalität einer Autorität schuldete, die einen höheren Rang hatte als jeder Einzelfall oder Fehlschlag. Als »Fed« war ich eben nicht ein von einer Partei engagierter Rechtsbeistand mit dem Auftrag, ein Verfahren zu gewinnen. Vielmehr personifizierte ich das Prinzip der Gerechtigkeit und hatte die Verpflichtung, festzustellen, welches Ziel in einem Fall das richtige ist, und dann für dieses Ziel (das nicht unbedingt »Sieg« heißen musste) zu kämpfen. In dem Prozess gegen Henry Flete hatte ich den Geist dieses Postulats verletzt und mich an etwas beteiligt, das sich nicht »rechtens« anfühlte. Ich hatte damals nicht das Rückgrat, für die Werte einzustehen, die mich ursprünglich zur Justiz hingezogen hatten. Es war eine schmerzliche Lektion, die ich nie vergessen würde. Und es war nicht die letzte.

4

LÜGNER

Je klüger der Mensch, desto weniger ist er darauf gefasst, dass eine simple Kleinigkeit ihm zum Verhängnis wird.

Fjodor Dostojewski

Jeder von uns lügt, und das beinah jeden Tag. Wenn ein Kollege fragt: »Wie läuft's so?«, dann antworten Sie: »Gut, danke«, auch wenn es gar nicht stimmt. Sie kreuzen an, dass Sie die Allgemeinen Geschäftsbedingungen gelesen haben, damit Sie die verdammte App zum Laufen bringen. Ihrer Schwester sagen Sie, dass Sie ihr neues Tattoo gut finden. Jeder von uns lügt.

Auch unsere politische Führung lügt seit jeher. In vielerlei Hinsicht wollen wir sogar von ihr getäuscht werden. Sobald eine Partei einen Kandidaten nominiert hat, erwartet man von ihm, nun »die politische Mitte anzupeilen«, um mehr Wähler anzusprechen. Moment mal, wie bitte? Sagen wir damit nicht eigentlich, dass wir von dem Kandidaten erwarten, dass er bei der Wahl einen anderen Standpunkt vertreten soll als bei den Vorwahlen? Heißt das nicht, dass er einen Teil der Wähler belügt?

Aber in der Demokratie nehmen wir diese Form des Lügens als notwendiges Übel hin. Abraham Lincoln, einer unser Nationalheiligen, wurde 1860 zum Präsidenten gewählt, nachdem ein Teil der Wählerschaft zu dem Schluss gekommen war, er würde die Sklaverei abschaffen, während die anderen meinten, er wolle lediglich deren Ausweitung auf andere Staaten begrenzen. Beides zugleich kann nicht zutreffen. Er ließ zu, dass jede Wählergruppe glaubte, was sie hören wollte, wurde gewählt und rettete unsere Nation.

Als Präsident setzte Donald Trump beim Lügen neue Maßstäbe. Er log nicht nur häufiger und leugnete mehr Dinge als jede andere Führungspersönlichkeit in unserer Geschichte, er und seine Anhänger taten zudem etwas hochgradig Gefährliches. Sie beschädigten unser Verständnis von Wahrheit: dass es sie gibt und dass man sie finden kann. Die Wahrheit als Prüfstein, das war lange die Übereinkunft in unserem Land – nach ihr soll man streben, sie soll man sprechen. Natürlich war uns allen klar, dass Führungspersönlichkeiten auch mal die Unwahrheit sagen, aber gemessen haben wir sie immer an der Wahrheit. George W. Bush etwa sagte die Unwahrheit, als er behauptete, dass der Irak Massenvernichtungswaffen besitze. Barack Obama sagte die Unwahrheit, als er zusicherte, jeder könne beim Arzt seines Vertrauens bleiben. Bis zum Ende ihrer Amtszeit (und vielleicht sogar bis zum Ende ihres Lebens) mussten beide Männer sich immer wieder erklären: was sie damit meinten, was sie dachten, warum sie es sagten. Sie taten dies, weil wir, trotz der zahlreichen Schwachpunkte, die wir als Nation haben, an der Vorstellung festhalten, dass es die eine Wahrheit gibt und dass diese von Bedeutung ist. Zumindest war es früher so.

Unsere Gründerväter haben ein Regierungs- und Rechtssystem geschaffen, das die beste Methode zur Wahrheitsfindung bietet: indem es die Interessen der Menschen aufeinandertreffen lässt. Vor Gericht argumentieren wir, nehmen ins Kreuzverhör, hinterfragen Erinnerungen, Auslegungen und Standpunkte, um die Wahrheit herauszufinden. Insbesondere das Rechtssystem beruht auf unserer gemeinsamen Überzeugung, dass man darauf vertrauen kann, die Wahrheit zu finden, und zwar in einem solchen Ausmaß, dass wir Menschen ihrer Freiheit berauben – und ihnen manchmal auch das Leben nehmen; letzteres zum Glück immer seltener. Alles basiert auf der Wahrheit, die wir finden. Diesem System zufolge kann Wahrheit niemals relativ sein – mein Standpunkt, Ihr Standpunkt, wer weiß das schon?

Natürlich gibt es Standpunkte und Überzeugungen, die unserer persönlichen Auffassung von Wahrheit entsprechen, aber es gibt eben auch nachweisbare oder widerlegbare Tatsachen – die eigentliche Wahrheit.

Unser Rechtssystem ist so konzipiert, dass Antworten jenseits von persönlichen Standpunkten gefunden werden. Dafür müssen die Beteiligten aufrichtig sein. Das Konzept basiert auf Eiden und Versprechen, auf feierlichen Erklärungen, dass nur vorgetragen werde, was wirklich gesehen oder gehört wurde. Wenn dies verloren geht, wenn das Modell Trump Einzug in unser Rechtssystem hält – Wahrheit ist, was ich als Wahrheit definiere –, dann ist es mit der Gerechtigkeit vorbei. Um die Gerechtigkeit zu schützen, müssen Lügner zur Rechenschaft gezogen werden.

Folgendes Verbrechen hat das Zeug, ins Buch der Rekorde aufgenommen zu werden – es könnte aus der Filmreihe »Mission: Impossible« stammen: Begangen wurde es am helllichten Tag in einem belebten Gebäude in Manhattan. Es gab keine Zeugen. An einem Morgen im Oktober, der Arbeitstag im geschäftigen Pelzdistrikt von Manhattan hatte gerade begonnen, verschaffte sich eine Gruppe maskierter und bewaffneter Männer Zutritt zu den Räumlichkeiten eines Pelzhändlers im zweiten Stock eines Gebäudes in der West 29th Street Nr. 208 (zwischen der 7. und der 8. Avenue gelegen). Sie führten leere, mit Segeltuch ausgeschlagene Wäschewagen mit sich. Die Räuber fesselten den Geschäftsinhaber und seinen Lagermeister mit Handschellen und verbanden ihnen die Augen. Dann mussten sich die beiden auf den Boden legen, und die Räuber machten sich daran, das Lager auszuräumen. Die Opfer hörten, wie die Rollen der Wagen über den Boden schabten, während die Räuber die üppigen Bestände an Nerz- und Fuchsfellen herumwuchteten. Dann verfrachteten die Räuber ihre Gefangenen ins nun leere Magazin und ließen sie dort zurück, gefesselt, geknebelt und mit reißfestem Klebeband über den Augen. Sie entkamen mit 121 Pelzmänteln und 8180 Fellen. Kurz darauf gelang es den Opfern, das Klebeband vom Mund zu entfernen und um Hilfe zu rufen. Arbeiter einer benachbarten Baufirma befreiten sie. Die Räuber jedoch hatten sich mitsamt ihrer spektakulären Beute in Luft aufgelöst.

Das war gut, genau genommen zu gut. Dem Versicherungsunternehmen, das den Inhaber entschädigen sollte, kam das Ganze verdächtig vor. Man wandte sich an das FBI. Natürlich würde dies kaum zu etwas führen. Es mochte unmöglich erscheinen, dass die Räuber entkommen waren, ohne dass jemand sie gesehen hatte, aber zweifelsfrei zu beweisen, dass etwas *nicht* geschehen war, ist ein harter Brocken. Das FBI würde wahrscheinlich einen Blick auf den Fall werfen und ihn dann wieder an die Versicherung zurückspielen, damit diese einen Zivilprozess anstrengte.

Doch der »Mission: Impossible«-Fall landete auf dem Tisch eines Sonderermittlers beim Raub-Dezernat des FBI in New York. Er hatte früher als Strafverteidiger in Philadelphia gearbeitet, war zynisch und gerissen, hatte eine Neigung zu schwarzem Humor und behauptete, in den 1980er Jahren zum FBI gestoßen zu sein, als das »Niveau noch nicht so hoch war«. Ein Junggeselle, der gern joggte, rauchte, trank und langfristigen Beziehungen aus dem Weg ging. Arbeitsscheu hingegen war er nicht, und wenn ihm etwas seltsam vorkam, biss er sich darin fest. Der »Raubüberfall« auf die Pelzfirma kam ihm seltsam vor, und so überzeugte er meine Vorgesetzten beim Bezirksgericht in Manhattan davon, die Ermittlungen aufzunehmen und mir den Fall zu übertragen.

Wir hatten uns gerade in die Materie eingearbeitet, als uns die Nachricht ereilte, dass der Inhaber des »geschädigten« Pelzhandels eine Aussage vor der Grand Jury machen wollte. Dort hatte man gerade die Ermittlungen aufgenommen. Im Gerichtsgebäude in Lower Manhattan betrat er den umgestalteten Gerichtssaal, der von den Geschworenen benutzt wurde, hob die rechte Hand, versprach, die Wahrheit zu sagen und nichts als die Wahrheit, so wahr ihm Gott helfe. Weder sein Anwalt noch die FBI-Ermittler waren zugelassen. Im Raum waren nur ich, er, ein Gerichtsschreiber, der protokollierte, sowie die Geschworenen.

Eine Grand Jury nach Bundesrecht besteht aus 23 Personen. Nach der Anhörung entscheiden sie darüber, ob ein Strafverfahren eingeleitet wird. Ausgewählt werden sie von einem Bundesrichter aus einer ganzen Reihe von Menschen, die als Geschworene herangezogen werden können. Sie tagen hinter verschlossenen Türen, allerdings ohne einen Vorsitzenden Richter. Für gewöhnlich hören sie nur, was die Staatsanwaltschaft vorzubringen hat, und entscheiden dann, ob jemand angeklagt werden soll, das heißt, ob diese Person offiziell eines Verbrechens bezichtigt wird. Um eine Entscheidungsgrundlage zu bekommen, stellen sie oft eigene Ermittlungen an, lassen Staatsanwälte Vorladungen verschicken, um Zeugen zu vernehmen und Dokumente einzusehen. Wenn ein Verdächtiger aussagen möchte, kommen sie diesem Gesuch fast immer nach.

Sobald die Beweisaufnahme abgeschlossen ist, befinden die Geschworenen darüber, ob mit einer Anklage die Strafverfolgung eingeleitet werden soll. Wenn mindestens zwölf Geschworene einen »hinreichenden Tatverdacht« sehen, es also für wahrscheinlich halten, dass die betreffende Person sich etwas hat zuschulden kommen lassen, geht der Fall vor Gericht. Hier liegt die Messlatte höher: Der Staat muss die Schuld »zweifelsfrei« nachweisen, und eine kleinere Gruppe Geschworener, die sogenannte Trial Jury, muss zu einem einstimmigen Urteil kommen, bevor jemand schuldig gesprochen wird. Die Grand Jury ist eine der ältesten Besonderheiten des westlichen Rechtswesens und wurde vor vielen hundert Jahren in England eingeführt, um die Macht des Königs einzugrenzen. Nur andere Bürger sollten einen Menschen eines schweren Verbrechens anklagen können. Unsere Staatsgründer übernahmen dieses System und machten es zu einem wichtigen Bestandteil der Verfassung der Vereinigten Staaten.

Es ist keine Kleinigkeit, bei Ermittlungen auf Bundesebene zu lügen, ob man nun vor einer Grand Jury steht oder vor einem FBI-Ermittler. Das hängt mit der fast mythischen Aura zusammen: Man hat keine andere Wahl, als die Wahrheit zu sagen und Beweise zu liefern. Das Rechtssystem ist ein System der Ehre. Der Staat kann tatsächlich nicht immer feststellen, ob jemand lügt oder Dokumente unterschlagen hat. Wenn er dies aber beweisen kann, kann er gar nicht anders, als diese Lüge zu ahnden und damit eine Botschaft an alle zu senden. Menschen müssen fürchten, dass Lügen Konsequenzen haben, oder aber das Rechtssystem funktioniert nicht.

Es gab einmal eine Zeit, als die meisten Menschen Angst davor hatten, in die Hölle zu kommen, wenn sie einen Eid brachen, den sie im Namen Gottes geleistet hatten – als die Formulierung »So wahr mir Gott helfe« einem Zeugen Angst vor der ewigen Verdammnis machte. Diese Form der Abschreckung ist unseren modernen Kulturen abhandengekommen. Stattdessen müssen die Menschen Angst davor haben, im Gefängnis zu landen. Wenn unsere Nation auf rechtsstaatlichen Prinzipien basieren soll, müssen die Menschen Angst davor haben, dass ihr Name für immer mit einer Straftat in Verbindung gebracht wird.

Der Pelztyp trat also vor die Geschworenen und erzählte stundenlang detailreich von dem Raubüberfall. Sollte seine Geschichte nicht der Wahrheit entsprechen, würde man ihn anklagen müssen, um die Rechtsstaatlichkeit zu schützen und eine Kultur zu stärken, in der man die Wahrheit sagt. Und die Geschichte schien ganz und gar nicht wahr zu sein.

Der Inhaber der Pelzfirma hatte durchaus ein Motiv. Wir

konnten nachweisen, dass er in den Wochen vor dem Raubüberfall einen größeren Auftrag an eine führende, landesweit tätige Einzelhandelskette für Pelze verloren hatte, was seinem kleinen Betrieb »furchtbar« zugesetzt habe. Das hatte er anderen erzählt. Wir konnten nachweisen, dass er seinem Vermieter gesagt hatte, er sei hoch verschuldet und könne die Miete nicht zahlen, was allerdings kein Problem sei, da er wahrscheinlich ohnehin sein Geschäft bis Anfang Oktober aufgeben werde. Wir konnten beweisen, dass die Firma in der Woche vor dem Raubüberfall einige Pelze aus diesem Standort entfernt und außerdem weitere Pelze in ihre Niederlassung in Florida transportiert hatte. Es waren allerdings nicht so viele Pelze, dass man dies nicht als normale Geschäftsaktivität hätte bezeichnen können. Anhand der Aufzeichnungen der Alarmanlage konnten wir belegen, dass der Inhaber in der Nacht vor dem Raubüberfall etwas Unübliches getan hatte. Der Arbeitstag im Betrieb endete immer gegen 16 Uhr 30. An jenem Abend jedoch kam der Inhaber noch einmal zurück, nachdem alle Angestellten gegangen waren und der Alarm scharf geschaltet worden war. Er blieb einige Stunden.

Die größte Schwierigkeit bestand für uns darin, dass wir weder die angeblich gestohlenen Pelze finden konnten noch Belege dafür, dass die Pelze nach einem fingierten Raubüberfall unter der Hand verkauft worden waren. Das Bestandsverzeichnis der Pelze war zweifellos authentisch. Wenn der Raubüberfall fingiert war, mussten die Pelze irgendwohin verschwunden sein; wir konnten bloß nicht nachweisen, wohin. Wir hätten anführen können, dass nach dem Raubüberfall etwas mehr Pelze verkauft worden waren, als eigentlich zu erwarten, aber das war nun nicht schlagend. Dass wir nicht in der Lage waren, die Pelze aufzuspüren, ließ keine Zweifelsfreiheit zu.

Nach der Beweisaufnahme hielten die Geschworenen die Geschichte für eine Lüge. Also klagten sie den Firmeninhaber und seinen Lagermeister an. Nun würden wir die Trial Jury davon überzeugen müssen, dass es an jenem Oktobermorgen schlicht und ergreifend keinen Raubüberfall gegeben hatte und die beiden Männer logen. Sollte die Jury jedoch berechtigte Zweifel hegen, müssten sie auf freien Fuß gesetzt werden. Also machten wir uns daran, das Zeitfenster, das den »Räubern« an jenem Morgen zur Verfügung stand, möglichst zu schließen. Es sollte nicht ein Spalt bleiben, durch den sie hätten hindurchschlüpfen können.

In dem ganzen Gebäude gab es keine einzige Videokamera, aber die Aufzeichnungen des Wachschutzes belegten, dass der Pelzboss und sein Lagermeister ihre Räumlichkeiten im zweiten Stock an jenem Morgen um 6 Uhr 48 betreten hatten. Die Aufzeichnungen der New Yorker Polizei wiederum bewiesen, dass die Retter um 7 Uhr 26 einen Notruf abgesetzt hatten. Vor der Grand Jury hatte der Inhaber ausgesagt, dass die fünf Räuber mindestens einige Minuten, nachdem er die Alarmanlage entschärft hatte, in die Räumlichkeiten eingedrungen waren. Es dauerte eine Weile, bis sie sich gewaltsam Zutritt verschafft hatten, und noch eine Weile, ehe das Magazin geöffnet war, weil der Inhaber Mühe hatte, sich an die Zahlenkombination zu erinnern. Die Opfer sagten aus, dass sie fünf Minuten gewartet hätten, bevor sie um Hilfe riefen. Während der gesamten Dauer des Überfalls blieben zwei Räuber bei den Opfern, so dass drei Räuber die Arbeit erledigten. Jeder von ihnen musste mehrere hundert Kilo Pelze herumwuchten. Die Räuber hatten also höchstens zwanzig Minuten Zeit, um den gesamten Lagerbestand aus dem zweiten Stock auf die Straße zu schaffen. Das erforderte ein Hilfsmittel auf Rollen, so wie die Wäschewagen, die die Opfer gesehen haben wollten.

Allerdings hatte außer ihnen niemand diese Wagen gesehen, und das wiederum war nicht möglich. Ein Angestellter der Baufirma, die sich ebenfalls im zweiten Stock befand, schloss die

Eingangstür des Gebäudes um 6 Uhr 30 auf und fuhr mit dem einzigen Personenaufzug nach oben. Er ging zu den Räumen der Baufirma, die genau gegenüber denen der Pelzfirma lagen. Die Tür zur Baufirma stand offen: Einer der Mitarbeiter war bereits dort. Die beiden Männer ließen die Tür den ganzen Vormittag offen, um für Durchzug zu sorgen.

Ein Blumenhändler, dessen Räumlichkeiten im vierten Stock lagen, parkte um 6 Uhr 30 vor dem Gebäude und ging zu Fuß zu dem nahe gelegenen Blumenmarkt. Einer seiner Mitarbeiter kam ihm auf dem Weg zur Arbeit entgegen. Dieser Mitarbeiter erinnerte sich, dass er nach dieser Begegnung um 6 Uhr 45 das Gebäude betreten hatte und mit dem Personenaufzug in den vierten Stock gefahren war. Der Lastenaufzug, der einzige andere Aufzug in dem Gebäude, wurde über Nacht stets mit einem Stahlgitter verriegelt und war noch nicht wieder in Betrieb. Daher beschloss der Mitarbeiter, die Transportbehälter mit den Blumen im Personenaufzug zu befördern.

Um 6 Uhr 48 betraten dann der Inhaber der Pelzfirma und sein Lagermeister die Geschäftsräume und schalteten die Alarmanlage aus. Um 6 Uhr 50 holte der Mitarbeiter des Blumenunternehmens den Personenaufzug in den vierten Stock und belud ihn dort mit den Transportbehältern voller Blumen. Um 6 Uhr 55 kam sein Chef vom Blumenmarkt zurück und sah an den erleuchteten Ziffern über den Fahrstuhltüren im Foyer, dass der Fahrstuhl sich im vierten Stock befand. Er machte kehrt, betrat das nur vom Foyer aus zugängliche Treppenhaus und ging zu Fuß in den vierten Stock.

Zwischen 6 Uhr 50 und 7 Uhr 15 fuhr der Angestellte des Blumenhändlers zweimal mit den Blumengebinden im Personenaufzug. Er ließ die erste Ladung unten stehen und fuhr wieder hoch. Neben den Blumen war in dem kleinen Foyer kaum noch Platz. Um 7 Uhr 10 betrat der Hausmeister das Foyer. Er wartete, bis der Personenaufzug wieder unten war und half beim Ausladen der Blumen. Gemeinsam mit dem Angestellten der Blumenfirma fuhr er dann ebenfalls hoch in den vierten Stock, um dort mit dem Hausverwalter zu frühstücken. Um 7 Uhr 15 war der Blumenmann wieder zurück im Foyer und belud in den nächsten fünf Minuten den Lieferwagen, den sein Chef zuvor vor dem Gebäude abgestellt hatte. Um 7 Uhr 20 kam sein Chef dazu, und sie brachen gemeinsam auf, um die Blumen auszuliefern. Auf der anderen Straßenseite saß ein Parkplatzwächter in einem rundum verglasten Häuschen. Er hatte an jenem Morgen nichts Ungewöhnliches bemerkt.

Um etwa 7 Uhr 20 betrat ein weiterer Angestellter der Baufirma das Gebäude, fuhr mit dem Lift in den zweiten Stock, kam an der Tür zur Pelzfirma vorbei und ging dann durch die offen stehende Tür der Räume seines Arbeitgebers gleich gegenüber. Er trank gerade einen Kaffee, als er ein Geräusch hörte und in den Korridor trat, um nachzusehen. Dort hörte er die Hilferufe des Inhabers der Pelzfirma und seines Vorarbeiters und alarmierte seine Kollegen. Um 7 Uhr 26 setzten sie den Notruf ab und betraten die Geschäftsräume des Pelzunternehmens. Dann befreiten sie die Opfer im Magazin.

Sie fanden den Lagermeister auf dem Boden liegend, die Hände mit Handschellen auf dem Rücken gefesselt, Klebeband um die Beine, über Augen und Mund. Mithilfe eines Tischbocks hatte er das Klebeband vom Mund lösen können. Der Inhaber der Pelzhandlung war anders gefesselt: In dem begehbaren Magazin waren seine Hände vor dem Körper in Höhe des Gesichts mit Handschellen an einer Stange fixiert. Daher hatte er das Klebeband abziehen und um Hilfe rufen können. Er sagte, die Räuber hätten versucht, ihn mit den Handschellen hinter dem Rücken zu fesseln, ihn aber für zu muskulös befunden. Stattdessen fesselten sie die Hände vor dem Körper und ermahnten ihn, ja nicht das Klebeband vom Mund zu entfernen, da sie draußen warten würden. Als sie gingen, ließen die Räuber die Tür zum

Magazin offen. Und obwohl sie ja offenbar zügig zu Werke gegangen waren, hatten sie sich im Magazin wählerisch gezeigt. Zurück blieben nur zwei alte Nerzmäntel und ein brauner Ledermantel.

Um 7 Uhr 55 verließ der Hausmeister das Büro des Verwalters im vierten Stock, ohne zu ahnen, was sich zwei Stockwerke weiter unten abspielte. Er ging zum Lastenaufzug, den er dort am Abend zuvor abgesperrt hatte. Er schloss den Aufzug auf und fuhr nach unten. Dort entriegelte er die Stahlgitter, die den Zutritt zum hinteren Treppenhaus und zum Lieferanteneingang versperrten.

Die ausgerückten Beamten der New Yorker Polizei und der Verwalter durchkämmten das gesamte Gebäude, darunter eine leerstehende Bürofläche. Sie fanden weder Pelze noch irgendein Indiz, dass Räuber dagewesen wären.

Vor den Geschworenen argumentierte ich, dass abgesehen von der Tatsache, dass niemand im oder in der Nähe des Gebäudes an jenem Morgen etwas Ungewöhnliches gehört oder gesehen hatte, die Beweisaufnahme erbracht habe, dass keiner der beiden Aufzüge – der eine verriegelt im vierten Stock und der andere zwischen 6 Uhr 40 und 7 Uhr 26 fast durchgehend in Betrieb – von fünf Männern mit Wäschewagen, die fast eine Tonne Pelze transportierten, hätte benutzt werden können. Das Gleiche galt für die Treppen: eine war verschlossen, die andere wurde benutzt. Darüber hinaus hätte die Räuberbande ihre tonnenschwere Beute nicht unbemerkt an der offen stehenden Tür der Baufirma gleich gegenüber vorbeischaffen können. Die Angestellten der Baufirma hatten zwar gedämpfte Schreie aus der Pelzfirma vernommen, aber sonst keine weiteren Geräusche gehört.

Wir hatten ein gutes Gefühl, was unseren Fall betraf. Aber ein »zweifelsfreier« Tatnachweis ist eine schwere Bürde – so soll es auch sein –, und wir mussten uns etwas einfallen lassen, um die

Sache für die Geschworenen greifbar zu machen. Anhand der Geschäftsbücher und Unterlagen der geschädigten Firma machte das FBI eine Aufstellung, welche Mäntel und Pelze sich an jenem Morgen im Magazin hätten befinden müssen. Derart gewappnet suchte das FBI Kürschner in ganz New York auf und lieh sich so viele Pelze zusammen, wie angeblich an jenem Oktobermorgen gestohlen worden waren.

Am späten Abend vor dem letzten Tag der Verhandlung fuhr ein weißer Laster ohne Kennzeichen durch die Pearl Street in Manhattan. Er hielt vor dem Seiteneingang des Gerichtsgebäudes. FBI-Ermittler mit Schusswaffen bewachten den Laster, während ihre Kollegen Ständer voller Pelze in den Gerichtssaal trugen. Dort hatten die Ermittler mit Erlaubnis des Gerichts die Zuschauerbänke aus dem Gerichtssaal entfernt, um Platz zu schaffen. Sie blieben über Nacht und bewachten die Pelze.

Als die Geschworenen am nächsten Morgen eintrafen, war der Gerichtssaal ein einziges Meer aus Nerz- und Fuchspelzen. Diese Pelze sollten drei Räuber angeblich durch die Tür, den Korridor, über die Treppen zwei Stockwerke hinunter, durch den Eingangsbereich voller Blumen und durch die Eingangstür von West 29th Street Nr. 208 geschafft haben, das Ganze in weniger als zwanzig Minuten und ohne dass jemand sie gesehen hätte.

Beherzt band sich ein Verteidiger Trageriemen um, wie sie Kürschner zum Transport von Pelzen verwenden. Sie sehen aus wie dicke Gürtel mit einem großen scharfen Haken an jeder Seite. Ein Assistent half ihm dabei, in 42 Sekunden 1365 Pelze an den vier Haken zu befestigen. Es war ein eindrucksvolles Bild. Allerdings konnte man förmlich hören, wie der arme Rücken des Mannes gestaucht wurde. Er grinste gequält. Ich wies die Geschworenen darauf hin, dass er noch keinen Schritt getan hatte, und das aus gutem Grund: »Die Angriffsspieler der New York Giants kämen mit diesem Zeug auf ihren Schultern gar nicht durch die Eingangstür des Unternehmens und könnten sich erst recht nicht durch den Korridor davonstehlen … Und selbst wenn sie Haken wie diese benutzt hätten, zu welchem Zweck hätten sie dann die Wäschewagen mitgebracht?«

Wir hatten bewiesen, dass die Aktion wirklich undurchführbar war – »Mission: Impossible«. Die Geschworenen stimmten dem zu und fällten ein einstimmiges Urteil: Die Angeklagten hatten sich des Betrugs und Meineids schuldig gemacht. Von der Versicherung erhielten sie keinen Cent. Der Lagermeister des Pelzunternehmens war zwischenzeitlich an einem Gehirntumor erkrankt, und so war ich mit einer Bewährungsstrafe einverstanden. Der Chef wanderte für drei Jahre ins Gefängnis. Lügner müssen zur Rechenschaft gezogen werden.

In meiner kurzen Amtsperiode im Rauschgiftdezernat beim Bezirksgericht in Manhattan habe ich nicht viele Drogenfälle strafrechtlich verfolgt. Doch an einem Gerichtsverfahren hielt ich fest: Die Drogenvollzugsbehörde DEA wollte unterbinden, dass große Mengen Heroin aus Westafrika nach New York gelangten. Der internationale Drogenhandel war natürlich interessanter als die Beschäftigung mit Dealern, die sich in den White-Castle-Hamburger-Restaurants in der Bronx herumdrückten. Aber der auf den Fall angesetzte Ermittler war herzlich und humorvoll und hatte ein ansteckendes Lachen, so dass ich den Prozess nicht abgab. Im Gerichtssaal saß er links von mir zwei Plätze weiter am Tisch der Regierung. Der Stuhl zwischen uns war für das unentbehrliche Mitglied unseres Teams reserviert: die Dolmetscherin der DEA. Sie beherrschte die ghanaischen Stammessprachen und lotste mich zu einer unvergesslichen Auseinandersetzung mit einer ausgesprochen sympathischen Lügnerin.

Die Dolmetscherin flüsterte mir ins linke Ohr: »Im Dialekt der Aschanti erhält diesen Namen jeder Junge, der an einem Donnerstag geboren wurde.« Gelegentlich machen Lügner einen großen Fehler. Dies hier war einer. Ein Mann aus der Bronx stand wegen Drogenhandels vor Gericht. Ihm wurde vorgeworfen, Mitglied eines Heroin-Dealerrings zu sein, der auf Linienflügen kiloweise Heroin von Ghana nach New York brachte. Das entscheidende Beweisstück waren Mitschnitte einer gerichtlich angeordneten Abhöraktion. Darauf war zu hören, wie der Angeklagte Geschäfte plante. Wir wussten, dass er es war, nicht nur weil sein Partner bei den Heroin-Transaktionen gegen ihn ausgesagt hatte, sondern auch weil Menschen, die ihn kannten, seine Stimme auf den Bändern identifiziert hatten und weil die entscheidenden Anrufe von seinem heimischen Telefon aus getätigt worden waren.

Aber nun stand seine Frau im Zeugenstand. Sie versicherte den Geschworenen, dass nicht ihr Mann auf den Abhörbändern zu hören sei, weil die Männer auf dem Band den Dialekt des Aschanti-Stammes sprächen. Ein Nachbar über ihnen habe kein Telefon und benutze von Zeit zu Zeit ihren Apparat. Er stamme aus Ghana und sei ein Aschanti. Sie und ihr Mann hingegen gehörten zu den Ga und sprächen eine ganz andere ghanaische Sprache. Weder sie noch ihr Mann könne ein Wort Aschanti. Zu hören auf den Bändern sei also nicht er. Es konnte nur der Nachbar sein.

Trotz des überzeugenden Beweismittels hatte ich ein ungutes Gefühl, als ich diese hübsche Frau dabei beobachtete, wie sie den Geschworenen erklärte, dass wir den falschen Mann hätten. Wie könnte ich sie ins Kreuzverhör nehmen? Sollte ich »Drehen Sie sich um!« auf Aschanti rufen und abwarten, ob sie sich umdrehte? Allerdings sprach ich weder Aschanti noch Ga.

Und dann machte sie einen Fehler. In dem offensichtlichen Bemühen, Mitgefühl zu wecken, fragte ihr Verteidiger sie, ob sie Kinder habe.

»Ja, eines«, antwortete sie.

»Und wie heißt das Kind?«

»Es ist ein Sohn, benannt nach meinem Mann.«

»Haben Sie einen Rufnamen für ihn?«

»Ja, Yaw.«

»Und wie alt ist Yaw?«

»Sechs Jahre.«

Der Anwalt fuhr fort mit Fragen zur Übersiedlung der Familie nach Amerika. Währenddessen lehnte sich die Regierungsdolmetscherin, die die Abhörbänder übersetzt hatte, zu mir und flüsterte mir etwas ins Ohr. Sie kam aus Ghana, hatte dort gelebt. Sie kannte die Stammestraditionen und sprach die Stammessprachen. »Die Aschanti nennen ihre Kinder mit zweitem Namen nach dem Wochentag, an dem sie geboren wurden. Damit erinnern sie an den Tag, an dem Gott beschloss, der Welt dieses Kind zu geben. Die Ga machen so etwas nicht. Nie.«

Der Verteidiger hatte geendet. Ich stand auf, mein Herz hämmerte. Das hier wollte ich nicht vermasseln. Ich fing mit unverfänglichen Fragen an, um die Zeugin zu entspannen. Und mich auch. Dann schlug ich zu.

»Madam, Sie erwähnten Ihren Sohn, den Sie Yaw rufen. Wann wurde er geboren?«

»Am 21. Januar 1982.« Ich hatte keine Ahnung, welcher Wochentag das war, machte aber weiter. Ein bisschen zu pokern könnte sich lohnen.

»Was für ein Wochentag war das?« Ihre Pupillen weiteten sich etwas. Sie sah mich an. Ihr war klar, dass sie einen großen Fehler gemacht hatte.

»Es war der 21. Januar.«

»Ja, Madam, das sagten Sie bereits. Aber was für ein Wochentag war es?«

»Weiß ich nicht mehr. Es war ein kalter Tag.«

»Ja, Madam, es war Januar, das sagten Sie bereits. Aber was für ein Wochentag?«

Hier konnte ich jetzt insistieren. Eine Mutter, deren Kind sechs Jahre zuvor auf die Welt gekommen war, musste wissen, an welchem Wochentag sie entbunden hatte.

»Weiß ich nicht mehr.«

»War es an einem Wochenende? In der Woche?«

»Weiß ich nicht mehr .«

»Ist Yaw Ihr einziges Kind?«

»Ja.«

»Und Sie haben keine Ahnung, an welchem Wochentag Sie zum einzigen Mal in Ihrem Leben entbunden haben?«

»Ich habe keine Ahnung.«

»Wie sind Sie auf den Rufnamen ›Yaw‹ gekommen?«

»Ich glaube, wir haben ihn mal in der U-Bahn gehört. Uns gefiel einfach der Name.«

Das bestärkte mich in meinem Vabanquespiel. Also setzte ich alles auf eine Karte. Dabei hatte ich – in jenen längst vergangenen Tagen ohne Internet und Handys – keinen Kalender aus dem Jahr 1982 zur Hand, um meine Annahme zu überprüfen. Aber es musste einfach ein Donnerstag gewesen sein.

»Madam, der 21. Januar war ein Donnerstag, richtig?«

»Weiß ich nicht.«

»Sie und Ihr Mann sind Aschanti, richtig?«

»Nein.«

»Und die Aschanti nennen ihre Kinder mit zweitem Namen nach dem Wochentag, an dem sie geboren wurden?«

»Woher soll ich das wissen?«

»Die Ga tun dies nicht, richtig?«

»Das ist richtig. Wir tun das nicht.«

»Ist Yaw der Aschanti-Name für einen Jungen, der an einem Donnerstag geboren wurde?«

»Keine Ahnung.«

»Sie haben ihn Yaw genannt, weil er an einem Donnerstag zur Welt gekommen ist, richtig?«

»Nein. Ich weiß nicht, an welchem Wochentag er geboren wurde.«

»Ihr Mann und Sie sprechen beide Aschanti, und Ihr Mann ist auf den Bändern zu hören, nicht wahr?«

»Nein, das ist nicht wahr.«

»Ich habe keine weiteren Fragen, Euer Ehren.«

Ich beendete mein Kreuzverhör und setzte mich mit pochendem Herzen wieder hin. Der Richter wollte fünf Minuten Pause machen. Ich war ganz dicht dran. In aller Ruhe verließ ich den Gerichtssaal, bog in den Korridor, weg von möglichen Zuschauern, und lief los. Ich rannte die Treppen hinunter in den zweiten Stock des Thurgood-Marshall-Gerichtsgebäudes. Dann sprintete ich über die Fußgängerbrücke zum Gebäude der Staatsanwaltschaft und direkt ins Büro der ältesten Bundesanwältin, die ich kannte. Mir war eingefallen, dass sie seit Jahren, nein Jahrzehnten rote, fest eingebundene Terminkalender in ihren Regalen aufbewahrte. Das jeweilige Jahr stand in weißen Ziffern auf dem Rücken. Sie war nicht im Büro. Ich schnappte mir den 82er-Jahrgang und blätterte hastig die Seiten um bis zum 21. Januar. Ein Donnerstag. Mit dem Kalender in der Hand rannte ich zurück und verfiel ins Gehen, als ich mich dem Gerichtssaal näherte. Ich japste.

Der Richter eröffnete die Verhandlung. Ich erhob mich, das Buch in der Hand. Ich war noch nicht wieder zu Atem gekommen. »Euer Ehren, ich bitte das Gericht, Folgendes zu Protokoll zu nehmen.« Ich machte eine Pause, um Luft zu holen. »Der 21. Januar 1982 war [Pause, Atemzug, Pause] ein Donnerstag.«

Der Richter blickte von seiner Richterbank zu mir hinunter. Er war nicht außer Atem, aber ließ sich ebenfalls Zeit. Dann sagte er ganz langsam: »Ich weiß, Mr. Comey. Ich habe es überprüft.«

Ich setzte mich. Der Drogendealer würde ins Gefängnis wandern. Angesichts der dreisten Lügerei seiner Frau kämpfte ich mit mir, ob ich sie des Meineids beschuldigen sollte. Natürlich versagt das gesamte System, wenn Zeugen lügen können, ohne dass dies Konsequenzen hat. Aber ihr Mann würde jahrelang im Gefängnis sitzen, und es war mir nicht sympathisch, ihr den Prozess zu machen. Sie hatte gelogen, um ihn zu schützen. Die Geschworenen würden nur ungern einen kleinen Jungen zum Waisenkind machen. Mir erging es nicht anders. Das war es einfach nicht wert. Aber es gibt andere Verfahren, die sich nicht um eine verzweifelte Ehefrau und einen Sechsjährigen drehen. An ihnen sind mächtige Lügner beteiligt, mancher von ihnen ist mit dem Präsidenten im Bunde. Wenn die Wahrheit weiterhin im Zentrum unseres Rechtssystems stehen soll, müssen genau diese Fälle verfolgt werden.

5
WANZEN

Die Leidenschaften der Menschen beugen sich nicht ohne Zwang dem Diktat der Vernunft und der Gerechtigkeit.
Alexander Hamilton

Im organisierten Verbrechen gibt es eine Menge Freizeit. Bei warmem Wetter standen die Mafiosi vor ihrem Geschäft im Juwelierviertel von Manhattan, damit die Spitzeneinbrecher und bewaffneten Räuber der New Yorker Gegend sie besser finden konnten, um zu schauen, was sie kaufen oder im Auftrag von irgendjemandem stehlen lassen wollten. Mitunter zogen sie sich zu einem Gespräch nach drinnen zurück, doch sie standen auch gern draußen und flüsterten. An kälteren Tagen verbrachten sie ihre Zeit im Geschäft, oft am Telefon – am »Festnetz«, wenn man sich das in unserer drahtlosen Zeit überhaupt noch vorstellen kann –, und das war unsere Chance.

Die Erlaubnis, jemandes Telefon abzuhören oder eine Wanze in seinem Auto, Haus oder Büro zu verstecken, ist sehr schwer zu bekommen. Und das ist auch richtig so, denn die Regierung könnte kaum etwas tun, was grundlegende Verfassungsrechte unmittelbarer bedroht – oder zumindest war es so, ehe wir alle begannen, unser gesamtes Leben auf unseren Smartphones mit uns herumzutragen. In einem Kriminalfall muss ein Bundesanwalt im Rahmen einer längeren Aussage unter Eid glaubhaft machen, dass hinreichender Verdacht besteht, die potenzielle Zielperson der Überwachung könnte schwere Straftaten begehen und sich dabei stets eines bestimmten Telefonapparats bedienen oder an einem bestimmten Ort aufhalten und alle sonstigen weniger invasiven Maßnahmen seien bereits ergriffen worden, um ohne Telefonüberwachung Beweise zu sammeln. Im Fall der Mafiosi aus dem Juwelierviertel hatten wir versucht, Informanten zu ihnen zu schicken, die mit ihnen reden und die Gespräche aufzeichnen sollten, aber sie waren sehr auf der Hut. Drei Jahre lang führten Ermittler Überwachungsaktionen durch, doch Fotos von herumstehenden Kriminellen sind von sehr begrenztem Nutzen. Wir hatten Listen von Telefonverbindungen, Bankauszüge und Kreditkartenabrechnungen gerichtlich angefordert, doch all das bestätigte nur, dass irgendetwas nicht mit rechten Dingen zuging; kein Stück Papier gab Auskunft darüber, was sie planten, wem sie Schaden zufügen wollten, worin genau die Gefahr lag. Es gab keine andere Lösung, als die Erlaubnis zu erlangen, mithören zu dürfen, was sie am Telefon redeten.

Doch um abzuhören, musste ich zunächst einen langen Antrag aufsetzen, einschließlich einer eidesstattlichen Erklärung, die die bisher gesammelten Beweise auflistete, diesen Antrag meinen Vorgesetzten zur Durchsicht vorlegen und ihn dann zur Genehmigung nach Washington schicken. Dann und erst dann konnte ich ihn der Richterin präsentieren und eine gerichtliche Anordnung erbitten. Doch der zuständige Ermittler und ich mussten ihn persönlich vorlegen und schwören, dass unsere Aussagen vollständig, wahrheitsgemäß und präzise waren. Stimmte die Richterin zu, gab sie eine Anordnung, die uns erlaubte, dreißig Tage lang mitzuhören, jedoch verbunden mit der Auflage, dem Gericht alle zehn Tage einen Bericht vorzulegen, in welchem ich den Fortschritt der Abhöraktion schilderte und bestätigte, dass wir uns an die standardmäßigen Minimierungsrichtlinien hielten.

In den Vorschriften war eindeutig festgelegt, dass die Ermittler nicht jedes Telefongespräch mithören durften; sie durften nur die ersten paar Sekunden eines Anrufs hören und mussten dann die Überwachungsgeräte und die Bandmaschine abschalten, es sei denn, sie kamen zu dem Schluss – und legten ihn in schriftlicher Form dar –, dass das Gespräch »relevant«, also wahrscheinlich kriminellen Inhalts und von der gerichtlichen Verfügung abgedeckt war. Telefonate mit den Kindern, Rechtsbeiständen, Priestern oder sogar Golfpartnern der Gangster durften nicht mitgehört oder aufgezeichnet werden, solange es keinen berechtigten Verdacht gab, dass es sich bei den Kindern, Anwälten, Geistlichen oder Golfspielern um Mitwisser handelte. Und die Gründe für das Abhören eines solchen Gesprächs mussten der Richterin alle zehn Tage erläutert werden.

Es war enervierend, und die FBI-Ermittler – die in einem »Abhörraum« im FBI saßen, in den die duplizierten Telefonleitungen der Telefongesellschaft mündeten – lebten mit der ständigen Angst, einen Fehler zu machen, zu lange oder nicht lange genug zuzuhören. Manchmal trauten sie ihren Ohren nicht.

Die Mafiosi wiegten sich dort oben in Sicherheit. John Gotti, der Boss der Gambino-Familie, nutzte den Ravenite Social Club in der Mulberry Street in Manhattans Little-Italy-Bezirk als Hauptquartier. Aber er wusste, dass die Polizei das wusste und vielleicht versuchen würde, eine gerichtliche Verfügung zu erwirken, um seine Gespräche mithören zu können. Also sorgte er dafür, dass sie sehr schwer zu hören waren. Die meisten Gespräche führte er draußen, drehte eigens »Rederunden« durch die Umgebung, flüsterte seinem Gesprächspartner sogar ins Ohr. Er schien die Lebenslehren des Familienpaten Carlo Gambino verinnerlicht zu haben, der angeblich als freier Mann eines natürlichen Todes gestorben war, weil er nur mit einer Handvoll vertrauenswürdiger Untergebener über Familienangelegenheiten sprach und auch das nur flüsternd und unter freiem Himmel.

Doch Gotti und seine Nummer zwei, Salvatore »Sammy the

Bull« Gravano, der Vize-Boss der Familie, hatten ein Geheimnis. Sie wollten nicht jedes Mal nach draußen gehen. Und das mussten sie auch nicht, denn sie verfügten über einen sicheren Ort. In Zusammenarbeit mit Bundesanwälten aus Brooklyn brauchte das FBI lange, um darauf zu kommen. Mithilfe der gerichtlich verfügten Wanzen um das Mafia-Hauptquartier herum merkten die Ermittler, dass der Boss und sein Vize den Club verließen, ohne aber hinaus auf die Straße zu kommen. Wohin gingen sie? Wie Gravano mir 1993 im Rahmen seiner Aussage in einem Mafia-Prozess – Die Vereinigten Staaten ./. John Gambino – erklärte, in dem wir die von unseren Kollegen gesammelten Beweise verwendeten:

»Gab es an der Straße vor dem Ravenite noch einen weiteren Ort, an dem sie vor Abhörung sicher zu sein glaubten?«

»Ja.«

»Wo war das?«

»Es war … Es gab oben eine Wohnung. Ein Mitglied der Familie war gestorben. Seine Frau hatte die Wohnung behalten. Sie war ungefähr achtzig Jahre alt. Sie war immer zu Hause. Dort haben wir uns sicher gefühlt, und manchmal sind wir durch die Hintertür die Treppe zu dieser Wohnung raufgegangen und haben was beredet. In der Wohnung konnten wir uns ein bisschen locker lassen.«

Es war den Mafiosi wichtig, dass die ältere Witwe die Wohnung nie unbewacht ließ, da das FBI auf diese Weise keine Wanzen installieren konnte. Dort konnten sie sich »locker lassen«. Doch um ganz genau zu sein, hätte Gravano sagen müssen, sie sei *fast* immer zu Hause gewesen, und dieses *fast* machte einen großen Unterschied: An Thanksgiving besuchte die Witwe ihre Verwandtschaft. Mehr Zeit brauchte das FBI nicht. Die Bundesanwaltschaft des Bezirksgerichts New York Ost wandte sich an einen Bundesrichter in Manhattan, der das Installieren einer Abhörvorrichtung in der Wohnung genehmigte.

Spätabends an Thanksgiving betraten Ermittler mit einer gerichtlichen Verfügung das Gebäude und schlichen sich in die winzige Wohnung der Witwe, die aus zwei durch eine kleine Küche verbundenen Zimmern bestand. Da die Führungsriege der Gambino-Familie wohl nicht auf dem Messingbett der alten Dame Platz nehmen würde, konzentrierten sich die Ermittler auf das kleine Wohnzimmer mit den beiden cremefarbenen Lehnsesseln, die einem sichelförmigen braunen Sofa mit gläsernem Sofatisch gegenüberstanden. Fernseher, Kabelreceiver und Videorekorder befanden sich auf einem Gestell neben einem der Lehnsessel. Hier mussten die Unterredungen stattfinden. Sie platzierten die Wanze im Videorekorder und zapften dessen Stromversorgung an, um das Gerät am Laufen zu halten. Sie gingen davon aus, dass die Mafiosi während ihrer Besprechungen wohl keine alten Filme schauen und damit die Klangqualität ruinieren würden.

Gotti und Gravano nutzten die Wohnung während des Zeitraums der gerichtlichen Verfügung nur fünfmal, doch sämtliche Gespräche dienten als vernichtende Beweise. Sie ließen sich sehr locker. Man konnte mithören, wie Gotti über einen Befehl zur Ermordung eines Familienmitglieds sprach, das dem Boss gegenüber nicht den notwendigen Respekt an den Tag gelegt hatte: »Weißt du, wieso er stirbt?«, sagte Gotti. »Er wird sterben, weil er nicht kommen wollte, als ich ihn gerufen habe. Sonst hat er nichts falsch gemacht.« Ohne die Wanze zu erwähnen, warnte das FBI den Mafioso umgehend, dass seine Kollegen möglicherweise einen Mordanschlag auf ihn planten. Er ignorierte die Warnung, und bald darauf war er tot.

Eines Abends im Januar kamen Gotti, Gravano und der *Consigliere* (Anwalt) der Familie, Frank Locasio, in der Wohnung zusammen, um über die Zukunft ihrer Familie zu sprechen. Auf der Aufnahme der Wanze im Videorekorder war eine Instrumentalversion von Phil Collins' Hit »In the Air Tonight« von 1981 zu hören. Jeder, der dazu schon einmal auf einem Lenkrad herumgetrommelt hat, konnte die Zeile »I've been waiting for this moment for all my life, oh Lord« in Gedanken ergänzen.

Es war die passende Stimmung. Sie waren im Begriff, neue Mafiamitglieder zu ernennen, und Gotti beklagte den Mangel an Vielfalt derer, die sie in die Familie aufnehmen konnten. »Ich will Leute, die sich nicht nur mit dem Töten auskennen«, sagte er. Doch die Auswahl war begrenzt, und es gab nicht viele »gute« Leute, die sich ganz einem kriminellen Leben verschrieben hatten.

> »Und wo sollen wir so welche finden? Frank, ich bin kein – kein Pessimist. Es wird immer schwerer statt leichter! Wir haben schon alle, die was taugen. […] Ich hab dir vor ein paar Wochen gesagt, dass es da draußen nur wenige gute Jungs gibt. Guck dir diesen Penner an. Dein Vater ist ein Bulle, der Onkel ist ein Bulle, die Mutter ist eine Nervensäge.«

Nach diesem deprimierenden Prolog gingen sie die Liste durch, die sie den übrigen vier New Yorker Mafia-Familien zukommen lassen mussten, um Anspruch auf ihre neuen Gambino-Mitglieder zu erheben. Das war ein Problem.

Sie kannten die richtigen Namen ihrer neuen Soldaten nicht. Während des Gesprächs mühten sie sich, auf die echten Namen von Kollegen wie »Tommy aus New Jersey« und »der fette Dom« zu kommen. Als dieses Problem gelöst war, wandten sie sich der Herausforderung zu, die Namen toter Mitglieder neu zu vergeben. Von 1957 bis 1975 hatte die amerikanische Mafia keine neuen Mitglieder aufgenommen. 1957 hatte die Cosa Nostra aufgrund ernsthafter Bedenken bezüglich der Qualitätskontrolle »die Bücher geschlossen«. Nach achtzehn Jahren einigte man sich schließlich darauf, dass jede Familie zehn neue Mitglieder aufnehmen dürfe. Gravano und John Gambino waren 1975 für ihre Familie in dieser Riege von Star-Gangstern gewesen. (Gotti war nicht in jenem Jahr aufgenommen worden, da er im Gefängnis saß.) Nach 1975 jedoch, darauf hatten sich die Familien geeinigt, wurden neue Mitglieder nur aufgenommen, um verstorbene zu ersetzen. Neuaufnahmen mussten auf einer allen Familien zugänglichen Liste mit den Namen der Toten abgeglichen werden. Da es sich um die Mafia handelte, betrogen die Familien natürlich und verwendeten regelmäßig die Namen Verstorbener wieder. Doch man musste aufpassen, dass man nicht denselben Toten zwei Jahre in Folge verwendete. Auf dem Gesprächsmitschnitt war zu hören, wie die Führungsriege der Gambino-Familie die Toten und Lebenden durchging, um sicherzustellen, dass sie nicht aufflogen.

Als all das geklärt und die Liste entsprechend angepasst war, fiel den führenden Mafiosi auf, dass sie nun schlampig wirkte. Die echten Namen waren in einer anderen Handschrift als die Spitznamen aufgelistet, was peinlich war. Sie einigten sich darauf, die Liste in derselben Handschrift neu zu verfassen, in vierfacher Ausfertigung für alle Familien.

Trotz all der Mühen glaubte Gotti – wie so viele andere Mafiosi – daran, Teil von etwas Dauerhaftem und Bedeutendem zu sein. »Das wird eine Cosa Nostra bis zu meinem Tod«, versicherte er seinem Führungsstab. »Ob in einer Stunde oder heute Nacht oder in hundert Jahren, wenn ich im Gefängnis sitze. Es wird eine Cosa Nostra.«

All das stimmte. Seine Worte würden noch in hundert Jahren existieren. Und er würde im Gefängnis sterben. Der Videorekorder hörte mit.

Als ich Jahre später FBI-Direktor wurde, kam ich in den Besitz einer Kopie des Memos aus dem Oktober 1963, in dem J. Edgar

Hoover Justizminister Robert F. Kennedy um Erlaubnis zur elektronischen Überwachung von Dr. Martin Luther King bat. Am unteren Rand des einseitigen Memos, das nur fünf Sätze und keine bedeutsamen Fakten enthält, gibt Kennedy durch seine Unterschrift diese Befugnis, ohne zeitliche oder örtliche Begrenzung. Ich schob das Memo unter das Glas an der Ecke meines Schreibtischs.

Ich bewahrte das Memo von Hoover nicht dort auf, um Kennedy oder Hoover zu kritisieren – auch wenn es da einiges zu kritisieren gegeben hätte –, sondern als einen Hinweis auf die Wichtigkeit von Kontrolle und Beschränkung. Hoover hatte sein Handeln ganz gewiss für gerechtfertigt gehalten, und Kennedy war davor zurückgescheut, sich ihm entgegenzustellen. Zu den Problemen dieser Dynamik gehörte, dass ihre Annahmen nicht ernsthaft auf den Prüfstand gestellt wurden. Es gab keinerlei Kontrollinstanz.

FBI-Mitarbeitern, die mich auf das Memo ansprachen, erklärte ich, um die Zukunft zu beeinflussen, müssten wir mit der Vergangenheit beginnen, so sehr es auch schmerzte. Insbesondere wenn es um die Macht der elektronischen Überwachung ging – wenn sich so große Teile des Lebens, auch des Privatlebens, im elektronischen Bereich abspielen, benötigen wir Beschränkung, Beaufsichtigung und Kontrolle, um nicht unserer eigenen Selbstgerechtigkeit anheimzufallen und unsere Macht zu missbrauchen. Die Wichtigkeit dieser Kontrolle wurde mir als jungem Staatsanwalt eingetrichtert. Jahre später, als FBI-Direktor, erkannte ich ihre Bedeutsamkeit in der Welt der Überwachung auf nationaler Sicherheitsebene, in der mehr auf dem Spiel steht und die Schatten länger sind, noch deutlicher. Doch diese kompliziertere Zukunft war noch Jahrzehnte weit entfernt.

Eine Abhöraktion im Rahmen eines Kriminalfalls wird von dem untersuchenden Bundesanwalt, der die gesammelten Beweismittel in einer strafrechtlichen Verfolgung verwendet, und dem zuständigen Ermittler beantragt, der stets Hand in Hand mit dem Staatsanwalt arbeitet. Sie setzen den Antrag gemeinsam auf, kontrollieren sich gegenseitig, diskutieren und überarbeiten ihre Entwürfe. Haben sie innerhalb des Justizministeriums die notwendige Zustimmung erhalten – ein rigoroser Prozess, der allerdings weniger Prüfungen umfasst als eine Abhöraktion auf nationaler Sicherheitsebene –, suchen Staatsanwalt und Ermittler einen Bundesrichter auf, erheben vor ihm die rechte Hand und bitten um Genehmigung der Überwachungsaktion. Erhalten sie die Genehmigung, hören sie ihre Zielpersonen ab oder lesen deren E-Mails und Textnachrichten und versuchen die dabei gesammelten Informationen als Beweismittel in einem Kriminalfall zu verwenden, aber erst nachdem die Anwälte der Verteidigung Gelegenheit hatten zu prüfen, was sie dem Richter gesagt haben, um die gerichtliche Verfügung zu erhalten, und dies in einer offenen Verhandlung anzufechten.

Ich weiß noch, wie man mir als jungem Staatsanwalt sagte, Ermittler wie Staatsanwälte hätten bei Abhöraktionen im Rahmen von Kriminalfällen immer ziemliches Fracksausen, weil sie für jedes einzelne Wort des Antrags geradestehen müssen. Ich habe die rechte Hand erhoben und dabei gespürt, wie mir das Herz flatterte, aber die Befriedigung, wenn man alles richtig gemacht hat, kann ausgesprochen groß sein.

In dem kalten November meines dritten Jahres als Bundesanwalt, kurz vor meinem neunundzwanzigsten Geburtstag, erhielten wir die Erlaubnis, den geschäftlichen Anschluss der Mafiosi aus dem Juwelierviertel und den Privatanschluss des Bosses abzuhören. Der zuständige Ermittler und ich fanden uns in der Kammer eines Bundesrichters ein, wo die Richterin unseren langen Antrag Seite für Seite durchging und uns dann beide schwören ließ, dass alles wahrheitsgemäß, präzise und vollständig war. Wir standen jetzt beide in der Verantwortung, doch das war es wert. Schon kurz darauf konnten die Ermittler ihren Ohren nicht trauen: Die Mafiosi schienen Räuber zu beauftragen und ihre eigenen Raubüberfälle zu planen, darunter einen auf einen großen Juwelierladen. Es war zu schön, um wahr zu sein; so schön, dass wir ihnen das Handwerk legen mussten.

In den Telefongesprächen über den geplanten Raubüberfall auf den Juwelierladen wurden weder der genaue Ort noch die Namen der Beteiligten genannt. Doch es war zweifellos etwas Großes im Gange. Der Boss sprach immer wieder am Telefon darüber, während er Teilnehmer anwarb. Zu einem sagte er: »Ich steh verdammt noch mal genau vor der Tür. Ich überwache die ganze Sache. Mein Freund arbeitet da. Verstehst du? Er weiß Bescheid. Ihr schlagt die Tür ein, räumt die Schaukästen und den verdammten Tresorraum leer und verschwindet.« Es wäre ein bewaffneter Raubüberfall am helllichten Tag mit einer großen Gruppe von Räubern und vielen unschuldigen Angestellten. Wo oder wann, das wussten wir nicht, aber es würde nicht mehr lange dauern. Und wir kannten nur einige der Beteiligten. Auch wenn das FBI nicht genügend Informationen für eine Verhaftung hatte, würden wir nicht tatenlos zusehen, wie sich irgendwo in New York ein bewaffneter Raubüberfall ereignete. Und der Versuch, potenziellen Beteiligten zu folgen und sie zu verhaften, wenn sie mit gezogenen Waffen in das Juweliergeschäft eindrangen, war zu riskant. Unschuldige konnten dabei zu Schaden kommen, und zudem ist es nur im Fernsehen möglich, jemanden in einer Großstadt zu verfolgen, ohne ihn aus den Augen zu verlieren.

Wie sollen wir ein schweres Verbrechen verhindern, ohne die Abhöraktion auffliegen zu lassen? Wir können ihnen ja schließlich nicht einfach sagen: »Wir haben das Telefon eures Bosses angezapft und wissen, was ihr vorhabt.« Damit würden wir die jahrelange Arbeit zunichtemachen, die dem Antrag auf eine gerichtliche Anordnung zum Abhören vorausgegangen war. Aber wir konnten auch keinen großen Raubüberfall geschehen lassen. Es gab dafür keinen Leitfaden. Die Ermittler entwarfen einen guten Plan, den das Leben in einen genialen Plan verwandelte. Auch wenn das wahrscheinlich unsere Chance auf eine strafrechtliche Verfolgung zunichtemachte, wollten sie den Raubüberfall stoppen, indem sie das jüngste Mitglied der Verschwörung konfrontierten, einen Zwanzigjährigen, den die Gangster nur »den Jungen« nannten. Den abgehörten Telefonaten zufolge arbeitete der Junge in dem bewussten Juweliergeschäft. Er war der besagte »Freund«. Die Ermittler würden ihm sagen, jemand habe ihn verraten und das FBI sei über die Verschwörung im Bilde. Vielleicht würde der Bluff den Jungen einknicken lassen und er würde ihnen alles erzählen, aber zumindest würde der Raubüberfall vereitelt werden. Und das FBI würde Überwachungseinheiten bereitstellen, für den Fall, dass der Junge irgendetwas Unüberlegtes tat, was uns mehr über den kriminellen Plan verriet. Möglicherweise würde das Ganze auch zu neuen Unterredungen führen, die wir mithören konnten.

Wie geplant, klopften Ermittler an die Tür des Jungen und sagten ihm, das FBI wisse genau über den geplanten Raub Bescheid. Jemand habe ihn verpfiffen. Er solle mit ihnen kooperieren, solange es nicht zu spät war. Der Junge war offensichtlich schockiert darüber, dass das FBI wusste, dass er sich bei seiner Schwester aufhielt (das Überwachungsteam war ihm dorthin gefolgt). Wie der Anführer der Bande später über die angezapfte Leitung zu einem anderen Beteiligten sagte: »Und der verdammte Junge hat sich eingeschissen, verstehst du, der hat richtig das Zittern bekommen.« Tatsächlich hatten die Ermittler seine Hände zittern sehen, doch er hatte gesagt, er wisse von nichts, und hatte nicht mit ihnen reden wollen. Sie waren wieder abgezogen.

Unter den Augen des versteckten Überwachungskommandos tat der Junge etwas Unüberlegtes. Er verließ rasch das Haus, ging zu einem öffentlichen Münzfernsprecher – heute nahezu ausgestorben, aber Ende der 1980er Jahre an vielen New Yorker Straßenecken zu finden –, und Minuten später war er mit dem nächstälteren Bandenmitglied zusammen. Die beiden gingen wieder zu einem Münztelefon und riefen ihren Boss zu Hause an. Ein Glücksfall für uns – wir hatten die gerichtliche Genehmigung, das Telefon des Bosses abzuhören –, der aber vermutlich nur von kurzer Dauer war, weil die Männer in der Telefonzelle es schlau angingen. Sie eröffneten das Gespräch mit den Worten: »Es gibt Probleme. Geh zu einem öffentlichen Telefon, und ruf mich von dort aus an. Ich bin in einer Telefonzelle.« Ein kluger Schachzug. Leider würde das FBI nur einige Sekunden dieses Gesprächs mithören können. Es war unmöglich, umgehend eine gerichtliche Verfügung zu bekommen, um irgendein öffentliches Telefon in Brooklyn abhören zu können, selbst wenn wir wussten, welchen Fernsprecher sie benutzten.

Aber der Boss wollte nicht zu einer Telefonzelle. Er hätte mit dem Auto fahren müssen, da es in dem Randbezirk von Long Island, in dem er lebte, keine nahe gelegenen Telefonzellen gab. Seine Frau war mit seinem Auto unterwegs. Mobiltelefone waren noch nicht erfunden. Sie beknieten ihn. Bitte, bitte geh zu einer Telefonzelle. Nichts zu machen. Er versicherte ihnen, über seinen Anschluss könnten sie ungehindert sprechen. »Mein Telefon ist okay, Mann«, sagte er, aber die beiden Juniorgangster sträubten sich noch immer.

»Dann mach halt nur Andeutungen, Mann.«

»Nein, das geht nicht. Ich muss dir die ganze Geschichte erzählen, Mann. Es ist ernst«, antwortete einer von ihnen.

»Wie ernst?«

»Sehr ernst. Meinst du, ich würde das sagen, wenn es nicht ernst wäre?«

Als der Boss immer noch nicht zu einem sicheren Telefon gehen wollte, versuchten die Gangster es mit Andeutungen:

»Die wissen verdammt noch mal einen ganzen Haufen Zeug.«

»Solange die keine Beweise haben, können sie uns am Arsch lecken«, erwiderte der Boss.

Er hatte nicht vor, eine Telefonzelle aufzusuchen, also begannen sie zu reden, anfangs nur vorsichtig. Der Boss nannte einen der Mitwisser nur bei seinem Tarnnamen »Mr. B« und spekulierte, die Ordnungskräfte müssten den Plan ausbaldowert haben, weil »sein verdammtes … sein … sein … sein Telefon muss verwanzt sein, äh, das von Mr. B«. Als der Untergebene sagte, er kenne den Nachnamen von Mr. B nicht, zögerte der Boss. Dann flüsterte er ihn in den Hörer. Flüsternd, aber klar und deutlich nannte er den Namen Facciolo. Ich weiß das, weil wir es aufzeichneten. Man musste nicht einmal die Lautstärke hochregeln, um den Namen zu verstehen. Der Mann war ein sehr deutlicher Flüsterer. Und das Flüstern hatte Konsequenzen. Es ermöglichte uns, später Mr. B – Bruno Facciolo, ein Mitglied der Mafia-Familie Lucchese – und einen seiner wichtigsten Verbündeten namens Larry Taylor zu verhaften. Facciolo hatte gemäß den Mafia-Regeln seine Erlaubnis gegeben, dass der Raubüberfall auf seinem Gebiet verübt werden durfte, und würde als Tribut einen Teil der Beute erhalten. Ihre Verhaftung hatte ungewollte Konsequenzen für sie. Kurz nachdem sie auf Kaution freigekommen waren, wurden sie von der Mafia umgebracht. Mr. B wurde im Kofferraum eines Autos gefunden, einen toten Kanarienvogel in den Mund gestopft. Die Mafia hatte befürchtet, er könnte mit der Polizei zusammenarbeiten. Taylor wurde später getötet, weil die Mafia fürchtete, er könnte sich Brunos Tod zu sehr zu Herzen nehmen und auf Rache sinnen.

Als der Boss später – über dasselbe angezapfte Telefon – einen weiteren Mitwisser des Raubüberfalls anrief, um ihn vor der Einmischung durch das FBI zu warnen, befolgte er seinen eigenen Rat, sich vage zu äußern, und sagte seinem Kumpan, die »C-O-P-S« wüssten Bescheid.

Nachdem sie buchstabiert und geflüstert hatten, als käme die Bedrohung von einem Kleinkind auf dem Rücksitz, entspannten sich die Gesprächsteilnehmer allmählich und versuchten herauszubekommen, wer »der Maulwurf« war, ein Prozess, der erforderte, dass sie im Verlauf verschiedener Telefongespräche die Namen und die Loyalität jedes einzelnen Mitwissers einer Prüfung unterzogen, alles an einem angezapften Telefon. Am Ende waren sie sich sicher, dass es keinen Maulwurf geben konnte und das FBI geblufft haben musste. Wir wiederum kannten nun alle Beteiligten und hatten genügend Beweise, um sie strafrechtlich zu verfolgen. Im Grunde eine Win-win-Situation.

1991 erhielten die Geschworenen im Rahmen eines in Manhattan stattfindenden Prozesses gegen einige der Räuber die Gelegenheit, sich die Gespräche anzuhören. Sie saßen in der Geschworenenbank, trugen große Kopfhörer und lasen eine Abschrift mit. Sie hörten zu, wie der eine den anderen bat, zu einer Telefonzelle zu gehen, und den Auftrag bekam, »nur Andeutungen« zu machen. Als die Telefonierenden zu flüstern und zu buchstabieren begannen, schauten fast alle Geschworenen auf und lachten. Die »C-O-P-S« hatten tatsächlich Bescheid gewusst.

Nach drei Jahren Arbeit klagte ich sechzehn Beschuldigte an. Sieben von ihnen wurde in Manhattan gemeinsam der Prozess gemacht. Die Aufzeichnungen der Telefongespräche – das Ergebnis monatelanger sorgfältiger Arbeit unter der Aufsicht einer Bundesrichterin – waren vernichtende Beweise, und ich streute sie im Laufe der zweimonatigen Gerichtsverhandlung zwischen Dutzenden von Zeugen ein. Dann stand ich auf, knöpfte mein Jackett zu und sagte dem Gericht, die Beweisführung sei abgeschlossen. Nun waren die Beschuldigten an der Reihe.

Nur einer der sieben Angeklagten war nicht vorbestraft, also hatte man sich offenbar darauf geeinigt, dass er die ganze Sache erklären sollte. »Diamanten-Joey«, wie er genannt wurde, ging in den Zeugenstand und teilte den Geschworenen mit, er habe früher einmal mit dem Gedanken gespielt, Anwalt zu werden, doch der An- und Verkauf vollkommen legaler Edelsteine sei zu seiner Leidenschaft geworden; daher der Spitzname. Dann erzählte er fast einen Tag lang eine komplizierte Geschichte darüber, dass die Zeugen Lügner seien und die abgehörten Gespräche sich in Wahrheit alle um den ganz legalen Plan gedreht hätten, sich von einem großen Juwelenhändler Juwelen auf Kommission zu leihen. Das FBI habe das gründlich missverstanden. Die verschlüsselte Unterhaltung sei der Besorgnis geschuldet gewesen, eine heikle, aber vollkommen legale Transaktion wäre gescheitert und könnte wichtige Geschäftsbeziehungen gefährden. Sie seien Geschäftsleute und fürchteten, das FBI sei einem gründlichen Missverständnis aufgesessen, eine Befürchtung, die sich leider bewahrheitet hatte, als sie allesamt wegen krimineller Machenschaften angeklagt wurden. Es sei verständlich, aber nichtsdestoweniger tragisch, dass die staatlichen Instanzen verwirrt seien.

Es war absurd. Im Kreuzverhör würde ich diesen Kerl auseinandernehmen. Doch während ich zuhörte, wie er die fünfte Stunde in Folge erst die Fragen seines eigenen Anwalts und dann die der Anwälte seiner Mitangeklagten mit Lügen beantwortete, ohne mit der Wimper zu zucken, wurde ich wütend. Für sie war das Ganze eine Art Spiel. Jeder im Gerichtssaal wusste, dass er log, die Anwälte der Verteidigung eingeschlossen. Dass er unter Eid stand, spielte überhaupt keine Rolle. Es war alles ein einziges großes Augenzwinkern. Er tat, was eben getan werden musste. Haha.

Als ich vom Gericht aufgerufen wurde, ging ich mit aufgeklapptem Notizbuch, in dem mein Plan für das Kreuzverhör skizziert war, zum Podium. Ich blickte auf meine erste Frage und hielt inne. Etwas versetzte mir einen Stich. Dieses einzige Mal im Leben verhielt ich mich vor Gericht bewusst unvorschriftsmäßig.

DAS GERICHT: Mr. Comey, Sie dürfen mit Ihrem Kreuzverhör beginnen.
MR. COMEY: Danke, Euer Ehren.
Sir, Sie müssen keine genaue Zahl nennen, aber könnten Sie mir in etwa sagen, wie lange sie gebraucht haben, um sich die Geschichte auszudenken, die Sie gerade im Direktverhör erzählt haben?
VERTEIDIGUNG: Einspruch.
DAS GERICHT: Stattgegeben.

Der Richter wirkte gequält, ja verletzt angesichts meines Verhaltens. Ich fühlte mich sofort schuldig. »Gut, lassen wir das«, sagte ich und begann mit meinem geplanten Kreuzverhör.

Nach Ende der Verhandlung hielten wir es für sinnvoll, dass die Ermittler die beiden Ersatzgeschworenen, die nicht an der Beratung teilgenommen hatten, befragten, um herauszufinden, ob wir unsere Beweisführung noch verbessern könnten, da noch nicht allen Angeklagten der Prozess gemacht war. Einer der Ermittler – der eingefleischte Junggeselle, der auch in dem Fall der geraubten Kunstpelze ermittelt hatte – machte sich rasch anheischig, Ersatzgeschworene Nummer 1 zu befragen, eine attraktive Frau, die während des Auswahlverfahrens angegeben hatte, Single zu sein. Er rief sie zu Hause an und hinterließ schon eine Nachricht auf ihrem Anrufbeantworter, als sie offenbar entschied, ihm doch eine Chance zu geben. Sie hob den Hörer ab, sagte in einem warmen Südstaatenakzent, sie würde sich gern mit ihm treffen, und fügte hinzu: »Das Mindeste, was ihr tun könnt, ist, mir ein Bier zu spendieren.« Die Befragung war ergiebig, und der New Yorker Ermittler, der einer langen Beziehung immer aus dem Weg gegangen war, heiratete schließlich die ehemalige Ersatzgeschworene Nummer 1, die Liebe seines Lebens, und gründete eine Familie.

Lange nach dem Prozess dankte sie mir für meine regelwidrige Frage. Die ehemalige Ersatzgeschworene Nummer 1 sagte, die Geschworenen hätten das gleiche sich allmählich in Wut verwandelnde Unbehagen empfunden, während sie äußerlich unbewegt dasaßen und zuhörten, wie Diamanten-Joey fünf Stunden lang Lügen erzählte. In der ersten Unterbrechung nach meiner unvorschriftsmäßigen Frage hätten sie sich im Geschworenenraum versammelt, angefangen zu lachen und sich grinsend abgeklatscht. »Freut mich, dass es euch gefallen hat«, sagte ich, »aber ich hätte es trotzdem nicht tun sollen.«

Ich versuchte, nicht nur höflich zu sein. Ich hätte es wirklich nicht tun sollen. Mit dreißig Jahren hatte ich acht Wochen in diesem Gerichtssaal verbracht, hatte die Vereinigten Staaten auf eine gute Weise vertreten und darauf beharrt, dass meine zutiefst fehlerbehafteten Zeugen die Wahrheit sagten, ihre Missetaten gestanden und sich würdevoll verhielten. Und dann war ich aufgestanden und hatte eine Frage gestellt, von der ich wusste, dass sie falsch war. Es war inakzeptabel. Ich hatte zugelassen, dass meine Emotionen mein Urteil beeinflussten, und indem ich etwas Regelwidriges tat, riskierte ich nicht nur meinen eigenen Ruf, sondern etwas Wichtigeres – das Reservoir an Vertrauen, das mich überhaupt zu dieser Arbeit bewegt hatte. Ich war zu unreif, um zu erkennen, dass ich etwas Unbezahlbares aufs Spiel gesetzt hatte.

6

DER NETTE TEIL AMERIKAS

Sagst du nicht die Wahrheit über dich selbst,
kannst du sie auch über andere Menschen nicht sagen.
Virginia Woolf

Jemand musste auf dem Bett sitzen, was ein wenig peinlich war. Weder das Marriott Courtyard noch das Hilton Garden Inn waren auf die Idee gekommen, dass zwei Staatsanwälte, ein FBI-Ermittler und ein untergetauchter Mafioso einen ganzen Tag gemeinsam in einem Raum zubringen würden. Der Marshals Service, der für das Zeugenschutzprogramm (Witness Security Program, WitSec) verantwortlich ist, wollte nicht für einen Konferenzraum aufkommen. Das wäre zu teuer und würde außerdem zu viel Aufmerksamkeit erregen. Bei Treffen am neutralen Ort musste schon mal einer auf dem Bett sitzen, unter Umständen den lieben langen Tag.

Staatsanwälte und FBI-Leute durften nicht wissen, wo die Regierung unsere Zeugen versteckte. WitSec oder »das Programm« war bestens abgeschirmt. Aus diesem Grund ist noch nie ein Zeuge, der sich an die Spielregeln hielt, ermordet worden. Befolgten die Zeugen das Reglement – befolgten wir alle das Reglement –, dann wären sie sicher. Das war die eigentliche Macht der Regierung über das organisierte Verbrechen, wie einer der Mafiosi mir einmal erklärte: die Möglichkeit, all jenen, die die Cosa Nostra verrieten, ein Leben in Sicherheit zu garantieren. Salvatore »Sammy the Bull« Gravano, der Vize-Boss der Gambino-Familie, erzählte mir einmal, er und der Boss John Gotti hätten immer davon geträumt, nur einmal jemanden im Zeugenschutzprogramm zu ermorden. Wen, sei völlig egal, erklärte er. Wenn es nur irgendjemanden erwischte, würde die Regierung dadurch ihre Macht verlieren. Wenn ein potenzieller Zeuge oder seine Familie Zweifel am Programm hegten, hätte das organisierte Verbrechen gewonnen.

In diesem Zusammenhang waren Amerikas Größe und Freizügigkeit höchst hilfreich. Die Italiener hatten diesen Vorteil nicht. Ein sizilianischer Mafioso, der Zeuge der Regierung wird – ein sogenannter *pentito* –, hat nicht viele Möglichkeiten, sich zu verstecken. Auf Sizilien gäbe es keinen sicheren Ort für ihn. Und in der Toskana oder den weit entfernten Flecken in den Dolomiten würde ein Sizilianer auffallen wie ein bunter Hund. In Amerika aber war ein seltsamer Akzent oder Name nichts Besonderes. Als Staatsanwalt in Manhattan witzelte ich gern, dass es zwei Amerikas gäbe: den Teil, der Mafiazeugen hervorbrachte, die umgesiedelt werden mussten, und den netten Teil, in den wir sie brachten.

Wir erfuhren nie, wo sie versteckt waren. Natürlich entdeckten auch wir manchmal gewisse Indizien, zum Beispiel, wenn ein Gangster aus Brooklyn plötzlich für das Footballteam der Kansas City Chiefs schwärmte. Doch sobald wir uns ans Justizministerium wandten, um die Zeugen in Sicherheit zu bringen, übernahm der Marshals Service. Wenn wir zu unseren abgetauchten Zeugen Kontakt aufnehmen wollten, ersuchten wir die Marshals, einen »neutralen Ort« zu bestimmen, und schlugen ihnen eine Reihe möglicher Termine vor, aber keine Orte. Diese wählten die Marshals aus. Dann sagte man uns, wir sollten an einem bestimmten Tag in einer bestimmten Stadt in ein bestimmtes Hotel gehen. Natürlich lebte der Zeuge nicht dort. Es war ein neutraler Ort. Der Marshals Service brachte dann den Zeugen, aber nicht in unser Hotel. Der Zeuge war woanders untergebracht. Wir trafen uns aber auch nicht dort oder in unserem Hotel. Stattdessen erhielten wir am Tag des Treffens eine

Zimmernummer in einem dritten Hotel. Da wartete dann der Beamte des Marshals Service mit unserem Zeugen. Und sie belegten vermutlich die einzigen beiden Sessel.

Wie dieser neutrale Ort ausgewählt wurde, gehorchte vermutlich irgendeiner Logik, wenn mir auch bis heute nicht klar ist, welcher. Manchmal schickte man mich an freundliche, warme Orte. Manchmal aber auch nicht. Vincent DiMarco zum Beispiel traf ich Ende Dezember in Sioux Falls, in South Dakota. Mittags hatten wir eine Höchsttemperatur von minus 16 Grad Celsius. Von da an fiel die Temperatur stetig. Unserer Kleidung und unserer Haltung war überdeutlich anzusehen, dass keiner von uns je im Norden gelebt hatte. Vinnie tat mir leid. Er hatte ein hartes Leben gehabt, selbst für einen Drogendealer des organisierten Verbrechens.

Vinnie war Caterer gewesen und hatte ein für Hochzeitsempfänge beliebtes Lokal in einer New Yorker Vorstadt geführt, als sein Sohn Bennie als Drogendealer Schiffbruch erlitt und sich massiv in Gefahr brachte. Bennie hatte im Voraus Geld – viel Geld – von einigen Mafiosi aus Brooklyn bekommen, konnte dann aber die versprochenen Drogen nicht liefern. Er vermasselte das Geschäft, weil er selbst süchtig war und sich von ein paar Drogendealern aus dem südlichen Florida ausnehmen ließ. Dieses Debakel konnte ihn das Leben kosten. Um ihn aus dieser Geschichte wieder herauszuboxen, wurde Vinnie selbst zum Drogendealer. Er versprach den Leuten aus Brooklyn, dass er für seinen Sohn übernehmen und ihnen das Geld zurückzahlen werde. Vinnie wurde kriminell, aber nur, weil er musste. Seine beiden Söhne waren sein Ein und Alles. Er hätte es nicht ertragen, noch einen zu verlieren.

Fünf Jahre zuvor noch waren drei Söhne sein Ein und Alles. Der älteste, Vincent junior, war sein ganzer Stolz. Fünf Jahre bevor Vinnie zum Drogendealer wurde, hatten Vincent junior und Bennie einen schrecklichen Streit im Haus der DiMarcos. Sie prügelten sich, Bennie zog eine Pistole. Vincent junior versuchte, sie ihm abzunehmen. Sie kämpften, vier Hände und eine Pistole, und rangelten am Boden. Da ging die Pistole los. Bennie rührte sich nicht mehr. Unter seinem reglosen Körper bildete sich eine Blutlache. In der Stille des Hauses begriff Vincent junior, dass er seinen Bruder getötet hatte. Er zog die Waffe unter Bennies Körper hervor, presste sich den Lauf gegen den Kopf und drückte ab. Sein lebloser Körper fiel neben Bennie nieder.

Doch Bennie lebte noch. Ein Rettungswagen brachte ihn quer durch New York in ein Krankenhaus, wo er sich von der Schusswunde erholte. Vinnie allerdings erholte sich nicht. Einige Monate später buchte er ein Hotelzimmer und versuchte, sich mit Tabletten das Leben zu nehmen. Der Versuch misslang, und er wurde ins Krankenhaus eingeliefert. Er versuchte es noch mal, wieder erfolglos, daraufhin wurde er in eine Nervenklinik eingewiesen. Nach einer langwierigen Behandlung kehrte Vinnie in seinen Job als Caterer zurück. Bis dann Bennie als Drogendealer scheiterte.

Auch Vinnie war als Drogendealer ohne Fortüne. Schon sein erster Kunde, dem er Heroin verkaufen wollte, um mit dem Geld die Schulden seines Sohnes abzuzahlen, war ein Undercover-Ermittler der Drogenbehörde DEA. Die DEA nahm Vinnie fest und drohte damit, auch Bennie zu verhaften, wenn Vinnie nicht als Informant für sie aktiv werden würde. Also willigte er ein. Als Dealer war Vinnie zwar eine Pfeife gewesen, aber er war echt gut darin, sich als erfolgreicher Drogenhändler auszugeben und mit dem Geld der DEA sein Verhältnis zur Welt des Verbrechens zu sanieren. Vinnie betätigte sich zwei Jahre als Informant, traf sich mit Drogenhändlern der Mafia und lieferte die Drogen, die er kaufte, bei der DEA ab. Dann kamen die FBI-Leute und verhafteten die Dealer. Und Vinnie verschwand irgendwo in Amerika. Aber er verschwand alleine, denn seine Familie trennte sich von ihm, als sie erfuhr, dass er gar kein echter Drogendealer war. Seine Frau erklärte, sie wolle nicht mit einem Spitzel verheiratet sein. Vinnie ging also alleine ins Zeugenschutzprogramm.

Natürlich ging er nicht als Vinnie, sondern unter einem anderen, mir nicht bekannten Namen. Wie immer schickte ihn das Programm irgendwohin, wo ihn keiner kannte. Und wie üblich erwarteten die Marshals von ihm, dass er sich mit der Ausbildung, die er erhalten hatte, seinen Lebensunterhalt auf redliche Weise verdiente.

Das war ein Dauerproblem mit den Mafiosi im Zeugenschutzprogramm, denn üblicherweise gingen die schon nach der achten Klasse von der Schule ab, um die Leute zu schikanieren. Nachdem Mord, Raub und Erpressung nun als Erwerbsquelle wegfielen, waren die Möglichkeiten, auf legale Weise an Geld zu kommen, gewöhnlich begrenzt. Vinnie jedoch war ein guter Gastronom gewesen. Also lieh er sich unter seinem neuen Namen Geld und eröffnete ein italienisches Restaurant. Vor allem beim Neonschriftzug über der Tür hatte er nicht gespart. Dort stand dann in großen Leuchtbuchstaben: VINNIE'S.

Auf Vinnies Einladung kam sein Kontaktmann vom Marshals Service zur Eröffnung vorbei. Der Marshal warf einen Blick auf die Leuchtschrift und dann …

»Das muss da weg.«

»Was? Das Schild? Aber so heiße ich doch gar nicht mehr.«

»Vinnie«, antwortete der Marshal, »jeder, der hier hereinkommt und auch nur ansatzweise Kontakte zu deinem alten Leben hat, schaut dich an, schaut das Schild an und reimt sich den Rest zusammen. Mach das Schild ab.«

Vinnie tauschte das Schild aus. Ich habe den neuen Namen nie erfahren, aber das Geschäft lief gut. Die Leute im netten Teil Amerikas mögen gutes italienisches Essen.

In Sioux Falls bekamen Vinnie und ich die Stühle. Der FBI-Sonderermittler saß auf dem Bett. Vinnie schien angeschlagen.

Bei dem Lärm, den die Heizung machte, war seine gebrochene Stimme kaum zu verstehen. Meine Aufgabe war, herauszufinden, ob er aussagen konnte. Würde er sich an seine von der DEA überwachten Deals mit der Gambino-Familie erinnern, gegen die wir strafrechtlich vorgingen? Würde er in der Höhle des Löwen Haltung bewahren, in einem Gerichtssaal in Manhattan, wo ihm die Mafiosi direkt gegenüberstanden? Ich versuchte, eine Beziehung zu ihm herzustellen, ihm mein Mitgefühl auszudrücken. Wie es ihm denn gehe? Wie er sich fühle? Viel besser, meinte Vinnie. Er nehme zwar immer noch Antidepressiva, aber er hatte keine Gedächtnisprobleme mehr und denke nicht mehr an Selbstmord. Sein Leben hatte an Stabilität gewonnen. »Ich habe mich an meinem neuen Wohnort in eine tolle Frau verliebt. Sie weiß gar nichts über mein früheres Leben, aber das muss auch nicht sein. Sie hat mich geheiratet, weil sie mich liebt. Und ich liebe sie. Wir sind wirklich glücklich.«

Obwohl ich mich ernsthaft fragte, wie haltbar eine Beziehung sein konnte, in der die Frau nicht wusste, dass ihr Gemahl ein Ex-Drogendealer aus dem Zeugenschutzprogramm ist, dem die Mafia auf den Fersen ist, war es eine andere, dringlichere Frage, die aus meinem Mund kam:

»Haben Sie gerade gesagt, Sie haben geheiratet?«

Vinnie nickte. »Standesamtlich.«

»Vinnie, Sie sind bereits verheiratet.« Seine Frau hatte sich vielleicht von ihm distanziert, aber eine Scheidung hatte es nie gegeben.

»Das war Vincent DiMarco. Ich bin jetzt ein anderer Mensch.«

»In gewisser Weise«, antwortete ich. »Aber Sie sind ja dasselbe menschliche Wesen, Vinnie, und Sie können nicht gleichzeitig mit zwei Menschen verheiratet sein. Das ist gegen das Gesetz. Man nennt das Bigamie.«

»Nun, aber ich bin jetzt verheiratet, und ich liebe sie. Und sie liebt mich.«

»Das möchte ich auch gar nicht bezweifeln, ich freue mich für Sie.«

Für den Augenblick ließ ich das Problem »Bigamie« fallen. Bei diesem Treffen im eiskalten Sioux Falls ging es um Mitgefühl und darum, eine Beziehung aufzubauen. Aber das Bigamieproblem würde uns weiter begleiten.

Ich wusste nicht, wo Vinnie lebte. Aber ich wusste, dass es ein Straftatbestand war, mit zwei Menschen gleichzeitig verheiratet zu sein, und zwar in allen fünfzig Bundesstaaten. Es gibt neunzehn Bundesstaaten, wo Sie Ihren Cousin oder Ihre Cousine heiraten können, aber an keinem Ort in den USA können Sie gleichzeitig mit zwei Cousinen verheiratet sein. Natürlich würden wir Vinnie deshalb nicht anklagen, in gewisser Weise gaben wir ihm also Immunität. Allerdings hatte er versprochen, in Zukunft nichts mehr anzustellen. Seine neue Ehe war ein Bruch dieses Versprechens.

Das Justizministerium ist verpflichtet, an Angeklagte und deren Anwälte negative Informationen über die Zeugen der Regierung weiterzugeben. Um ein faires Verfahren zu garantieren, mussten die Anwälte der Verteidigung alle Informationen bekommen, mit denen sie die Glaubwürdigkeit des Regierungszeugen möglicherweise erschüttern konnten. Im Gerichtsjargon nannte man das »Impeachment«. Dieses Erfordernis ist in der Klausel zum ordnungsgemäßen Gerichtsverfahren im Fünften Zusatzartikel zur Verfassung der Vereinigten Staaten formuliert. Angesichts der Macht der Regierung wäre ein Verfahren nicht fair – und »ordnungsgemäß« –, wenn die Strafverfolger Fakten zurückhalten würden, die die Glaubwürdigkeit des Zeugen beeinträchtigen konnten. Dazu gehören zum Beispiel Vorstrafen und Vergehen, aber auch etwaige Versprechen der Straffreiheit oder Strafreduktion. Diese Verpflichtung besteht nur in einer Richtung: Die Anwälte der Verteidigung müssen nicht enthüllen, was sie an Negativem über ihre Zeugen wissen. Angesichts der Macht der Regierung ist das durchaus sinnvoll. Die Justiz hat die Möglichkeit, Menschen bestimmter Verbrechen anzuklagen und ins Gefängnis zu schicken. Aus diesem Grund müssen die Strafverfolger zweifelsfrei beweisen, dass ein Verbrechen vorliegt. Der Angeklagte hat das Recht zu schweigen. Und nur eine Seite muss ihre schmutzige Wäsche öffentlich waschen.

Und Bigamie war eindeutig schmutzige Wäsche. Um unseren Verpflichtungen als Juristen des Justizministeriums nachzukommen, mussten wir den Anwälten der Gambino-Brüder diese Information geben.

Vinnie rastete aus. Kurz vor seiner Zeugenaussage traf ich mich mit ihm in einem von den Marshals geführten sicheren Ort in der Nähe von New York. Ich sagte ihm, dass ich auf seine Doppelehe hinweisen müsse. Er wurde blass. Ihm klappte buchstäblich die Kinnlade nach unten. Ich sagte ihm auch, dass der Marshals Service ihm einen vertrauenswürdigen Anwalt schicken würde, der die Scheidung von seiner New Yorker Gattin sogleich in die Wege leiten würde. Das Scheidungsverfahren musste eingeleitet sein, bevor Vinnie als Zeuge auftrat. Der Ärmste hob nicht mal den Kopf, er redete kein Wort mit mir. Schlimm genug, dass ich ihn nach New York zurückbrachte, wo er in einem Gerichtssaal gegen brutale Gangster aussagen musste. Ich zwang ihn, über ein Leben zu sprechen, das für ihn voller Schmerz und Leid gewesen war, geprägt von einem entsetzlichen Verlust. Und nun wollte ich auch noch, dass er öffentlich über eine Beziehung sprach, die ihm in seinem Leben Stabilität gegeben hatte. Dass er über diese Beziehung sprach, als wäre sie ein Verbrechen. Das begriff er einfach nicht. Ich wiegelte ab: »Nun, Vinnie, es ist eine Straftat. In allen fünfzig Bundesstaaten, sogar in denen, in denen man nahe Verwandte ehelichen darf.« Ich musste ihn zu der Einsicht bringen, dass die Weitergabe dieser Information nicht verhandelbar war. Er hatte eine Straftat begangen. Nur wenige Menschen wussten das, und die Jury würde es vermutlich nicht sonderlich beeindrucken, aber darum ging es nicht. Wir hatten unumstößliche Verpflichtungen: Wir wussten etwas, das dazu verwendet werden konnte, Vinnies Glaubwürdigkeit zu erschüttern. Und wir mussten dafür sorgen, dass die Anwälte der Gambino-Familie diese Information bekamen.

Ich erklärte Vinnie, dass ich ihn bei seiner Zeugenaussage danach fragen würde. Auf diese Weise würden die Anwälte der Gegenpartei von seiner Doppelehe erfahren. Wenn sie ihm dazu Fragen stellen wollten, so durften sie das. Und er konnte erklären, dass es in seinen Augen kein Verbrechen war, so wie er mir das im eisigen Sioux Falls erläutert hatte. Dass seine neue Liebe der Fels war, auf den er baute, nach einem zerrütteten, von Verbrechen und Verlust bestimmten Leben. Also fragte ich ihn vor der Jury:

»Als Sie vor vier Jahren ins Zeugenschutzprogramm gingen, hat Ihre Familie da mitgemacht?«

»Nein, ich war ganz allein.«

»Waren Sie zu jener Zeit verheiratet?«

»Ja. Ich habe wirklich alles verloren.«

»Ihre Frau wollte nicht mit?«

»Nein, nein.«

»Haben Sie, während Sie im Zeugenschutzprogramm waren, eine andere Frau geehelicht?«

»Ja.«

»Aber Sie sind noch nicht von der Frau geschieden, die Sie verlassen hat, als Sie ins Zeugenschutzprogramm gingen?«

»Genau. Aber wir sind daran.«

Beim Kreuzverhör stieg Gambinos Anwalt auf die Bigamie ein. Aber er ließ das Thema fast genauso schnell wieder fallen, wie er es aufgegriffen hatte. Denn Vinnie machte gute Miene zum bösen Spiel. Er hatte resigniert.

»Sie sind also noch nicht geschieden, ist das richtig?«

Als Vinnie Ja sagte, fügte der Anwalt hinzu: »Sie haben also die Frau, mit der Sie aktuell leben, betrogen. Stimmt das?«

»Das stimmt, Sir«, sagte Vinnie, und das fiel ihm hörbar schwer.

Betrug. Seine Liebe war nun Betrug. Der Gegenanwalt aber ging einfach zum nächsten Punkt weiter. Mir tat Vinnie in diesem Moment ehrlich leid. Aber die Wahrheit war wichtiger als sein Schmerz, was auch andere beteiligte Zeugen noch erkennen sollten. Ganz egal, wie weh es tat, die Justiz kann nur die ganze Wahrheit und nichts als die Wahrheit akzeptieren. Wenn sich die Regierung nicht an diese Verpflichtung hält, kann das ganze System nicht gerecht sein.

7
EHRENMÄNNER

Ich bin für die Wahrheit,
egal wer sie ausspricht.
Malcolm X

Der Hochzeitszug schlängelte sich durch das herausgeputzte sizilianische Dorf. Ein freudiges und bedeutendes Ereignis. Rosa, die Tochter des Mafioso Pietro Vernengho, heiratete den Hoffnungsträger der sizilianischen Cosa Nostra, den 28-jährigen Francesco Marino Mannoia. Der Familienclan hatte die Ehe eingefädelt. Das Arrangement war ganz im Sinne Mannoias, der sich davon Vorteile für seine Karriere versprach. Der hochgewachsene, schlanke, intellektuelle Mannoia mit dem hellbraunen Haar und den spitz zulaufenden Geheimratsecken war ein guter Fang für die kleine Familie Vernengho. Die Schule hatte er in der achten Klasse abgebrochen und das Leben eines Kriminellen geführt, immerhin war er darin äußerst geschickt. Er hatte Diebstähle für die Mafia begangen, schmuggelte für die Mafia und machte sich sowohl für die sizilianische wie für die amerikanische Mafia wertvoll, indem er lernte, das von türkischen Menschenhändlern gelieferte Morphin in schneeweißes sizilianisches Heroin zu verwandeln. Seine Arbeit brachte dem Heroinhandel auf beiden Seiten des Atlantiks Millionen von Dollar ein.

Bald nachdem er mit Rosa verlobt war, wurde er auch formell in die Cosa Nostra aufgenommen und zu einem offiziellen Mitglied, ein *uomo d'onore,* ein Ehrenmann. Mannoia galt als so wertvoll, dass einige Familienclans um ihn konkurrierten. So trat er der Cosa Nostra nicht als Mitglied des Brancaccio-Clans bei, in dessen Territorium er aufgewachsen war, sondern des Clans *Santa Maria di Gesù*, dessen Oberhaupt der furchterregende Stefano Bontate war, der nicht nur *Santa Maria di Gesù* anführte – als ihr *rappresentante* –, sondern auch in der Kommission saß, die über die gesamte sizilianische Cosa Nostra herrschte. Bontate erklärte Mannoia während seiner Aufnahmezeremonie, dass die Cosa Nostra den Begriff »Mafia«, den sie als literarische Erfindung betrachtete, hasste. Er sollte ihn nie wieder benutzen. Jetzt war er Teil der Cosa Nostra – »unserer Sache«. Er würde ihren Gesetzen und Bräuchen folgen und als Teil der Cosa Nostra sterben – der einzige Weg hinaus. Und Bontate erklärte, dass Mannoia nicht wie andere *soldati* zum *capodecima* ernannt werde – dem Boss einer Gruppe von bis zu zehn Mitgliedern; vielmehr sollte er direkt und ausschließlich Bontate unterstellt sein. Er war ein Star.

Doch da stand ein Problem am Rand der Straße, an der der Hochzeitszug vorbeiführte. Tränen rannen ihr über das Gesicht und tropften vom Kinn hinunter auf den schwangeren Bauch. Nach seiner Verlobung mit Rosa Vernengho hatte Mannoia sich in Rita Simoncini verliebt, eine Frau ohne jede Verbindung zur Cosa Nostra, und nun war sie schwanger mit dem gemeinsamen ersten Kind. Rita war lustig, klug, leidenschaftlich und voller Leben. Er liebte sie, wie er Rosa nie würde lieben können.

Vor der Hochzeit gestand Mannoia Rosa die Wahrheit – dass er eine andere liebte, die ein Kind von ihm erwartete. Es tue ihm leid, aber er liebe sie nicht. Rosa war niedergeschlagen, doch beide wussten sie, dass es kein Zurück gab. Mannoia konnte nicht darum bitten, von einer Cosa Nostra-Verlobung entbunden zu werden. Er war ein Ehrenmann, der einem anderen Ehrenmann das Versprechen gegeben hatte, seine Tochter zu heiraten. Auch ihre Brüder waren Cosa Nostra-Mitglieder. Diese Partie war eine große Sache für die Familie. Es ging ums Geschäft und es ging um Tradition.

Ein Priester segnete die Verbindung, und der Zug setzte sich in Bewegung.

Als er an Rita vorbeischritt, wandte er nicht einmal den Kopf. Das ging nicht, es hätte sonst seine Frau zur Witwe gemacht und seiner ungeborenen Tochter den Vater genommen. Nachdem er in zwei getrennten Zeremonien geschworen hatte, seiner Frau treu zu sein und andere Ehrenmänner nie zu belügen, beschloss Mannoia, in aller Vorsicht beide Schwüre zu brechen.

1993, in einem Gerichtssaal in Manhattan, stand er dem amerikanischen Mafioso John Gambino gegenüber – dem Empfänger großer Mengen seines reinen, weißen Heroins – und erklärte, wie er vorgegangen war:

»Warum haben Sie die Verlobung mit Rosa Vernengho nicht gelöst?«

»Ich war Ehrenmann geworden, und mal abgesehen davon gibt es in Sizilien einen ganz besonderen Brauch – mit Brauch meine ich die Lebensweise, vor allem die Art zu denken. Wer in Sizilien eine Verlobung lösen möchte, braucht sehr ernsthafte Gründe dafür. Man kann nicht einfach der Verwandtschaft, der Familie und den Leuten aus dem Umfeld mitteilen, dass man eine Verlobung lösen will, weil man sich in eine andere Frau verliebt hat.«

»Haben Sie Rosa Vernengho geheiratet?«

»Ja.«

»Ist Scheidung in der sizilianischen Cosa Nostra erlaubt?«

»Nein.«

»Haben Sie sich weiter mit Rita Simoncini getroffen, nachdem Sie Rosa Vernengho geheiratet hatten?«

»Ja.«

Mannoia unterhielt zwei Haushalte und pendelte zwischen Rosa und Rita und seiner Tochter. Das ging fünf Jahre lang gut. Doch es nahm eine gefährliche Wendung, als er seine Rivalen verdächtigte, es ihrem Boss stecken zu wollen.

Also kam er ihnen zuvor.

»Haben Sie je über diese Beziehung mit ihrem Cosa Nostra-Boss Stefano Bontate gesprochen?«

»Ja, einmal.«

»Was wurde gesagt?«

»... Ich suchte meinen *rappresentante*, Stefano Bontate, auf und schilderte ihm meine Situation, bevor andere ihn davon in Kenntnis setzen konnten. Stefano Bontate sagte, dass ich diese Frau, gemeint war Rita Simoncini, verlassen müsse, auch wenn sie die Mutter meiner Tochter war. Schließlich sei ich verheiratet und zudem Ehrenmann. Für meine Tochter müsse ich vollständig aufkommen, aber Rita Simoncini dürfe ich nicht weiter sehen.«

»Was haben Sie geantwortet?«

»Ich habe meinen Boss belogen und war einverstanden. Ich habe für die Liebe gelogen.«

»Haben Sie die Frau weiterhin getroffen, nachdem Sie ihm versichert hatten, davon Abstand zu nehmen?«

»Ja. Deshalb habe ich gelogen ... Ich habe mein Leben für die Liebe riskiert.«

Bontate wurde, zwei Jahre nachdem Mannoia ihn belogen hatte, von mehreren Angreifern erschossen: getroffen von einer AK 47, als er auf dem Weg zu seinem kugelsicheren Wagen den Bürgersteig vor dem Haus seiner eigenen Geliebten überquerte. Damals tobte innerhalb der Cosa Nostra ein erbarmungsloser Krieg um den Heroinhandel. Weltweit wurden Hunderte Ehrenmänner ermordet. Mannoia wurde verschont, weil er im Gefängnis saß, aber auch weil seine Fähigkeiten als Chemiker für den Drogenhandel so wertvoll waren. Ein neuer, mit der siegreichen, echten Corleone-Familie – als Dorfname in »Der Pate« verewigt – verbündeter Boss besuchte ihn im Gefängnis, um sich seiner Loyalität zu versichern. Der neue Boss befragte ihn auch zu seiner Beziehung mit Rita. Und wieder log Mannoia für die Liebe. Später entkam er aus dem Gefängnis und veredelte das Morphin nun für die Corleonesi in Heroin.

Fünf Jahre später hatte ihn die italienische Polizei wieder eingefangen, und Mannoia saß erneut ihm Gefängnis, als ihn ein mulmiges Gefühl überkam. Sein Bruder, auch er ein Ehrenmann, war verschwunden und hatte nichts zurückgelassen als sein Auto mit einem blutgetränkten Fahrersitz. Mannoia begriff, dass der einzige Weg, seine Tochter aufwachsen zu sehen, darin bestand, die Cosa Nostra zu hintergehen und zu werden, was die Italiener einen *pentito* nennen: ein Kronzeuge. Die italienische Regierung schien mittlerweile ehrliche und kompetente Staatsanwälte zur Verfolgung der Cosa Nostra zu haben. Möglicherweise konnten sie ihm helfen, auf ungewöhnliche Art den Ausstieg zu schaffen – lebend. Also wandte er sich ohne viel Aufhebens an einen der Staatsanwälte. Er traf sich ein einziges Mal mit ihm. Wenige Wochen später erhielt er von der Cosa Nostra eine grauenvolle Botschaft: Mannoias Mutter, seine Schwester, eine Tante, ein Onkel und ein Cousin waren brutal ermordet morden.

Das Gegenteil des erwünschten Effekts war eingetreten.

»Manchmal habe ich Angst«, gestand uns Mannoia mit traurigem Blick aus dunkel unterlaufenen Augen. Er blies uns, Patrick Fitzgerald, dem Co-Ankläger bei diesem Fall, einem Sonderermittler des FBI, und mir, eine Rauchwolke entgegen. Die Marshals hatten ein neutral gelegenes Hotelzimmer für uns gefunden, in dem er rauchen konnte. Die US-Regierung hatte ihn – zusammen mit Rita und ihrer Tochter, aber ohne Rosa Vernengho, die in Sizilien geblieben war – nach Amerika geholt und an einem der »netten Orte« versteckt. Nun mussten wir ihn zu einer Aussage bringen über all das Heroin, das er für die Cosa Nostra veredelt hatte, bevor es an John Gambino geliefert wurde, den Mann, der die beiden Mafia-Welten miteinander verband.

»Aber wenn ich Angst bekomme, denke ich immer daran, was sie mir angetan haben. Ich habe das Bild immer bei mir, das mich daran erinnert, warum ich die Cosa Nostra zerstören muss. Das gibt mir Kraft, wenn ich Angst habe.« Es war eine starke Metapher, das geistige Bild des grauenvollen Preises, den er für den Verrat der Mafia bezahlt hatte. Ich konnte mir vorstellen, wie ihn das begleitete. Doch dann lehnte er sich vor, griff mit dem Arm nach hinten und begann in seiner hinteren Hosentasche nach etwas zu suchen. Er holte seine Brieftasche heraus, durchkämmte das Geldscheinfach und zog ein gefaltetes Stück Zeitung hervor. Die angezündete Zigarette hielt er zwischen zwei Fingern in der linken Hand, entfaltete das Papier auf dem kleinen Hotelcouchtisch, glättete es mit den Handflächen und drehte es so, dass wir das Bild sehen konnten. Es stammte aus einer italienischen Zeitung. Das Schwarzweißfoto zeigte die von Kugeln durchlöcherten Leichen zweier älterer und einer jüngeren Frau, zusammengesackt in einem Auto. Es waren seine Mutter, seine Tante und seine Schwester. »Das gibt mir die Kraft.« Wir machten eine Pause.

Mannoia sollte für die US-amerikanischen Justizbehörden ein vernichtender Zeuge für die strafrechtliche Verfolgung von John Gambino werden. Mit seinem außergewöhnlich guten Gedächtnis konnte Mannoia vor einer amerikanischen Jury rekonstruieren, wie der sizilianischstämmige, in Brooklyn aufgewachsene Gambino zum Verbindungskanal – *il canale* – zwischen den beiden Cosa Nostra-Welten wurde. Mannoia hatte enorme Mengen Heroin für eine Lieferung an Gambino eigenhändig veredelt. Er war dabei, als dieser wichtige Mann die sizilianische Provinz besuchte. Er wollte sich das qualvoll aufwändige Veredelungsverfahren ansehen, bei dem Mannoia in 24-Stunden-

Schichten arbeitete, in denen seine Haut ausblich und sich schälte. Auf Gambinos Bitte hin änderte Mannoia seine Methode. Das pflanzliche Verdünnungsmittel, das er »Tropin« nannte, sollte nicht mehr bei der Herstellung mit Heroin gemischt, sondern separat mitgeliefert werden, sodass die amerikanischen Mafiosi die Reinheitsgrade für die Süchtigen Amerikas selbst bestimmen konnten.

Mannoia wusste, was Gambino und Stefano Bontate – Mannoias Boss oder *rappresentante* – mit den enormen Gewinnen aus dem Heroinhandel taten, dass sie dem prominenten italienisch-amerikanischen Banker Michele Sindona Millionen zur Geldwäsche und für Investitionen übergaben. Der extravagante gebürtige Sizilianer Sindona agierte in beiden Ländern. In den Medien stellte er sich selbst gern als »eine Brücke zwischen der amerikanischen und der europäischen Industrie« dar, »denn ich kenne beide«. Sindona war Finanzberater des Vatikans und von Papst Paul VI. und der Bosse der sizilianischen und amerikanischen Mafia zugleich. Er kannte viele Geheimnisse. Doch Mannoia ebenso.

Mannoia wusste, was geschah, als Sindonas Bankenimperium zusammenbrach und sein amerikanisches Kronjuwel, die Franklin National Bank in New York, bankrottging. Auf die größte Bankenpleite in der amerikanischen Geschichte folgten rasch Betrugsvorwürfe auf beiden Seiten des Atlantiks. Sindona wurde verhaftet und sollte vor dem Bundesgericht in Manhattan angeklagt werden, eine Aussicht, die die Cosa Nostra höchst nervös werden ließ. Sie machten sich nicht etwa um die Franklin National Bank oder deren Aktionäre und Kontoinhaber Sorgen. Ihre Sorge galt Sindona. Sie brauchten Zeit mit ihm, unter vier Augen, um zu erfahren, wo er ihr Geld deponiert hatte. Sie brauchten seine Hilfe bei der Wiederbeschaffung des Geldes, bevor er in amerikanischen Gefängnissen verschwand.

Mannoia kannte das Geheimnis. Er wusste, wie sie es geschafft hatten. Es war höchst riskant, aber schließlich stand eine Menge Geld auf dem Spiel. John Gambino veranlasste, dass Sindona am Vorabend seines Prozesses wegen Bankenbetrugs in Manhattan auf der Straße »gekidnappt« wurde. Die »Entführer« schickten amerikanischen und italienischen Behörden seltsame politische Lösegeldforderungen. Doch die Leute, die Sindona in ein bereitstehendes Auto verfrachtet hatten, waren keineswegs italienische Revolutionäre. Er lag weder gefesselt in einer Kellerwohnung an der amerikanischen Ostküste, noch wurde er ständig in andere konspirative Wohnungen verlegt. Er war schon lange weg. Es gab keine linksradikalen Kidnapper. Da war nur die Cosa Nostra.

Gambino lieferte falsche Ausweispapiere und eine Tarnung, um Sindona nach Griechenland ausfliegen zu können, von wo er per Schiff über das Ionische Meer nach Sizilien übergesetzt wurde. Während die New Yorker Polizei noch nach langhaarigen Entführern fahndete, aß und schlief Sindona in einer Villa in den Bergen außerhalb Palermos und beantwortete die Fragen der Cosa Nostra. Sindona war zu diesem Zeitpunkt noch zu wichtig, als dass man ihn hätte töten können, weshalb Gambino und Bontate bis zum Ende der Befragungen damit warten wollten. Ganz zu Beginn des achtwöchigen Aufenthalts von Sindona suchte ein italienisch-amerikanischer Arzt die Villa auf. Sindona zog die Hose herunter, und der Arzt spritzte ihm ein Schmerzmittel in den rechten Oberschenkel. Gambino hielt Sindona an den Schultern fest, und Bontate schoss dem Banker mit einer kleinkalibrigen Handwaffe durch den Schenkel. Der Arzt überwachte seine Genesung.

Nach achtwöchiger Auszeit wurde Sindona aus der sizilianischen Villa nach Frankfurt am Main gebracht, von wo er nach New York flog. Seine »Entführer« stießen ihn in einer Straße in Manhattan aus dem Auto. Sindona war frei und erzählte eine grauenvolle Geschichte, bis hin zu seinem tapferen Versuch, den linken Terroristen irgendwo in New England zu entkommen, bei dem er angeschossen wurde.

Sindonas Verhandlung wurde wieder aufgenommen, und er wurde wegen Bankenbetrugs zu 24 Jahren Gefängnis in Amerika verurteilt. Die amerikanischen Justizbehörden lieferten ihn nach Italien aus, damit er sich auch dort vor Gericht verantworten konnte, wegen Betrugs und des Auftragsmords an dem italienischen Anwalt, der als Treuhänder bestellt worden war, um das komplexe italienische Finanzimperium abzuwickeln. Vier Tage nach seiner Verurteilung wegen der Bestellung eines Auftragsmörders wurde Sindona mit Zyanid in seinem Gefängniskaffee vergiftet. Der Banker der Cosa Nostra und des Vatikans wurde nicht mehr gebraucht. Er würde für immer schweigen.

Mannoia wusste nicht nur, was wirklich passiert war, er konnte auch ein verstörendes Indiz erklären, das die Rolle von John Gambino betraf. Genau zu der Zeit, als Sindona in die Vereinigten Staaten zurückkehrte, um dort von seinen Kidnappern in Manhattan »freigelassen« werden zu können, hielten italienische Polizisten Gambino auf, als er gerade – mit gepackten Koffern – sein Hotel in Palermo, Sizilien, verlassen wollte. In ordentlicher Polizeiarbeit wurde ein kleiner Zettel kopiert, den man nicht deuten konnte; darauf stand »*741 sabato francoforte*«. Lange danach erfuhr das FBI von dem Zettel in Gambinos Tasche, bat die Italiener um eine Kopie und machte sich an die Arbeit.

Gambino wurde von der italienischen Polizei am Freitag, den 12. Oktober, aufgegriffen. Das FBI hatte rasch ermittelt, dass am nächsten Tag, Samstag – *sabato* – 13. Oktober, in Frankfurt ein TWA-Flug 741 nach New York JFK startete. Die Ermittler begaben sich zum Flughafen in New York und ließen sich die Zollerklärungen der Passagiere des Flugs 741 aushändigen. Mit Handschuhen prüften sie sorgfältig jedes von einem erwachsenen Mann auf dem Flug ausgefüllte Formular. Eines gehörte einem gewissen Joseph Bonamico, der eine Adresse in Brooklyn angab, aber sein Stadtviertel falsch geschrieben hatte: »Brooklin«. Bonamico hatte zudem die Ziffer 9 auf dem Formular mit einem kleinen Punkt in der 9 versehen, und die Ermittler wussten, dass dies eine Eigenheit von Sindona war. Sie gaben das Formular ans FBI-Labor weiter, das Sindonas Fingerabdrücke nachweisen konnte.

Sindona war also mit dem Flug 741 zurückgeflogen. Die Reservierung hatte er – als »Joseph Bonamico« – am Tag vor seinem Abflug aus Deutschland getätigt. John Gambino befand sich tausend Kilometer entfernt in der Lobby eines sizilianischen Hotels und hatte so aktuelle Informationen über einen Flug aus Deutschland, dass die Tinte auf dem Zettel kaum trocken war. Mannoia hatte die Erklärung dafür.

Doch wir hatten ein Problem. Wir saßen in einem Hotelzimmer im »netten Teil« von Amerika, und Mannoia hatte nie jemanden umgebracht. Bei sämtlichen Treffen mit italienischen Ermittlungsbeamten, nachdem er ein *pentito* geworden war, hatte Mannoia geleugnet, in einen Mord verwickelt gewesen zu sein. Er war lediglich Dieb, Räuber, Heroinhersteller und wertvolles Mitglied der sizilianischen Cosa Nostra, einer Organisation, die auf Mord gründete, bei der zum Aufnahmeritual gehörte, dass vom Abzugsfinger des Novizen Blut auf ein Heiligenbild tropfte. Er sagte, sein inzwischen verschollener Bruder habe etwa drei Dutzend Menschen getötet. Aber nicht er. Allen unseren Vorgängern bei den Ermittlungen in diesem Fall gegenüber leugnete er, jemanden getötet zu haben und erklärte, dass es seiner singulären Rolle als Chemiker geschuldet war, ohne Tote leben zu können.

Mein Partner während des Prozesses, Pat Fitzgerald, glaubte das nicht. Und weil er ihm nicht glaubte, wollte er ihn nicht als Zeugen einsetzen. Das konnten wir als Staatsanwälte nicht bringen.

Dubiose Personen als Zeugen einzusetzen, um an andere dubiose Personen heranzukommen, ist ein riskantes Unterfangen. Es ist unerlässlich – besonders wenn man raffinierten Kriminellen das Handwerk legen will, die sich nicht mit Leuten umgeben, die später als aufrechte Zeugen taugen –, aber es ist gefährlich. Ein Vorgesetzter warnte mich, jeder Kronzeuge sei »eine Waffe, die auf Ihre Karriere gerichtet ist«. Doch das ist es nicht allein. Da der Staat dafür verantwortlich ist, faire Prozesse zu gewährleisten, stellen Kronzeugen – auch wenn sie nötig sind, um schwere Verbrechen aufzudecken – eine tödliche Bedrohung für das Justizsystem dar. Das war auch der Grund, warum wir beim Bezirksgericht New York Süd von unseren Kronzeugen verlangten, jedes Verbrechen, das sie begangen hatten, zuzugeben.

Menschen sind immer kompliziert, aber Menschen mit einer kriminellen Laufbahn, die ihr Leben lang lügen und manipulieren mussten, nur um zu überleben, stellen eine ganz besondere Bedrohung für die Staatsanwaltschaft dar, deren Verpflichtung es ist, die Wahrheit herauszufinden und zu sagen. Der Arbeitsweise einer Staatsanwältin, die den Grundwerten der Justiz treu bleibt, könnten solche Kronzeugen nicht fernerliegen. Kooperierende Straftäter haben in ihrem Leben getrickst, Vermeidungsstrategien entwickelt und Wahrheiten verschleiert; sie haben nur durch Bluff, Getöse und Schwachsinn überlebt. Für die Staatsanwältin gibt es keine Tricksereien, keine Verschleierung der Wahrheit. Sie ist in vielerlei Hinsicht deren glattes Gegenteil, und doch braucht sie sie, um zu einem gerechten Abschluss zu gelangen. Doch wo immer die Kronzeugen herkommen, von nun an müssen sie dem Weg der Staatsanwältin folgen. Leichter gesagt als getan.

Wenn Mannoia behauptete, 25 Jahre lang Mitglied der sizilianischen Cosa Nostra gewesen zu sein, ohne je getötet zu haben, war das, als würde er behaupten, er hätte während einer Karriere in der NBA nie gefoult, weil sein Job gewesen sei, nur Dreier zu werfen.

Aber warum sollte er lügen? Mannoia war uns im Rahmen einer Vereinbarung übergeben worden, die ihm in Amerika für alle Straftaten, die er begangen hatte, Straffreiheit zusicherte. Und jedenfalls hatte er in Amerika, wo er nie zuvor gewesen war, keinen Mord begangen. Er hatte von uns also nichts zu befürchten. Nachdem wir den Fall übernommen hatten, hörte Pat die Aufnahmen aller Zusammentreffen mit den italienischen Behörden nach Hinweisen ab. Er fand einen. Während Mannoias erster Vernehmung durch die italienischen Ermittler gestand er, daran beteiligt gewesen zu sein, für einen anderen Ehrenmann eine Waffe versteckt zu haben. Daraufhin wurden die Gespräche eingestellt, und Mannoia wurde für dieses Delikt angeklagt. Die italienische Gesetzgebung erlaubte offensichtlich keine Straffreiheit, die Strafverfolgung war zwingend; seine Geständnisse erforderten eine Anklage. Danach wurden die »geheimen« Vernehmungen wieder aufgenommen, die abermals unterbrochen wurden, nachdem die Cosa Nostra seine Mutter, seine Schwester und seine Tante getötet hatte. In der Folge gab es keine weiteren Geständnisse mehr von ihm, Mord eingeschlossen. Und weder die Italiener noch unsere Vorgänger in diesem Fall hatten ihn je unter Druck gesetzt.

Fitzgerald setzte ihn unter Druck, massiv. In hochemotionalen, stundenlangen Gesprächen in Hotelzimmern im ganzen Land bedrängte er Mannoia, sagte, dass er ihm nicht glaubte. Wer Stefano Bontate direkt unterstellt war, konnte nicht anders, als ein Mörder sein. Es war schlicht unmöglich. Und da es nicht möglich war, musste er lügen. Und wenn er log, konnte er nicht als Zeuge aussagen.

Unser Prozess gegen John Gambino war von Mannoia abhängig. Die Versuchung war groß, es dabei zu belassen und lieber einen führenden amerikanischen Mafioso seiner gerechten Strafe zuzuführen. Doch wir waren bereit, den Prozess platzen zu lassen. Und um die Sache weiter zu erschweren, klärte Fitzgerald ihn darüber auf, dass er vor Gericht in Manhattan in öffentlicher Sitzung ein Geständnis über seine Straftaten abgeben müsse. Dazu gehörte auch das Geständnis, bei den italienischen Verfahren über die Morde gelogen zu haben. Die Italiener würden also erfahren, was er getan hatte, und er wäre nicht geschützt vor einer Strafverfolgung italienischer Behörden wegen der vor einem amerikanischen Gericht gestandenen Straftaten. Mannoia war wütend und leistete Widerstand.

Pat bedrängte ihn, indem er die Ehre als Druckmittel ins Spiel brachte. Trotz der Tatsache, dass er davon überzeugt war, dass Mannoia gemordet und in großem Stil Heroin geschmuggelt hatte, wusste Pat auch, dass sich Mannoias seltsames Leben im Kern um seinen spezifischen Ehrbegriff drehte. Mit kaum verhohlenem Stolz erzählte Mannoia uns die Geschichte eines dänischen Matrosen, der zu Unrecht beschuldigt worden war, in einem Nachtclub in Palermo einer Striptease-Tänzerin das Gesicht zerschlitzt zu haben. Cosa Nostra-Ehrenmänner fanden den ortsansässigen Sizilianer, der die Tänzerin angegriffen hatte, erdrosselten ihn und legten seine Leiche auf den Stufen der Polizeistation ab. An seinem Hemd steckte ein Zettel, auf dem stand: »Ich habe die Tänzerin entstellt.« Die Polizei ließ den Dänen frei, dank der »guten« Arbeit der Ehrenmänner. Nach Mannoias Auffassung war er ein Cosa Nostra-Soldat, der einem Kodex gemäß lebte und ausschließlich um der Liebe willen log. Und Mannoia, so argumentierte Pat, verstand sicher, dass in seinem neuen Leben als Soldat *gegen* die Cosa Nostra Lügen ebenfalls unehrenhaft waren. Das amerikanische Justizsystem beruht auf der Wahrheit, der reinen Wahrheit und nichts als der Wahrheit. Nur ehrlose Menschen lügen unter Eid.

Der Kniff mit der Ehre wirkte. Cosa Nostra-Mitglieder sehen sich auf beiden Seiten des Atlantiks als edle Kämpfer. Vielleicht schlafen sie nachts so, dass sie von sich als prinzipientreuen Menschen träumen, die im Dienst einer größeren Sache schwierige Dinge auf sich nehmen.

Während des Gambino-Prozesses in New York verlieh mir die Anwaltskammer von New York City die Stimson-Medaille, mit der herausragende Staatsanwälte ausgezeichnet werden. Die Verleihung wurde in der Zeitung nur am Rande erwähnt. Als ich am nächsten Morgen in den Gerichtssaal kam, reichte mir einer der Marshals, die unsere Angeklagten bewachten – während des Prozesses waren sie nicht hinter Gittern –, einen gefalteten Zettel. Ich las ihn an meinem Platz am Tisch der Justizbehörden. Er stammte von einem der Angeklagten, einem jungen Mafia-Killer, den das Familien-Oberhaupt John Gotti einmal als »echten Scheißkerl« beschrieb. Dafür versuchten wir ihn gerade für den Rest seines Lebens ins Gefängnis zu bringen.

Er hatte eine schöne Handschrift: »Lieber Mr. Comey: Herzlichen Glückwunsch für Ihre Auszeichnung. Sie ist wohlverdient.« Ich warf ihm einen Blick zu. Er antwortete mit einem feierlichen Nicken. Er war nicht sarkastisch, er versuchte auch nicht, sich einzuschleimen, mich unter Druck zu setzen oder mir eine geheime Botschaft zukommen zu lassen, dass er ein *pentito* werden wollte. Es war nicht annähernd so kompliziert. Er war ein Soldat. Und ich war ein Soldat auf der gegnerischen Seite, ein würdiger Gegner, der sich ehrenhaft verhalten hat. Klar, ich versuchte ihn lebenslänglich hinter Gitter zu bringen, aber aus seiner Sicht war das nichts Persönliches, so waren eben die Rollen verteilt. Es war eine Sache der Ehre.

Aber wir hatten Mannoia gegenüber noch mehr Druckmittel in der Hand als nur die Ehre. Eine Lüge würde seine große Liebe in Gefahr bringen. Wir wussten, dass Mannoia sich wünschte, Rita und ihre Tochter könnten zusammen mit ihm im Rahmen des großartigen Zeugenschutzprogramms sicher in Amerika leben. Wenn er jedoch nicht die Wahrheit sagte, erklärte ihm

Pat, müssten sie alle nach Italien zurück. Wir wollten ihm kein Leid zufügen, aber wenn er kein Zeuge mehr war, konnte er nicht bleiben. Wenn er nicht die Wahrheit sagte, konnte er nicht bleiben. Es herrschte langes Schweigen. Mannoia starrte mit seinen traurigen Augen durch den Zigaretten-Dunst. Sein Widerstand begann zu bröckeln. Zu Fitzgerald sagte er, wenn er die Frage beantworten würde, ob er je jemanden umgebracht hätte, würde Fitzgerald ihn in der Folge sicher mit weiteren »unverschämten Fragen« löchern, »wie Ehefrauen, deren Männer ihnen eine Untreue gestanden haben, danach wissen wollen, wie oft sie betrogen wurden«. Er war bereit, zuzugeben, dass er ein Mörder war.

Nachdem wir mit seinem italienischen Anwalt gesprochen hatten, stimmte Mannoia einer Vereinbarung zu, die wir schriftlich festhielten, auch damit wir sie der Jury vorlegen konnten: Mannoia sollte weder in Amerika noch in Italien für die Lügen, die er in diesem Punkt geäußert hatte, strafrechtlich verfolgt werden können. Aber Italien würde über seine Geständnisse informiert. Seine Familie erhielt Schutz in Amerika. Bei weiteren Lügen wäre die Vereinbarung nichtig. Für uns als Staatsanwälte war das nicht gerade ein guter Deal – die Verteidiger würden ihn und uns dafür zur Schnecke machen, dass wir einem Zeugen einen Meineid durchgehen lassen –, aber wir hatten keine Druckmittel mehr. Lieber lebten wir damit, als John Gambino laufen zu lassen.

Kaum war die Vereinbarung unterzeichnet, öffneten sich die Schleusen. Fitzgerald sollte mit seinem Verdacht richtiger liegen, als er je vermutet hätte. Mannoia erinnerte sich an die Mittäterschaft an 25 Morden. Die Opfer waren erschossen oder erdrosselt worden, eine grauenhafte Methode, die Mannoia mit geradezu obsessiver Genauigkeit beschrieb. Die Leichen wurden verbrannt, vergraben, zurückgelassen, um aufgefunden zu werden, oder in Säure aufgelöst. Er erinnerte sich an die Namen der Toten, aber die Einzelheiten überlagerten sich in seiner Erinnerung. Wie er vor Gericht erklärte:

»Ich habe ein so dreckiges Gewissen, dass es rein gar nichts gibt, dessen ich mich rühmen könnte – bei mir gibt es wirklich nur Dinge, für die ich mich schämen muss, mit denen ich nicht prahlen kann – bedauerlicherweise kann sich ein Mensch deshalb manchmal nur an einzelne Tatsachen erinnern, die sich seinem Gedächtnis eingebrannt haben. Wenn man jemanden umgebracht hat, wird man das sein Leben lang nicht vergessen können. Man erinnert sich sogar noch an das winzigste Detail. Wenn man aber mehr als einen Menschen getötet hat, erinnert man sich nicht mehr an die Einzelheiten.«

Pat Fitzgerald hätte es umgehen können, Mannoia zur Rede zu stellen und ihn unter Druck zu setzen und ausschließlich an sein Ehrgefühl zu appellieren. Doch damit hätte er den kompletten Prozess riskiert. Immerhin hatte Mannoia ja bereits unter Eid vor italienischen Richtern ausgesagt, dass er bei der Cosa Nostra als Spezialist fungierte, der ausschließlich mit den technischen Herausforderungen der Herstellung von Opium befasst war. Als Chemiker war er viel zu wertvoll, als dass man ihn bei Gewalttaten einem Risiko ausgesetzt hätte. Die Geschichte hätte durchgehen können. Vielleicht hätten ihn die Verteidiger im Gambino-Prozess unter Druck gesetzt, einen Mord zu gestehen, vielleicht aber auch nicht. Angesichts des Nachweises der Mitgliedschaft ihres eigenen Mandanten in der Cosa Nostra, warum sollten sie ein Interesse haben, die Geschworenen daran zu erinnern, dass die Organisation aus gemeingefährlichen Irren bestand? Es gab keinen Grund, den Bruch mit Mannoia zu riskieren.

Aber Fitzgerald hatte ein ungutes Gefühl dabei gehabt. Als Staatsanwalt, der dem Justizministerium unterstellt ist, hatte er die Pflicht, nur Beweise einzubringen, an die er auch glaubte. Und Mannoias Version »Ich war lediglich Chemiker« konnte er nicht glauben. Also hatte er Druck aufgebaut und den Prozess aufs Spiel gesetzt – um der Wahrheit willen. Er hatte die Wahrheit erfahren und weitergegeben, womit er unseren Hauptzeugen des Meineids überführt hatte. Das tat er, weil er wusste, dass sein Mandant nicht Mannoia oder der Staatsanwalt in Manhattan war. Sein Mandant war eine Institution, in der die Wahrheit real ist und in der die Wahrheit zählt. Also hatte er sie weitergegeben, bis in die Einzelheiten.

8
SAMMY AUFWECKEN

Einer gerechten Sache schadet die Wahrheit nie.
Mahatma Gandhi

Salvatore »Sammy the Bull« Gravano war kein Frühaufsteher. Während wir das Sonder-Bundesgefängnis für kooperierende Zeugen betraten, erklärte uns der FBI-Beamte von der Einheit, die mit Gravano befasst war – früher der Zweitwichtigste in der kriminellen Familie Gambino, also deren »Vize-Boss« –, dass sie Gravano nach Möglichkeit nie vor zehn Uhr einen Besuch abstatteten, weil er gern lange schlief. Als wir eintrafen, schaute der Beamte auf die Uhr, bemerkte, dass es erst kurz nach neun war, und meinte grinsend, wir sollten uns nicht wundern, wenn der Zeuge schlechte Laune hätte.

Der Typ mochte neunzehn Menschen ermordet und sein Leben einer hochkriminellen Organisation gewidmet haben, aber die Regierung der Vereinigten Staaten brauchte ihn. Der Boss der Familie Gambino, John Gotti, hatte zweimal eine Anklage abgeschmettert, was ihm in den Medien den Spitznamen »Teflon-Don« eingetragen hatte. Gravanos Schuldgeständnis und Kooperationsbereitschaft bedeutete, dass das FBI endlich Gottis habhaft werden konnte. Deshalb hatte man Gravano die Möglichkeit eingeräumt, bei Deckelung des Strafmaßes auf zwanzig Jahre ein Geständnis abzulegen – der Strafrichter konnte ihn dann nicht zu mehr als zwanzig Jahren Gefängnis verurteilen –, und er musste nur zwei Jahre lang Zeuge sein. Ein großartiger Deal für einen organisierten Serienmörder, aber die USA – in Gestalt des US-Bundesanwalts von Brooklyn und des FBI New

York – waren zu der Ansicht gelangt, dass sie seine Zusammenarbeit bitter nötig hatten. Und dieses Machtmissverhältnis umgab Gravano wie eine Aura.

Während wir zur Zelle gingen, erklärte der Beamte, der Pat Fitzgerald und mich begleitete, dass Sammy unbedingt klargemacht werden müsse, wie wichtig uns diese Anklage gegen John Gambino und also die Zeugenaussage von jemandem seines Formats unabdingbar sei. Niemand von uns erwähnte während des folgenden Gesprächs, dass er qua Vertrag mit der Regierung zur Zeugenaussage verpflichtet war. Dafür war es noch zu früh am Morgen.

Nachdem wir Platz genommen hatten, um den kleinen Mafioso mit dem großen Spitznamen – »the Bull« – zu befragen, eröffnete der FBI-Beamte mit höflichem Vorgeplänkel die Vernehmung; sein beflissener Ton sollte ihm signalisieren, wie sehr wir es bedauerten, ihn so früh zu behelligen.

»Wie geht es Ihnen, Sammy? Falls Sie irgendetwas benötigen …?«

»Es geht mir okay«, lautete seine Antwort. »Spiel viel Handball. Könnte Handschuhe dafür brauchen. Ist besser für die Hände.«

»Aber sicher, Sammy, ich kümmere mich darum.«

»Aber nicht diese billigen Scheißdinger, die der Staat bezahlt. Gute Handball-Handschuhe.«

»Ist gebongt, Sammy.«

Ich nahm mir vor, die Sache mit den Handschuhen, im Kopf zu behalten, und so begann unsere Beziehung.

Ein paar Wochen später sollte ich wieder auf die Handschuhe zu sprechen kommen. Die Justizbehörden sind verpflichtet, der Verteidigung sämtliche Informationen zukommen zu lassen, die möglicherweise die Glaubwürdigkeit eines Zeugen der Anklage in Frage stellen könnten, weil sie zum Beispiel Befangenheit oder eine Sonderbehandlung vermuten lassen. Natürlich war Gravano für die Anwälte des Angeklagten eine Goldader: Nachdem er von frühester Jugend an kriminell gewesen war und fast ein Dutzend Menschen ermordet hatte, war er mit einem für ihn überaus vorteilhaften Deal belohnt worden. Tagelang wären sie damit beschäftigt, all seine Missetaten zu recherchieren und warum er ein so großes Interesse daran hatte, der Regierung zu Diensten zu sein und den Deal über die Bühne zu bringen.

Aber auch ich musste wissen, ob die Regierung ihm irgendwelche Sachen besorgt hatte. Also fragte ich ihn, ob er diese Handball-Handschuhe tatsächlich bekommen hatte. Ja. Ich fragte ihn auch, ob er vom Staat weitere Sachen erhalten habe. Eine Lesebrille. Noch etwas? Ähm, ja, der Chef vom New Yorker FBI habe ihn an einem sicheren Ort besucht, nachdem er gegen John Gotti ausgesagt habe und dieser, nunmehr nicht mehr Teflon-Don, verurteilt worden sei. Zu diesem Anlass habe ihm das FBI eine Uhr mit dem blauen FBI-Logo auf dem Zifferblatt geschenkt. Bei der Erinnerung an diesen feierlichen Moment strahlte Sammy übers ganze Gesicht. Ich bewahrte eine unbewegte Miene.

Nach unserem Gespräch mit Sammy sagte ich dem zuständigen Ermittlungsleiter beim FBI, ich würde diese Geschenke bei meiner Befragung des Zeugen in der bevorstehenden Gerichtsverhandlung gegen John Gambino in Manhattan offenlegen müssen – insbesondere die Uhr mit dem FBI-Logo. Und schon herrschte wieder Unfrieden. Die mit Gravano befasste FBI-Einheit sowie die Brooklyner Staatsanwaltschaft, die ihn als erste als Zeugen eingesetzt hatten, um Gottis habhaft zu werden, misstrauten uns von Anfang an. Schließlich war er *ihr* Zeuge. Wir Bundesbeamten aus Manhattan versuchten ständig, ihnen die Fälle aus Brooklyn und Queens abspenstig zu machen, zwei weitere New Yorker Bezirke, für die sie zuständig waren. Nur widerwillig hatten sie uns ihren Top-Kronzeugen ausgeliehen – um uns die Beweisführung eines Mordes zu ermöglichen, der ihrer Ansicht nach jedoch in Brooklyn verfolgt werden müsste –, und nun stellten wir ihn und das FBI auch noch bloß, und das wegen einer blöden Uhr. Die Presse würde die Szene, wie der Stellvertretende Geschäftsführer des FBI einem Mafioso ein Büro-Souvenir überreiche, weidlich ausschmücken. Und Sammy würde das bestimmt auch nicht gefallen, o nein.

Um ehrlich zu sein, trug auch ich ein bisschen zu diesem Machtungleichgewicht bei. Ich brauchte Gravano wirklich. Nur aufgrund seiner Aussage konnten wir beweisen, was der abscheuliche John Gambino getan hatte. Er hatte einen unschuldigen Mann ermordet.

Vor einem New Yorker Apartmentgebäude in einem italienischen Viertel hatte es eine Prügelei gegeben. Niemand wusste, worum es dabei ging. Jedenfalls waren sich zwei Nachbarn in die Haare geraten, vielleicht wegen lauter Musik oder Hundegebell. Der ältere von beiden war ein polizeibekannter Rowdy, der von den Faustschlägen seines Kontrahenten, eines jüngeren Mannes, getötet wurde. Die Polizisten konnten niemanden festnehmen, weil niemand etwas gesehen hatte, nur einen älteren Mann, der auf dem Gehsteig lag. Dessen Name war Frank Gambino. Er war kein offizielles Mitglied der Cosa Nostra, kein »Made Man«, aber durchaus kriminell. Er arbeitete hin und wieder für John Gambinos Bande, war ein »Genosse«, um in deren Jargon zu bleiben. Aus diesem Grund musste jemand dafür bluten. Einen Typen aus Gambinos Bande tötet man nicht ungestraft.

John Gambinos Leute stellten Nachforschungen an und fanden heraus, dass ein Kerl namens Francesco Oliveri es gewesen war. Daraufhin wurden John und Joe Gambino zum Boss des Clans, John Gotti, geschickt, der den »sizilianischen Zweig« des Clans ein bisschen merkwürdig und bedrohlich fand. Gotti traute niemandem – anders hätte er auch nicht am Leben bleiben können, nachdem er Paul Castellano, seinen nachlässigen und allzu vertrauensseligen Vorgänger, vor einem Steakhaus in Manhattan ermordet hatte –, aber den Sizilianern traute Gotti noch weniger als allen anderen, denen er nicht traute. Sie hatten Verbindungen zu der mächtigen sizilianischen Mafia, die Gotti – ein gebürtiger Amerikaner mit italienischen Vorfahren – nicht hatte, außerdem sprachen sie eine Sprache, die er nicht verstand.

Die Brüder Gambino erzählten Gotti, was mit Frank Gambino passiert war, und baten ihn um Erlaubnis, Oliveri aus Rache zu töten. Dieses Ansinnen verwirrte Gotti, er ließ sich jedoch nichts anmerken. Und zwar war er deswegen verwirrt, weil er wusste, dass John Gambinos sizilianischer Zweig jede Menge Leute umgebracht hatte – sie hatten zahllose Male »zugeschlagen« –, ohne ihn vorher um Erlaubnis zu bitten.

Ganz bestimmt brauchte John Gambino keine Hilfe, wenn er jemanden umbringen wollte. Was also steckte hinter dieser formalen Anfrage? Es musste sich um irgendeinen taktischen Zug von John Gambino handeln, anders konnte es nicht sein. Gotti hatte im Moment zwar keinen blassen Schimmer, worum es ging, aber irgendetwas führte er im Schilde. Also entschloss er sich ebenfalls zu einem taktischen Zug. Er gab ihnen seinen Segen, fügte aber eine noch nie dagewesene Forderung hinzu: Er wollte, dass Gravano, der »Vizepräsident« des Clans, persönlich an der Ermordung teilnahm. Sein Gegenzug sollte John Gambino, einem gefährlichen Mann, zeigen, dass die Clanführer keine Angst vor Gewalt hatten.

Ein Mafia-Killerkommando, darunter der Vize-Boss Gravano und eine Schlüsselfigur aus Gambinos Bande, stellten Francesco Oliveri nach. Sie beschatteten ihn. Wie die meisten Menschen hatte er feste Gewohnheiten. Feste Gewohnheiten machen das Morden einfach. Jeden Dienstag kam Oliveri frühmorgens aus dem Gebäude, wo er wohnte – demselben, vor dem Frank Gambino auf dem Gehsteig totgeprügelt worden war –, und stellte seinen Wagen auf die andere Straßenseite. Das tat er gemäß den New Yorker Regeln, dass an einem bestimmten Wochentag nur auf einer bestimmten Straßenseite geparkt werden darf, damit die Straßenreinigung – in Astoria, Queens, war es der Dienstagmorgen – ihre Arbeit verrichten konnte. Sie beschlossen also, ihn an einem Dienstagmorgen zu ermorden. Nachdem sie sich vom Boss das Okay geholt hatten, machten sich die Killer auf den Weg, trafen aber zu spät ein; Oliveri hatte seinen Wagen bereits umgeparkt. Also blieb er noch eine weitere Woche am Leben.

Am Dienstag, den 3. Mai 1988 kamen sie wieder, sehr früh diesmal. Der Killertrupp verteilte sich auf zwei gestohlene Autos, die je an einem Ende des Wohnblocks standen, und sie kommunizierten mittels Walkie-Talkies, während sie darauf warteten, dass Francesco Oliveri zum letzten Mal in seinem Leben aus dem Haus kam, um seinen Wagen woanders hinzustellen. Ein paar Straßen weiter wartete ein »sauberer« Wagen, ein Fluchtauto, in das die Killer nach erledigtem Job umsteigen würden.

Als Oliveri zum letzten Mal in seinem Leben zu seinem Auto ging, stieg ein Mitglied des Killerkommandos aus dem Wagen, ging hinter ihm her und schoss ihm in den Kopf. Ein Schuss, der nur einen winzigen Knall verursachte, den das Opfer gar nicht hörte, jagte diesem ein kegelförmiges Metallstück ins Gehirn, und Francesco Oliveri war hinüber. Leblos prallte sein Körper gegen einen Baum. Dabei verfing sich das Jackett an der Rinde oder einem Ast und verhinderte, dass er zu Boden fiel. Das Bild des leblos am Baum zusammengesackten Körpers prägte sich Gravano ein, als er in einem der zwei gestohlenen Autos vorbeifuhr. Ein paar Straßen weiter ließen die Killer die beiden Autos stehen, quetschten sich in das bereitgestellte Fluchtauto, und weg waren sie.

Francesco Oliveri würde nie wieder einem Mitglied der Gambino-Bande ein Haar krümmen. Und man hatte eine klare Botschaft ausgesendet. Nur dass Francesco Oliveri nie einem Mitglied der Gambino-Bande oder sonst jemandem etwas angetan hatte, jedenfalls soweit das FBI wusste. Er hatte lediglich im selben Gebäude wie Frank Gambino gewohnt und ganz gewiss auch unter Franks rowdyhaftem Benehmen gelitten – wie alle anderen auch –, im Gegenteil, Francesco war ein netter, mittelalter Mann, der in der Nudelfabrik Ronzoni beschäftigt gewesen war. Die Nachbarn sagten, er habe sich nie geprügelt und sei sicherlich nicht stark genug gewesen, um einen Mann mit bloßen Fäusten zu töten. Die Familie Gambino hatte offenbar den falschen Mann als Schuldigen ausgemacht. Ein Unschuldiger hatte an diesem kühlen Maimorgen in Queens sterben müssen und war leblos an einem Baum hängen geblieben.

An besagtem Morgen war auch einer unserer Angeklagten dort gewesen. Er war ein wichtiges Mitglied aus Gambinos Bande und ein geübter Killer, weswegen John Gotti ihn in der Wohnung der Witwe einen *real man,* einen »ganzen Kerl«, genannt hatte – was ein Bandmitschnitt belegt. In der obersten Kommodenschublade des Killers fand das FBI eine Tasche mit einer Pistole, auf der die Seriennummer entfernt worden war, hunderte Schuss Munition, Gummihandschuhe und eine schwarze gestrickte Mütze, die das ganze Gesicht bedeckte und nur Öffnungen für Mund und Augen hatte. Alles in allem erdrückende Beweise für seine Rolle in der Cosa Nostra. Während des Schlussplädoyers schlenderte der Strafverteidiger des Mafioso zum Tisch mit den Beweisstücken, nahm beiläufig die Sturmhaube und stellte sich damit vor den Geschworenenstand. Ehe die Geschworenen hereinkamen, hatte er sie hinaufgerollt, sodass sie jetzt wie eine Skimütze aussah. Er wedelte damit abfällig in der Luft und warf der Staatsanwaltschaft vor, dass sie wegen dieser »harmlosen Strickmütze« so ein Theater machte.

Daraufhin hielt Pat Fitzgerald seine legendäre Schlussrede. Er deutete auf die hochgerollte, »harmlose« Mütze, dann verblüffte er den ganzen Gerichtssaal, mich eingeschlossen, indem er den linken Fuß hob, der in einem schwarzen Wingtip-Schuh steckte, und auf das Geländer des Geschworenenstands platzierte. Schnell rollte er das Hosenbein hoch, sodass zuerst eine schwarze Socke, dann bleiche, behaarte Haut und schließlich ein knochiges Knie zum Vorschein kamen. In dieser barbeinigen Pose blickte er in die Runde der Geschworenen. »Wenn ich Sie hinterher fragte, was ich heute getragen habe, würden Sie bestimmt nicht sagen, ich sei mit Shorts in den Gerichtssaal gekommen.« Er stellte den linken Fuß wieder auf den Boden, ergriff das spitz zulaufende Ende der Mütze und ließ sie wie einen Halloween-»Jack O'Lantern« hin- und herschwenken. Dann rollte er das Hosenbein wieder herunter und wandte sich anderen Argumenten zu.

Ich weiß nicht, was die Jurymitglieder davon hielten, aber meines Wissens heiratete niemand von ihnen später eine Sonderermittlerin. Aber ich nehme an, in der darauffolgenden Pause wurde ihm von allen Seiten auf die Schulter geklopft.

Gravano wusste alles: Wer den Mord gewollt, wer ihn angeordnet, wer ihn ausgeführt hatte. Ohne ihn würde der Mord an Francesco Oliveri ungesühnt bleiben. Ich brauchte Gravano, und es gab Stimmen, die meinten, ich solle die Sache mit der Uhr besser unter den Tisch fallen lassen, statt aus einer Mücke einen Elefanten zu machen.

Ich wählte den Weg des geringsten Widerstands. Da ich mich sowohl von Brooklyn als auch von meinem eigenen Zeugen unter Druck gesetzt fühlte, entschied ich mich, nur das Nötigste zu enthüllen, sodass die Verteidiger höchstwahrscheinlich gar nicht darauf anspringen würden. Bei der Verhandlung sagte ich:

»In der Zeit, als Sie im Gefängnis waren, haben Sie da von Staatsseite irgendwelche persönlichen Dinge bekommen?«

»Die haben mir eine Uhr und eine Brille gegeben.«

»Was, glauben Sie, sind diese Sachen wert?«

»Alles in allem circa vierzig, fünfzig Dollar, schätze ich. Ich habe keine Ahnung, was eine Brille kostet, aber die Uhr wird um die zwanzig kosten, und die Brille vielleicht zwanzig oder dreißig. Vielleicht auch mehr. Genau kann ich es nicht sagen.«

Im Kreuzverhör wurde ihm keinerlei Frage dazu gestellt. Warum auch? Es war ja nicht so, dass der New Yorker FBI-Chef ihm während einer Dankeszeremonie eine Uhr mit dem FBI-Logo überreicht hätte. Außerdem hatte Gravano die Handball-Handschuhe zu erwähnen vergessen. Und ich bohrte nicht weiter nach.

Jetzt, drei Jahrzehnte später, habe ich das Gefühl, dass das nicht ganz korrekt war. Ich hätte Gravano darauf hinweisen sollen, er müsse aussagen, dass der New Yorker FBI-Chef ihm eine Uhr geschenkt habe. Sicher, vielleicht hatten die Brooklyner FBI-Beamten recht damit, dass es bei all dem anderen, worüber er ins Kreuzverhör genommen werden musste, nebensächlich war. Vielleicht war es keine große Sache, aber ich hatte die Pflicht, dafür zu sorgen, dass die Verteidiger die Wahrheit erfuhren, um zu entscheiden, wie sie damit umgehen sollten. Ich hatte die Pflicht zur Transparenz, weil mein Mandant nicht Gravano war oder das FBI oder die Verhandlungssache und auch nicht Francesco Oliveris Andenken; mein Mandant war eine Institution, die dem Recht verpflichtet ist. Es gibt eine klare rote Linie, und wenn man erst stundenlang überlegen muss, ob man ihr zu nahe kommt, dann ist dies der Fall. Ich hatte noch eine Menge zu lernen.

Die sechs Jahre, in denen ich im Bezirksgericht New York Süd Kriminalfälle untersucht und verfolgt habe, waren trotz allem eine beglückende Zeit. Von Kollegen, Vorgesetzten und aus meinen Fehlern lernte ich, dass die Wahrheit bisweilen unangenehm sein konnte, peinlich und schmerzhaft, aber sie war nicht verhandelbar. Sie herauszufinden war weitaus wichtiger, als zu gewinnen. Und der Beweggrund dafür, stets der Wahrheit verpflichtet zu sein, durfte nicht Angst sein – erwischt zu werden oder schlecht auszusehen. Nein, er musste in einem selbst verankert, ein Teil der eigenen Persönlichkeit sein und einem bei der Arbeit und, ja, im ganzen Leben Orientierung geben. Natürlich spielte auch jugendliche Arroganz hinein – wir hielten uns für etwas Besseres als die Strafverteidiger –, aber dieser Stolz war ein Teil unserer Identität. Wenn ich etwas sagte oder einen Zeugen präsentierte, der oder die etwas aussagte, musste ich mir selbst treu bleiben, und zwar in jeder Situation. Und das war ein gutes Gefühl.

Es waren auch sechs harte Jahre. Ich war müde und fühlte mich gestresst. Ich träumte von Gewalt und Verbrechen. Ich knirschte im Schlaf mit den Zähnen und brach mir dabei zwei Schneidezähne ab. Wenn eine Verhandlung zu Ende war, fühlte ich mich hundeelend. Und Patrice und ich waren im Begriff, eine Familie zu gründen, in einer Welt ohne Laptops, Smartphones oder die technischen Möglichkeiten, von anderswo aus zu arbeiten. Während ich in meinem Büro dreißig Kilometer östlich von unserer Doppelhaushälfte saß und einer Arbeit nachging, die ich für cool und sehr wichtig hielt, hatte ich stets Patrice' Stimme im Kopf. Sie sagte es so oft, dass ich die Worte längst auswendig kannte: »Du kannst diesen Leuten beweisen, dass man ein guter Anwalt und ein guter Vater sein kann. Du musst dich da durchsetzen.« Wenn ich erwiderte, meine Vorgesetzten würden mich geringer schätzen, wenn ich früher das Büro verließe, um nach Hause zu meiner Frau und meinen Kindern zu eilen, antwortete sie: »Du willst doch nicht für jemanden arbeiten, der deinen Familiensinn nicht versteht. Und es gibt viele Staatsanwälte; aber unsere Kinder haben nur einen Vater.«

Also ging ich früher nach Hause. Jeden Abend, an dem ich nicht unterwegs war, um Zeugen zu treffen, war ich zu Hause in Maplewood, um die Kinder zu baden und ihnen etwas vorzulesen. Ich nahm mir Lesestoff mit, wozu kein Computer erforderlich war, und blieb spät auf, um zu lesen, wenn die Mädchen – die zwei ältesten von insgesamt fünf Kindern – schliefen. Ich hielt mich für großartig. Bis Patrice mir klarmachte, dass meine physische Anwesenheit nicht genügte. »Wenn du hier bist, dann musst du auch wirklich hier sein, und nicht in Gedanken bei einem deiner Fälle oder Zeugen, während du den Kindern eine Gutenachtgeschichte vorliest. Unsere Mädchen sind bald groß. Also sei ganz hier.« Sie hatte recht. Also konzentrierte ich mich auf die Geschichte, die ich ihnen gerade vorlas, den roten Ballon, den Kamm und die Bürste und die Schüssel voller Mus und die alte Frau, die wisperte: »Psch.«

Die Mafiosi und die falschen Pelzräuber würden auch noch da sein, wenn die Kinder eingeschlafen waren.

Zweiter Teil

BLICK AUF DAS RESERVOIR

Nach meinen sechs Jahren als Bundesanwalt in New York sammelte ich weitere Erfahrungen – erst als freiberuflicher Strafverteidiger, dann wieder als leitender Beamter im Justizministerium –, und mir wurde bewusst, dass sich die Bindung an die Werte unserer Justiz auszahlte: in Form von Vertrauen, das die Menschen in uns hatten. Als Abteilungsleiter war ich verantwortlich dafür, andere zu beaufsichtigen und unsere Arbeit nach außen zu vertreten, und so erkannte ich immer deutlicher den Wert des Reservoirs an Vertrauen und Glaubwürdigkeit, diese unsichtbare Größe, die uns dazu verhalf, auch unter schwierigen Umständen glaubwürdig zu sein. Ich erkannte, wie zerbrechlich das war, wie leicht es von Zweifeln an unserer Integrität und unseren Absichten beschädigt werden konnte. Um Vertrauen zu verdienen, mussten wir unsere Versprechen halten und Einblick in unsere Herzen geben.

9

FÜR DIE VERTEIDIGUNG

Der Verteidiger hat die Pflicht, das juristische Verfahren zum vollsten Wohl der Sache seines Mandanten zu nutzen.

US-Rechtsanwaltskammer
Aus den berufsständischen Regeln

Im Gambino-Prozess waren sich die Geschworenen nach sechs Monaten Verhandlung noch immer nicht einig über die schwersten Anklagepunkte. Es stand 11:1, und die Umstände waren dubios. Irgendwann während der Schlussberatungen übergab jemand aus der Jury den Marshals einen Zettel, darauf stand die Vermutung, eins der Mitglieder sei geschmiert worden. Aber wir fanden nicht genug Beweise, um den Mann jetzt noch zu entfernen. Jetzt saßen wir da mit einem gekauften Geschworenen. Wenn das stimmte, musste er sich der Mafia selbst angedient haben. Alle Geschworenen blieben während des gesamten Prozesses anonym und wurden streng geschützt. Es war erschütternd. Auch den Angeklagten war klar, ein solches Glück würden sie nie wieder haben. Nur ein einziger von ihnen bekannte sich vor dem Wiederaufnahmeverfahren schuldig, und der war ein kleiner Fisch. Auch gut, ich wollte ohnehin weg.

Mir zuliebe hatte Patrice New York sieben Jahre lang ausgehalten. Wir hatten ursprünglich abgesprochen, dass unsere Kinder in Virginia aufwachsen sollten, und ich hatte mein Wort gebrochen. Ich wollte unbedingt Bundesanwalt in Manhattan werden, deshalb waren Patrice und ich nach New Jersey gezogen, zuerst in einen Schuhkarton über einem Fahrradladen, dann in ein bescheidenes Zweifamilienhaus zur Miete. Aber unsere Familie wurde größer, ein halbes Haus war bald zu eng. Also machten wir uns auf gen Süden und zogen nach Richmond, Virginia, nicht weit entfernt von dem College, in dem wir uns kennengelernt und verliebt hatten. Für die Familie war es der richtige Schritt, aber ich verließ das Bezirksgericht New York Süd mit Trauer, weil ich wusste, dass ich nie wiederkommen würde.

Als wir die ersten Pläne für den Wegzug aus New York schmiedeten, hatte ich mich eigentlich versetzen lassen und auch in Richmond – wie in New York – wieder als Staatsanwalt arbeiten wollen. Dann wurden Patrice und ich nach Washington eingeladen, ich sollte eine Auszeichnung für meine Arbeit am Fall Juwelierviertel bekommen – wir hatten damals durch die Vernehmung eines Nachwuchsmafioso eine Flut von Abhörgenehmigungen erlangt und konnten so letztlich einen bewaffneten Raubüberfall verhindern. Der Saal war überfüllt, aber Patrice schnappte am anderen Ende auf, wie jemand als Bundesanwalt in Richmond vorgestellt wurde, kam zu mir, erzählte, was sie ausspioniert hatte, und drängte mich, zu ihm zu gehen und mich mit ihm bekannt zu machen. Der könne mich doch einstellen. Ich lehnte ab. Ich und einen Fremden um einen Job anhauen? Bei einer Feier des Justizministeriums? Auf keinen Fall. Patrice stupste mich sanft in seine Richtung, aber der Mann mischte sich unter die Menge und war verschwunden.

Er wurde später mein Freund und Kollege. Nur war er, als wir nach dem Gambino-Prozess endlich umzugsbereit waren, gar nicht mehr im Dienst, und in Richmond wurde gerade überhaupt niemand neu eingestellt. Mir blieb nur, in die Privatwirtschaft auszuweichen. Es gab in Richmond zwei große Anwaltssozietäten, eine war seine, und die lud mich als einzige zu einem Gespräch. Sie brauchten jemanden für den Ausbau ihres Bereichs »Produkthaftung«, der die Verteidigung von Firmen übernahm, die wegen der Herstellung oder des Verkaufs von für

Menschen schädlichen Produkten verklagt wurden. Nicht gerade meine Leidenschaft, aber ich brauchte einen Job. Ich wurde Mitglied der Kanzlei, die Leute dort waren wunderbar und die Arbeit ziemlich hart.

Einmal hatte ich einen Mann zu vertreten, den ich für schuldig hielt, aber das müssen erfahrene Strafverteidiger ständig. Es ging um Betrug, mein Mandant war ein charmanter, sympathischer Schurke und hatte diverse Banken, Gläubiger, Partner und Kunden belogen. Zu seinem Pech und dem seiner netten Familie, die mit gequälten Mienen im Saal saß, hatte die Anklagebehörde überwältigende Beweise gegen ihn gesammelt. Er hatte die Taten nie zugegeben, mit Sicherheit nicht seiner Familie und vermutlich nicht mal sich selbst gegenüber. Wenn sich ein Beschuldigter schuldig bekennt, das wusste ich aus langer Erfahrung, dann zumeist nur in Bezug auf die vorgeworfenen Taten, von denen er seiner Familie erzählt hatte. Ein Schuldgeständnis kann zu Strafminderung führen, aber oft verzichten Menschen vor Gericht darauf, weil es noch schmerzhafter wäre, gegenüber ihren Lieben zuzugeben, dass sie sie belogen hatten. Um die Chancen für ein Geständnis einzuschätzen, will ich seit Langem als Erstes wissen: »Was hat er seiner Familie gesagt?«

Ich tat mein Allerbestes für meinen Mandanten, wühlte mich vor dem Prozess stundenlang durch die Beweise und suchte nach etwas, irgendetwas, das ihm helfen könnte. Als ich mich auf mein Schlussplädoyer vorbereitete, war mir klar, dass es ethisch nicht vertretbar wäre, vor den Geschworenen die Unschuld meines Mandanten zu beteuern, denn an die glaubte ich nicht. Trotzdem war es meine Pflicht, mein Bestes für ihn zu geben. Also trat ich vor die Geschworenen und argumentierte mit Inbrunst, die Vereinigten Staaten von Amerika seien ihrer Aufgabe nicht nachgekommen, die Schuld meines Mandanten ohne jeden begründeten Zweifel zu beweisen, das sei aber nun mal eine Kernaufgabe der freiheitlichen Ordnung, und auch Geschworene seien auf deren Wahrung vereidigt. Mit einem finalen Schnörkel, in dem ich mich auf die Weisheit unserer Gründerväter berief und mich als Double von Gregory Peck in »Wer die Nachtigall stört« abmühte, bat ich die Geschworenen eindringlich, ihre Pflicht zu tun und meinen Mandanten für »nicht schuldig« zu befinden.

Nach dem Plädoyer sank ich in meinen Stuhl am Verteidigertisch. Mein Mandant legte mir den Arm um die Schulter und flüsterte: »Das war fantastisch. Bin wirklich sehr zufrieden.« Ich hätte am liebsten zurückgeflüstert: »Lieber Gott, Sie gehen gerade unter wie ein Sack Zement, Mann.« Aber das konnte ich ihm nicht antun, selbst so einem Betrüger nicht, außerdem saß seine Frau gleich rechts hinter mir in der ersten Zuschauerreihe. Er tat mir leid, weil er sogar sich selbst betrog. Er ging dann tatsächlich unter wie ein Sack Zement, nämlich für fast zehn Jahre in ein Bundesgefängnis. Und sein letzter Scheck für die Kanzlei war nicht gedeckt.

Meine Zivilprozesse erteilten mir auch schmerzhafte Lektionen über die Pflicht des Rechtsanwalts, für seinen Mandanten und nur für ihn einzutreten. Die Kanzlei schickte mich wieder nach New York, in Asbest-Verfahren. Man war der Meinung, weil ich ja aus New York gekommen war und dort viele Prozesse als Staatsanwalt geführt hatte, würde ich da von Natur hinpassen. Eher nicht.

Während der Verhandlung fing das Telefon der Gerichtsschreiberin laut an zu klingeln. Ihr Tisch stand direkt unter der Richterbank. *Brrriiing. Brrriiing.* Der Richter hörte sich gerade die Streitgespräche von New Yorker Anwälten an, als das Klingeln losging. Laut. Ich saß im Zuschauerraum und wartete, dass mein Fall aufgerufen wurde. Anscheinend war ich der Einzige, der das Klingeln hörte. Die Schreiberin saß nur Zentimeter neben dem Telefon und schrieb eifrig irgendetwas auf. Beim dritten Klingeln nahm sie ab, flüsterte mit der Hand vorm Mund in den Hörer, als wollte sie jedes eventuell störende Geräusch dämpfen, die Verhandlung durfte ja nicht unterbrochen werden – und das nach zweidreiviertel lauten Klingeltönen.

Ich kenne viele Gerichtssäle von innen. In ganz Amerika blinkt das Telefon des Gerichtsschreibers, wenn ein Anruf eingeht. Und er allein sieht das kleine rote oder weiße Licht. Ich habe in meiner ganzen Karriere nur ein, zwei Telefone gesehen, die fast unhörbar gesummt haben. Das war auch vernünftig, denn ein klingelndes Telefon während der Verhandlung würde den feierlichen Ernst eines Gerichtsverfahrens nicht nur stören, sondern schmälern.

Dies hier war natürlich nicht irgendein Saal. Es war das Zivilgericht für Mietangelegenheiten der Stadt New York, das sich der Staat New York ausgeliehen hatte für Asbestklagen in erster Instanz, mein neues Spezialgebiet. Hier vertrat meine Richmonder Sozietät ein ziemlich bekanntes Bauunternehmen, das Asbestdämmstoffe zwar nie selbst hergestellt, aber in den 1940er und 1950er Jahren beim Dämmen seiner großen Industriebauten verwendet hatte. Die Firma fürchtete Tausende weiterer Klagen, wenn sie sich einmal auf eine Entschädigung einließ, und lehnte jeden Vergleich ab. Ein Problem dabei war, dass die meisten Firmen, die tatsächlich Asbest abgebaut oder Dämmstoffe hergestellt hatten, längst entweder in Konkurs gegangen waren oder doch Vergleiche geschlossen hatten. Deshalb saß unser Mandant in Hunderten von Verfahren, viele davon in New York City, oft allein mit seinem Anwalt im Gerichtssaal.

Ich wartete also in der Zuschauerbank auf eine Besprechung mit dem Richter, der für einen dieser Asbestfälle eingeteilt war. Ich sah mich um und kam auf den Gedanken, dass das Telefon vielleicht deshalb so laut geklingelt hatte, weil der Gerichtssaal mit Linoleumfliesen ausgelegt war. Sie waren auch uneben, und es fehlten ein paar Ecken. Ich versuchte mich zu erinnern – hatte ich je einen Gerichtssaal mit Linoleumboden gesehen? Nein, so wenig wie einen, wo das Gerichtsschreibertelefon klingelte. Ich fragte mich, ob in den Fliesen wohl auch Asbest war, wie oft in älterem Bodenbelag. Solange da niemand dran herumkratzt, ist das kein Problem, dachte ich und beäugte die abgebrochenen Ecken.

Während die meinem Fall vorangehende Verhandlung abgespult wurde, ließ ich meinen Blick nach oben schweifen, zur Richterbank. Beim Hereinkommen war mir gar nicht aufgefallen, dass über dem Kopf des Richters in riesigen Eisenbuchstaben einer unserer nationalen Leitsätze prangte – IN GOD WE TRUST – beziehungsweise, dank des offenbar schmalen New Yorker Budgets für den Ersatz von Leitsatzbuchstaben, zu prangen versuchte. Die Wand ermahnte uns alle: IN OD WE RUST. Ich dachte: »Ich bin in der Hölle gelandet: nicht Vertrauen in Gott, sondern Verrosten im Mief.« Vor nur ein paar Monaten war ich noch einer der leitenden Bundesanwälte in Manhattan und verhandelte große Mafia-Fälle. Jetzt bin ich ein Anwalt aus Richmond auf New Yorker Linoleum und soll gegen einen armen alten Mann antreten, der an einer asbestbedingten Krankheit sterben wird. Schlimmer konnte es nicht kommen. Doch es kam noch schlimmer.

Mein Fall wurde aufgerufen, ich nahm am Verteidigertisch Platz. Der Anwalt des Klägers sprach zuerst. Dann war ich dran. Ich erhob mich, knöpfte das Sakko zu, stand aufrecht und stellte mich vor, mit klarer Stimme und dem Zusatz, ich sei der Vertreter des Beklagten in diesem Verfahren. Der Richter bedachte mich mit einem schiefen Blick.

»Mr. Co-mey«, fing er an, als ob er die Zeit für zwei extra gedehnte Silben meines Namens brauchte, um mich einzuordnen. »Waren Sie nicht mal in der Bundesanwaltschaft tätig, ein paar Häuser weiter?«

»Stimmt, Euer Ehren«, antwortete ich, möglichst gelassen, um nicht zu verraten, wie sehr ich mich freute, trotz dieser unwürdigen Asbestsache erkannt worden zu sein.

Sein Kopf ragte jetzt genau zwischen OD und RUST, sein Blick mutierte von schief zu verblüfft. Dann sagte er: »Wie sind die Helden gefallen!«

Ich sagte: »Vielen Dank, Euer Ehren«, mit einem matten Lächeln, und setzte mich. Schlimmer konnte es nicht mehr kommen. Oh, doch.

Das Gericht beschloss eine Verfahrensänderung, um die Bereitschaft zum Vergleich zu vergrößern. Es sollte einen Schwurgerichtsprozess mit einem anderen Richter geben und dabei ausschließlich um den Schadensersatzanspruch gehen. Dort würden die Geschworenen dann, auf Grundlage der Beweismittel zur Erkrankung des Klägers, eine bestimmte Entschädigungssumme festsetzen. Die Frage, wer den Schaden verursacht hatte, würde zurückgestellt. Sollten sich nicht beide Seiten auf eine Entschädigung einigen, würde in einem späteren Verfahren festgelegt werden, wer die Entschädigung zu zahlen hatte. Der Richter war der Meinung, dass Unternehmen wie das von mir vertretene eher zum Vergleich geneigt waren, wenn sie genau wüssten, auf was sie sich finanziell einlassen müssten, wenn sie eine klare, von Geschworenen bewilligte Zahl genannt bekämen. Mein Mandant beharrte weiter darauf, nicht verantwortlich zu sein, da er niemals ein Asbestprodukt hergestellt hatte, und lehnte ab. Und dabei wäre das, wenn man sich überhaupt vergleichen wollte, der richtige Zeitpunkt gewesen.

Der Kläger war ein herzlicher Mann von Anfang siebzig. Er war lange Jahre von Berufs wegen mit verschiedenen Asbestprodukten in Berührung gekommen, zuerst bei der Marine, später in großen Fabriken, in denen er Maschinen reparierte. Er litt an einer Krankheit, die ausschließlich durch Asbeststaub verursacht wurde – einem Pleuramesotheliom. Das ist ein sehr seltener bösartiger Tumor im Brustfell, er verläuft immer tödlich, und zwar besonders grausam, weil er die dünne Hülle um die Lungen herum nach und nach dick wie Orangenschalen anschwellen lässt und zum Tod durch Ersticken führt. Er ist bisher nicht heilbar. Es gibt nicht viele noch schlimmere Arten zu sterben.

Da der Richter das nun so beschlossen hatte, musste ich die Jury nicht mehr davon zu überzeugen versuchen, dass mein Mandant nicht die Quelle des Asbeststaubs gewesen sein konnte, der diesen armen Mann umbrachte. Ich hätte gut argumentieren können: So sehr wir alle mit dem Kläger mitfühlen, die Beweislage zeigt eindeutig, dass es nicht unsere Schuld war. Aber so etwas konnte ich doch nicht sagen. Nein, ich musste jetzt alle anwaltlichen Register ziehen und den Betrag, den die Geschworenen als angemessene Entschädigung für den Wert des Lebens dieses Mannes ansahen, möglichst klein halten. Was immer dem Kläger sein Leiden und sein Leben wert waren, mein Job war, ihn runterzuhandeln. Wie gesagt, es konnte immer noch schlimmer kommen.

Die Klägerseite brachte Mediziner und Gutachten, um nachzuweisen, wie grausam Pleuramesothelioma sind und was für ein Albtraum diesem sanften Mann und seiner Frau in der ersten Reihe bevorstand, ebenso ihren Kindern und Enkelkindern. Er selbst beteuerte im Zeugenstand, wie sehr er seine Familie und sein Leben liebte und wie sehr er fürchtete, was auf ihn zukam. Ich bin mitten in der Nacht in meinem Manhattaner Hotelzimmer von Albträumen aufgewacht, in denen ich keine Luft bekam. Ich rief Patrice an und erzählte ihr, in was für einer furchtbaren Lage ich klemmte. Am nächsten Morgen trat ich vor die Geschworenen und sprach über den Wert von allem möglichen, auch den Wert des Lebens. Ich stand da, voller Mitleid für diesen Mann, und musste so behutsam wie irgend möglich meiner Pflicht gegenüber meinem Mandanten nachkommen – den ich tatsächlich für nicht verantwortlich für die Qualen des Mannes hielt, aber darüber durfte ich ja nicht sprechen. Ich gab zu bedenken, dass acht Millionen Dollar zu viel und vier, fünf vielleicht angemessener seien. Ich war nicht mit dem Herzen bei der Sache. Ich hatte das Gefühl, dass ich gerade ein Stück von meiner Seele verlor. Ich weiß nicht, was die Geschworenen von mir dachten, jedenfalls bewilligten sie eine Entschädigung knapp unterhalb der Summe, die der Anwalt des armen Mannes gefordert hatte. Alle verloren, er am allermeisten.

Zur Abwechslung übertrug mir die Kanzlei einen anderen Fall. Ich wurde in die Berge im westlichen Virginia geschickt und sollte bestreiten, dass die Lungenkrankheit eines alten Mannes berufsbedingt war. Die Eisenbahngesellschaft, die wir dort vertraten, hatte einen Haufen Klagen von ehemaligen Mitarbeitern am Hals, die unter einer angeblich durch Flugsand verursachten Silikose litten, der sogenannten Staublunge. Beim Anziehen der großen schweren Güterwaggons wird wegen der besseren Haftreibung immer etwas Sand aus den Lokomotiven auf die Schienen gestreut. Ich kannte solche Sandhäufchen aus der Umgebung von Bahndepots, sie sehen aus, als hätte ein Kind am Strand sein Eimerchen fallen lassen. Eine Staublunge ist keine tödliche Krankheit, aber sie erschwert das Atmen. Leute, die mit Sandstrahlern oder in Minen arbeiten, haben sehr häufig Silikose, aber auch ehemalige Eisenbahnarbeiter sagten, sie hätten sie bekommen, weil sie jahrelang zwischen aufgewirbelten Sandkörnchen gearbeitet hatten.

Der Kläger in diesem Fall war ein alter Mann, der in Clifton Forge, einem knapp acht Quadratkilometer großen Viertausendseelenstädtchen im Hochland der Alleghenies, wohnte und gearbeitet hatte. Jahrzehntelang war Clifton Forge ein Eisenbahnknotenpunkt gewesen. Der Jackson River fließt beinah mittendurch, und flussabwärts nach Osten, zu den Schiffen in

Newport News und Norfolk, fuhren die Kohlenzüge, die vorher im Rangierbahnhof von Clifton Forge neu zusammengestellt oder »verschoben« worden waren. Verschiebeloks schoben die Güterwaggons auf einen kleinen künstlichen Hügel, den »Höcker«, von da rollten sie mit Schwung auf eins der Nebengleise, auf dem der Chefrangierer sie für die neue Kombination haben wollte. Sobald genügend Kohlenwaggons zu einem Zug aneinandergereiht waren, wurden sie an eine Lokomotive gekuppelt, und Tonnen von Kohle setzten sich in Bewegung zu ihren Zielorten. Die Loks mussten aus dem Stand mit der Last losrollen, und damit die Räder besser fassten, ließen sie etwas Sand auf die Schienen rieseln. Die Eisenbahner arbeiteten überall auf dem Betriebsgelände, hängten Waggons aneinander und dirigierten Schlepploks.

Ich sah den Kläger zum ersten Mal, als er unter Eid aussagte. Er wirkte griesgrämig, ganz anders als der freundliche todgeweihte Mann in New York, der weiter durch meine Träume geisterte. Der hier schien stinksauer auf die ganze Welt zu sein. Jahre später fiel er mir wieder ein, Clint Eastwoods Rolle in »Gran Torino« von 2008 hatte Ähnlichkeit mit ihm. Ich kaufte dem Griesgram seine Geschichte nicht ab. Auf dem Bahngelände hatte er in seinem ganzen Arbeitsleben nur kurz gearbeitet, und er war Kettenraucher. Es dürfte kein großes Problem sein, zu bestreiten, dass ihn die Eisenbahn lungenkrank gemacht hatte. Außerdem konnte mein Mandant von Experten bezeugen lassen, dass Sandhäufchen überhaupt nicht herumfliegen. Und, Himmel nochmal, dieser Mann hatte in der Nähe von Zügen gearbeitet, nicht von Sandstrahlgebläsen.

Trotzdem, der Prozess war für mich ein Auswärtsspiel. In Clifton Forge hatte mein Mandant seit Jahren Arbeitsplätze wegrationalisiert und Eisenbahner durch Computer und Maschinen ersetzt. Die kleine Stadt in den Bergen lag im Sterben. Die Geschworenen waren allesamt Einwohner und sollten hier entscheiden zwischen einer großen bösen Eisenbahngesellschaft und einem ihrer Nachbarn, der über siebzig war und behauptete, die Bahn habe ihn krank gemacht. Weiß Gott kein Heimspiel.

Und damit auch ja niemand vergaß, welche Rolle mein Mandant im Leben dieses dahinsiechenden Städtchens gespielt hatte, lag das Gericht – ein einstöckiges rotes Backsteingebäude mit Uhrturm und pompösen Eingangssäulen – direkt am Bahnbetriebswerk. Buchstäblich am dichtesten am »Höcker«, gleich jenseits eines Parkplatzes am Hinterausgang. Der Frühling in Virginia war warm, während der Verhandlung standen die Fenster im Saal im ersten Stock offen, ich konnte den ganzen Tag lang Züge ächzen und kreischen hören. Die Geschworenen waren merkwürdig platziert, nämlich in einer Loge mit zwei Ebenen direkt vor der Richterbank, mit Blick weg vom Richter auf den Zeugenstand. Alle Zeugen starrten direkt auf sie und den Richter. Die Tische der Anwälte standen auf beiden Seiten des Saals an der Wand. Der Richter überragte auf einer dritten Ebene den Saal und starrte auf die Hinterköpfe der Geschworenen. Jeder dieser Köpfe sagte, ja, wir kennen den alten Mann, aber wir können trotzdem fair und unvoreingenommen urteilen. Ja, wir haben alle Freunde und Verwandte, die mal bei der Bahn gearbeitet haben, aber wir können trotzdem fair und unvoreingenommen urteilen. Ich hatte keine Chance.

Beide Seiten trugen ihre Positionen vor. Ich argumentierte, dass nicht die Eisenbahn den Mann krank gemacht hatte, denn er hatte nicht lange genug dort gearbeitet, und abgesehen davon flogen Sandkörner laut Experten nicht in der Luft herum, sondern blieben in Häufchen neben den Schienen liegen. Ich gab mein Bestes. Dann zogen sich die Geschworenen zur Beratung zurück, und ich ging auf die Toilette. Das Gericht war alt und beengt, also benutzten diese Toilette auch die Geschworenen, aber der Gerichtsschreiber versicherte mir, wenn ich mich beeilte, sei es sicher. Das einzige hohe Fenster war oben an der

Wand und ließ sich in beide Richtungen aufschieben. Es war halb offen, die untere Scheibe war zum Schutz der Intimsphäre abgedunkelt, die obere heruntergelassen. Dank meiner Körpergröße konnte ich durch das Fliegengitter nach draußen sehen, das beeindruckende Treiben auf dem Betriebshof beobachten und die Züge hören. Züge sind echt cool, dachte ich. Das hier wird mir fehlen. Ich wollte gerade zur Tür gehen, als mir auf den beiden Oberkanten der Fensterflügel etwas auffiel. Auf den dunklen Metallflächen lag eine Schicht aus feinem Sand, und ich hatte gerade stundenlang bestritten, dass das möglich war. Ich hielt einen Augenblick inne, dann beugte ich mich vor und pustete ihn durchs Fliegengitter weg.

Die Geschworenen kamen zurück und entschieden für die Seite der Eisenbahngesellschaft, die meinen unerwarteten Sieg natürlich begeistert zur Kenntnis nahm. Nur hatte er gar nichts mit mir oder meiner fiesen kleinen Pusterei zu tun. Die Geschworenen kannten Clifton Forge einfach entschieden besser als ich oder meine Experten. Über sandige Fensterbänke hätten sie nur gelacht. Sie wussten, dass überall in der Umgebung des Betriebshofs Sand herumflog. Aber sie kannten auch den Rentner – sie hatten ihm die Zeitung gebracht oder ihn im Restaurant bedient oder im Lebensmittelladen hinter ihm in der Schlange gestanden – und wussten, was für ein absoluter Miesling er war. Dem Sack würden sie nie einen Pfennig geben.

Ich musste raus aus diesem Job. Ich sehnte mich danach, wieder in den Staatsdienst zurückzukehren, an eine Stelle, an der ich nur Beweise, von denen ich überzeugt war, zu führen und eine Institution zu vertreten hatte, die dem amerikanischen Volk gehört. Nie wieder wollte ich in Versuchung geraten, Sand aus dem Fenster zu pusten. Ich wollte da arbeiten, wo – wie es der Supreme Court vor langer Zeit formuliert hatte – ich nicht verpflichtet war zu siegen, sondern dazu beizutragen, dass »Gerechtigkeit widerfahre«.

Der Einstellungsstopp bei den Bundesbehörden wurde aufgehoben, und ich bekam die Chance, als Bundesanwalt nach Richmond zurückzukehren, zur Bundesanwaltschaft Virginia Ost. Ich mochte meine Rechtsanwaltskollegen und hatte mich mit einigen angefreundet. Die Sozietät hatte sogar die Beerdigung unseres Sohns Collin bezahlt, der im Alter von neun Tagen an einer bakteriellen Infektion gestorben war.

Patrice und ich werden das nie vergessen. Sie hatten dafür gesorgt, dass die Kirche bei der Trauerfeier voll war. Sie waren einfach gute Menschen. An ihnen lag es nicht, es lag an der Tätigkeit selbst. Strafverteidigung ist unerlässlich für unser Justizsystem und echte Schwerstarbeit, aber ich brauchte etwas, das mir mehr bedeutete. Auch die Arbeit als Bundesankläger bei Kriminalprozessen hat ihre ethischen Tücken – ich musste einmal einen New Yorker Polizisten zurechtweisen, der bei der Vorbereitung zu seiner Zeugenaussage herausgeplatzt war: »Himmel, sagen Sie mir einfach, was ich sagen soll, Mann« –, und komplexe Verfahren erfordern Drahtseilakte mit höchst unbrauchbaren Zeugen, aber bei dieser Arbeit ging es um Wahrheitsfindung, vor allem anderen.

Ich habe aus meiner Arbeit als Rechtsanwalt ein tiefes Verständnis dafür mitgenommen, wie wichtig gute und nur ihnen zur Loyalität verpflichtete Anwälte für Mandanten sind. Aber auch die Lehre, was für eine ganz andere Verpflichtung Staatsanwälte haben, denn ihr Mandant ist auch ganz anders, er besteht darauf, dass man immer die Wahrheit sagt und Versprechen hält. Nach drei Jahren auf der anderen Seite war ich auf dem Weg zurück in den Staatsdienst, um genau diesen Mandanten zu vertreten: das Volk der Vereinigten Staaten. Und die Arbeit in Richmond wurde interessanter, als ich je erwartet hätte.

10

SCHRÄGER SEX

Das Heilmittel gegen Unabsehbarkeit – und damit gegen die chaotische Ungewissheit alles Zukünftigen – liegt in dem Vermögen, Versprechen zu geben und zu halten.

Hannah Arendt

Wahrscheinlich hatten in Richmond schon viele Leute mal seltsamen Sex gehabt. Aber keiner von ihnen redete darüber. Bis eine Prostituierte der Polizei erzählte, ein prominenter Politiker aus Virginia habe sie angeheuert, um Kokain zu schnupfen und sexuelle Handlungen an seiner Frau zu deren Geburtstag vorzunehmen, während das Geburtstagskind mit verbundenen Augen an ein Treppengeländer gefesselt war. Anschließend wurde es dann schräg. Aber so richtig los ging die Sache, als ich Bob Trono begegnete, einem in Virginia tätigen Staatsanwalt und Leiter einer regionalen Drogen-Taskforce, befasst mit Fällen, die die Zuständigkeit mehrerer Bezirke innerhalb der Metropolregion von Richmond berührten. Außerdem fungierte Bob in Teilzeit als Sonder-Bundesanwalt, weil viele seiner Fälle zu staatenübergreifend operierenden Drogenringen führten und damit zu Bundesangelegenheiten wurden.

Bob war mir auf Anhieb sympathisch, weil er nicht dem Bild des typischen Bundesanwalts entsprach. Das fing schon damit an, dass er einen aufgemotzten, champagnerfarbenen BMW mit dunkel getönten Scheiben fuhr, der von einem Drogendealer beschlagnahmt worden war. Eines Tages, als ich auf den Beifahrersitz seines Geschosses mit den Killerfelgen glitt, um mich zu einer Besprechung kutschieren zu lassen, bemerkte ich, dass eine halbautomatische Pistole mit dem Lauf nach unten zwischen seinen Sitz und die Mittelkonsole geklemmt war. Ich fand bald heraus, warum das ausgesprochen sinnvoll war.

Nur einmal in meinem Leben habe ich die Halloween-Feier mit meinen Kindern versäumt. Die fünf Comey-Kinder haben zusammengenommen ungefähr 25 Jahre Süß oder Sauer bestritten. Am 31. Oktober 1996 war ich nicht dabei. Und zwar deshalb nicht, weil ein paar Drogendealer Bob umbringen wollten. Ein zuverlässiger Informant hatte der Polizei mitgeteilt, dass die Dealer, um einen Prozess platzen zu lassen, den Bob gegen einige Drogenbosse aus Richmond anstrengte, einen Killer aus New York angeheuert hätten, der Bob erschießen sollte, wenn er im Anschluss an eine Verhandlung das Amtsgericht verließ. Alle Strafverfolgungsorgane von Richmond bündelten ihre Kräfte, um Bob zu schützen. Sicherheitsbeamte bewachten ihn und seine Familie rund um die Uhr, während wir daran arbeiteten, den geplanten Anschlag zu verhindern. Ich nahm an einer Strategiesitzung teil, bei der Bob seinen Unmut darüber bekundete, dass unsere Maßnahmen so viele Ressourcen banden und seiner Familie Angst machten. »Gebt mir doch einfach eine Weste«, sagte er. »Lasst mich aus dem Gerichtsgebäude rauskommen, und wenn der Schütze sich zeigt, kann das Sonderkommando ihn ausschalten.«

Ich weiß noch, wie ich dachte: »Das ist die bescheuertste Idee, die ich je gehört habe. Irgendwie mag ich den Kerl.« Sein Vorschlag wurde abgelehnt. Stattdessen verbrachte ich den Halloween-Abend in einem örtlichen Gefängnis und nahm mir einen soeben festgenommenen Verdächtigen vor, der die Identität des Schützen kannte. Wir machten den Lügendetektortest, und bei der entscheidenden Frage schlug der Zeiger aus. Mit Einwilligung seines Anwalts rückte ich ihm auf die Pelle und setzte alles ein, was mir zu Gebote stand – Schmeicheln, Argumentieren und Drohung mit einer lebenslangen Gefängnisstrafe. Ich bin kein Schreihals, aber in diesem Fall wurde ich laut. Es nützte alles nichts. Er machte einfach den Mund nicht auf. Ich weiß nicht, ob er zu viel Angst hatte, um zu reden, oder ob er tatsächlich nicht wusste, wer der Schütze war, entgegen dem Hinweis des Lügendetektors – ein Instrument, dem ich mit immer mehr Skepsis begegnete. Der Schütze aber ließ sich nie blicken. Jedes Jahr zu Halloween tauschen Bob und ich Nachrichten aus. Meine handelt davon, wie ich die Feier verpasste, um sein Leben zu retten. Seine handelt von meinem Versagen als Vernehmungsbeamter.

Nachdem ich also Bob das Leben gerettet hatte – oder auch nicht –, wurden wir vertraute Kollegen und gute Freunde. Ich versuchte meinen Chef, den Bundesanwalt, davon zu überzeugen, Bob zum Staatsanwalt zu ernennen, weil er ein großartiger Prozessanwalt sei und seine Kontakte und Informanten vor Ort wertvoll für die Bundespolizisten wären. Und dann passierte noch viel Seltsameres.

Bob und die ihm zur Unterstützung bei seinen Drogenermittlungen in Virginia zugewiesenen Kriminalbeamten sprachen mit der Prostituierten und begannen, ein Drogenverfahren gegen den prominenten Politiker aus Richmond zu eröffnen. Da Bob wusste, dass ich mich dafür interessierte, ob Korruptionsfälle aufzudecken seien in Richmond – einer Bundesstaatshauptstadt, in der es seit Menschengedenken keine Anklage wegen Korruption gegeben hatte –, leitete Bob seine Informationen an mich bei der Bundesanwaltschaft weiter, und ich lud das FBI ein, sich dem Ermittlungsteam anzuschließen. Die Zielperson war jemand, der sowohl dem Gouverneur von Virginia als auch dem Bürgermeister von Richmond als Stabschef gedient hatte. Er war eine schillernde Figur, verheiratet mit der Erbin eines Lebensmittelkonzerns in Tennessee. Doch so schillernd er auch sein mochte, die gegen ihn erhobenen Vorwürfe waren haarsträubend, und es erschien kaum vorstellbar, dass sie sich erhärten ließen. Die ursprüngliche Information lautete, der Mann würde Personen – Männer und Frauen – mit Kokain versorgen, wenn sie an sexuellen Aktivitäten mit ihm und seiner angetrauten reichen Erbin teilnahmen. In Richmond? Unvorstellbar. Aber es gab genug Grund, sich die Sache mal näher anzugucken. Also guckten wir hin. Und konnten nicht wieder weggucken.

Wir befragten eine ganze Reihe von attraktiven Frauen und Männern in den Zwanzigern, die allesamt Ähnliches zu berichten hatten. Unsere Zielperson hatte sich mit dem Mann oder der Frau angefreundet, ihn oder sie in sein schönes Haus am Steilufer oberhalb des James River eingeladen und dort zunächst Drinks und dann Kokain serviert, bevor es schließlich zu körperlichem Austausch in allen möglichen Kombinationen kam, unter Beteiligung sowohl der Erbin als auch ihres Ehegatten. Eine Frau berichtete von einem frühen Besuch bei unserer Zielperson, bei dem es Pizza gab. Sie hatte kaum hineingebissen, da knirschte es zwischen ihren Zähnen. Als der Gastgeber kurz das Zimmer verließ, ging sie der Sache auf den Grund und entdeckte kleingehackte blaue Pillen unter der Käseschicht. Auf unsere Frage, wie sie darauf reagiert habe, antwortete sie: »Ich hab dann keine Pizza mehr gegessen.« Aber besuchen tat sie ihn weiterhin. »Wir hatten immer viel Spaß«, erläuterte sie.

Bei aller Unbedarftheit hatten unsere Zeugen doch schreckliche Angst davor, ihr Leben zu ruinieren, wenn die Sache an die Öffentlichkeit kam. Sie wussten, es würde großes Aufsehen in Richmond erregen, falls unsere Zielperson unter Anklage gestellt würde.

Die Ermittler und ich trafen uns unauffällig mit einem Zeugen in einem Hotel außerhalb der Stadt. Er war ein großer, gutaussehender Bursche, ehemalige Sportskanone an seiner Highschool, inzwischen Ende zwanzig. Er erklärte, er sei noch immer mit seiner Jugendliebe aus Schulzeiten verheiratet, einer ehemaligen Cheerleaderin. Er gab zu, Drogen von unserer Zielperson entgegengenommen und sich an komplizierten sexuellen Handlungen beteiligt zu haben. Seine Frau ahnte nichts von seinen Aktivitäten. Er hielt inne und sah mir in die Augen. »Das ist die Wahrheit. Aber sollten Sie jemals von mir verlangen, darüber in einem Gerichtssaal zu sprechen, würde ich mir vorher eine Kugel in den Kopf jagen.«

Ich zweifelte nicht, dass es ihm ernst damit war. Ich überlegte und gab dann ein Versprechen ab: »Ich werde alles tun, was ich kann, um Sie zu schützen.« Seine feuchten Augen waren starr auf mich gerichtet, während er langsam und stumm nickte, immer wieder. Ich konnte nicht erkennen, ob das Nicken bedeutete, er sei dankbar für mein Engagement oder aber überzeugt davon, dass ich nur Scheiße redete und er Selbstmord begehen müsse. »Ich verspreche es«, bekräftigte ich. Er fuhr fort zu nicken.

Um dieses Versprechen ihm und anderen gegenüber zu halten, mussten wir einen Weg finden, diesen Fall so zur Anklage zu bringen, dass er schnell und ohne öffentliche Verhandlung abgeschlossen würde. Ich entwarf eine Anklageschrift, die eine Reihe von Vorwürfen im Zusammenhang mit der Verbreitung von Drogen enthielt sowie die Anschuldigung, das Kokain sei überwiegend als Gegenleistung für die Beteiligung an Gruppensex ausgegeben worden, ohne aber die Namen der Teilnehmer – unserer Zeugen – zu nennen. In Manhattan wäre die Erwähnung von Gruppensex in einer Bundesanklage vielleicht nicht als schockierend empfunden worden, aber wir befanden uns nicht in New York. Die Sache verursachte großen Wirbel in Richmond, und anstatt klein beizugeben, engagierte der Beschuldigte Richmonds aggressivsten Strafverteidiger, der sofort damit begann, in den Medien Stimmung gegen die Anklage zu machen und unsere nach wie vor nicht identifizierten Zeugen einzuschüchtern, indem er sie Reportern gegenüber als »Teller voller Kakerlaken« bezeichnete. Wir mussten uns auf einen schmutzigen Kampf gefasst machen und auf schwere Entscheidungen in der Frage, ob wir unsere Zeugen aus der Anonymität holen sollten. Die Anklage konnte daran scheitern, dass wir das Leben dieser jungen Menschen nicht ruinieren wollten.

Es musste eine Möglichkeit gefunden werden, den Druck auf diesen Übeltäter zu erhöhen. Offensichtlich war es das Geld seiner Frau, das für seinen Lebensstil und seinen widerwärtigen Anwalt aufkam. Und sogar für sein Toupet. In einer Besprechung mit dem Ermittlungsteam fragte ich, ob die reichen Eltern in Tennessee irgendeine Ahnung hätten, in was für Sachen ihre Tochter von diesem Kerl hineingezogen wurde. Niemand wusste etwas darüber. Ich fragte, ob es sinnvoll sein könnte, einen Ermittler nach Tennessee zu schicken, um einfach mal an die Tür ihrer Villa zu klopfen und zu fragen, was sie über ihren Schwiegersohn wüssten. Dem Team gefiel die Idee. Nichts verraten, nur Fragen stellen. Man weiß nie, was man dabei erfährt. Selbst wenn wir nichts erfahren würden, könnten wir ihm so ein bisschen Feuer unterm Hintern machen, Unruhe stiften in seiner nächsten Umgebung. Und es war nur eine achtstündige Autofahrt dafür nötig. Also schickten wir Sam Richardson los, einen legendären Richmonder Kriminalpolizisten. Ein Mann wie ein Bär, der nebenbei eine Kette von Grillrestaurants in der Stadt betrieb.

Ich höre noch immer seine Stimme am Telefon, als er aus Tennessee anrief.

»Sitzen Sie gerade? Setzen Sie sich lieber hin.«

»Was ist, Sam? Was haben Sie herausgefunden?«

»Ich hab das Haus ihrer Eltern gefunden.«

»Gut. Und wie sieht es aus?«, fragte ich, das Bild des Anwesens Tara aus »Vom Winde verweht« vor Augen.

»Es steht gleich neben dem Parkplatz eines Postamts.«

»Was?«

»Es ist winzig«, sagte er. »Eine Bruchbude. Kleiner als mein Haus. Diese Leute haben kein Geld. Kein bisschen. Es ist gelogen. Sie ist keine reiche Erbin. Alles reiner Betrug.«

Die Sache war gegessen. Wir erhoben umgehend eine ganze Palette von Bundesanklagen wegen Betrugs gegen Ehemann wie auch Ehefrau, gestützt auf die »Erbin«-Lügen, die sie Banken, Maklern, Investoren und anderen aufgetischt hatten. Ausgerüstet mit Haftbefehlen und einem Durchsuchungsbeschluss, platzte das Ermittlungsteam ihnen im Morgengrauen ins schöne Heim am James River. Sie zeigte sich kooperativ. Er tat so, als würde er einen Schlaganfall erleiden, und reagierte auf keine Ansprache, bis ein Rettungssanitäter Anstalten machte, ihm einen Beatmungsschlauch in den Rachen zu schieben. Sofort saß er kerzengerade, jäh wiederbelebt.

Ungeachtet dieser eindrucksvollen Spontangenesung begann er Symptome eines sehr ungewöhnlichen Schlaganfalls an den Tag zu legen, indem er mit schwerer Zunge sprach und sein linkes Bein und den *rechten* Arm nachzog. In Ermittler- und Gerichtskreisen wurde die Symptomatik als der erste »diagonale Schlaganfall« in der Geschichte der Medizin bekannt. Mit diesem kuriosen, schwankenden Gang betrat er auch den Gerichtssaal. Der Vorsitzende Bundesrichter, der verständlicherweise besorgt gewesen war, ich sei vielleicht mit den früheren Drogenanschuldigungen allzu aggressiv vorgegangen, konnte sich jetzt selbst ein Bild machen. Er blickte zu dem Angeklagten hinab und belehrte ihn: »Jetzt wo der Staat Ihnen die Daumenschrauben ansetzt, kommen Sie mir mit dieser ›Rain Man‹-Nummer. Darauf falle ich nicht rein.« Er verfügte, der Angeklagte sei in Gewahrsam zu nehmen und vor der Verhandlung medizinisch zu begutachten, ohne sein Haarteil. Es hatte keinen Schlaganfall gegeben. Der Mann engagierte schnell einen neuen Anwalt und ließ eine Übereinkunft aushandeln, wonach er sich schuldig bekannte und kooperierte. Wir kontaktierten unseren Teller voller verängstigter Zeugen und teilten ihnen mit, die Sache sei durch und sie würden nie wieder von uns hören. Wir hielten dieses Versprechen.

Vielleicht war es etwas im Wasser des James River, das solche spektakulären Fälle in den großen Häusern am Steilufer entstehen ließ. Nur einen knappen Kilometer flussabwärts vom Heim des Politikasters und seiner falschen Erbin residierte ein weiterer Prominenter, den es nach Richmond verschlagen hatte: Baron Otto von Bressensdorf. Der silberhaarige Gründer von Lyons Capital war Besitzer einer Tausendquadratmetervilla im Pseudotudor-Stil, von ihren 1920 eingezogenen Erstbesitzern »Doolough Lodge« genannt, in Huldigung an ihren alten Familiensitz im County Clare in Irland. Ein Gesuch um Aufnahme in die offizielle Liste der Kulturdenkmale vermerkte den »steilen, mit Schiefer verkleideten Giebel und die Walmdächer, hervorspringende, mit Türmchen versehene Erker, hölzerne Flügelfenster und hoch aufragende, gemauerte Schornsteine mit Terrakotta-Aufsätzen … Interessanterweise ist das rechteckige Haus mit der Schmalseite zum Fluss gelegen, wo eine mit Feldsteinen gepflasterte Terrasse einen herrlichen Ausblick bietet.« Doolough Lodge und der Baron passten sehr gut zusammen.

Jeden Morgen stieg er in seinen Rolls-Royce, um nach kurzer Fahrt die üppig ausgestatteten Büroräume der Firma Lyons Capital zu betreten, geschmückt mit lauter Erinnerungen an ein erfülltes und an Belohnungen reiches Leben. Der Baron war nicht nur von königlich deutscher Abstammung, sondern auch Nachkomme einer europäischen Bankiersfamilie, deren Geschichte Jahrhunderte zurückreichte. Der über viele Generationen vererbte Erfolg der Familie wurde lediglich vom Krieg in Deutschland unterbrochen, als der Baron sich gezwungen sah, vor den Nazis zu fliehen, und sich unter Gefahr für Leib und

Leben italienischen Widerstandskämpfern anschloss, die ein Attentat auf Hitler planten.

Nach dem Krieg erwarb er sich das Vertrauen amerikanischer Behörden, indem er sein finanzielles Genie einsetzte, um bei der Verteilung von Geldmitteln aus dem Marshallplan zu helfen. Die Verbindungen, die er dabei knüpfen konnte, ermöglichten es ihm, das Familienunternehmen, von dem nur rauchende Trümmer in Hamburg übrig waren, wieder aufzubauen. Nach der Neugründung – aus der schließlich Lyons Capital wurde – bestand dieses Unternehmen aus einem Netzwerk von Hunderten von Vertretern in der ganzen Welt, die nur auf die Gelegenheit warteten, die Finanzierung lohnender unternehmerischer Projekte in die Wege zu leiten. Ein Großteil der dabei eingesetzten Mittel verdankte sich den ebenso eindrucksvollen Verbindungen des Barons zu europäischen Pensionsfonds und anderen kontinentalen Kapitalquellen. Tatsächlich reiste er regelmäßig nach Europa mit einer Aktentasche voller kapitalbedürftiger amerikanischer Projekte, die er seinen europäischen Freunden vorlegte, die nur zu begierig waren, in Lyons' Klienten zu investieren.

Nachdem der Baron in die Vereinigten Staaten ausgewandert war, stieg sein Stern immer noch höher. Er und Lyons Capital ließen sich zunächst in Los Angeles nieder. Obwohl die ganze Breite des Kontinents entfernt, genoss der Baron weiterhin großes Ansehen bei der US-Regierung in Washington. Präsident George H.W. Bush ehrte ihn sogar mit der höchsten zivilen Auszeichnung, dem präsidentiellen Verdienstorden. Er gehörte auch zu den ganz wenigen Personen, die bereits zu Lebzeiten durch die Inschrift ihres Namens auf der Wand an der Ronald Wilson Reagan Eternal Flame of Freedom in Washington geehrt wurden. Es war die Notwendigkeit, immer wieder nach Washington zu kommen – wo er Mitglied des National Republican Senatorial Committee (Nationaler Republikanischer Senatsausschuss) war –, die ihn 1993 veranlasste, Lyons von Los Angeles nach Richmond zu verlegen. Ein zusätzlicher Vorteil war, dass der Wechsel der Zeitzone ihm den Umgang mit seinen zahlreichen europäischen Geschäftskontakten erleichterte.

In Richmond wie auch zuvor in Los Angeles trat Lyons als außergewöhnlich erfolgreiche Risikokapitalgesellschaft auf, die Finanzierungen für mindestens 70 Prozent – u. U. sogar bis zu 90 Prozent – ihrer Klienten vermitteln konnte. Sie hatte Finanzierungen für eine große Bandbreite von Projekten auf die Beine gestellt, von Golfplätzen über medizinische Geräte bis hin zu Lagereinrichtungen, teilweise in einem Umfang von Hunderten von Dollarmillionen. Besonders beachtenswert war die Tatsache, dass sie Hunderte von Transaktionen abgewickelt hatte, ohne dass es je Beschwerden von verärgerten Kunden oder gar einen Rechtsstreit gegeben hätte. Zwar durfte der Baron die Namen früherer Klienten nicht preisgeben – aus nachvollziehbaren Gründen des Datenschutzes –, doch stand es ihm frei, eine Liste von Referenzpersonen vorzulegen, die kontaktiert werden konnten, darunter ein Rechnungsprüfer mit Sitz in Los Angeles und zwei New Yorker Wertpapieranwälte, die allesamt Lyons' eindrucksvolle Erfolgsquote und tadellosen Ruf bestätigen konnten.

Es erübrigt sich der Hinweis, dass der Baron ein so weitgespanntes und erfolgsverwöhntes Unternehmen wie Lyons nicht allein betreiben konnte. Ein großer Stab von Mitarbeitern griff ihm unter die Arme, seine linke und seine rechte Hand aber waren zwei Lyons-Vizepräsidenten, seine Ehegattin Elena Bishef von Bressensdorf, zuständig für Verkauf und Marketing, und Barbara Lichtenberg, eine rechtskundige Wertpapierexpertin, die Klienten bei der Erstellung erstklassiger Zeichnungsprospekte beriet, die dem Finanzierungsnetzwerk der Firma zu präsentieren waren. Lagen diese vor – und solche Zeichnungsprospekte waren für gewöhnlich innerhalb von 60 Tagen fertig –, dauerte es dann nur noch weitere 90 bis 150 Tage, bis Lyons' Marketingabteilung Geldgeber für das Projekt des Klienten aufgespürt hatte.

Und was musste so ein Entrepreneur mit einer Geschäftsidee tun, um sich Lyons' Hilfe zu sichern? Nichts weiter, als eine moderate Vorauszahlung zwischen 10 000 und 30 000 Dollar (je nach Zahlungsfähigkeit) zu leisten. Mit diesem Geld finanzierte Lyons die aufwändigen versicherungstechnischen und rechtlichen Vorarbeiten, die Lichtenberg und ihre Mitarbeiter erbringen mussten, um ein geeignetes Emissionsangebot zu entwickeln und es dem üblichen Aufgebot von europäischen Pensionsfonds zu präsentieren. Sobald die Finanzierung gesichert war, hatte Lyons Anspruch auf einen prozentualen Anteil an der eingeworbenen Gesamtsumme sowie auf eine zusätzliche feste Gebühr.

Für potenzielle Klienten, die nicht in der Lage waren, die volle Vorabgebühr für Lyons' vollen Service zu zahlen, entwickelte die Firma ein weiteres Instrument – das 2500er- oder 2000er-Programm –, mit dem die Klienten sich einen kleinen, aber wertvollen Teil der Lyons'schen Expertise sichern konnten. Für 2500 oder 2000 Dollar stellte Lyons eine Liste von Kapitalgebern zur Verfügung, die das Interessengebiet des Klienten teilten und bereits in ähnliche Projekte investiert hatten. Wer nur diese kleinere Gebühr zahlte, profitierte zwar nicht von Lyons' Versicherungs- und Marketingdienstleistungen, erhielt aber vorgedruckte Adressaufkleber, sodass er diesen potenziellen Investoren seine auf eigene Faust erstellte Werbung zusenden konnte.

Nahezu jedes Wort in den vorangegangenen acht Absätzen – mit Ausnahme der Villenbeschreibung und der Geldsummen, die Hunderten von armen Toren auf der Suche nach Kapital abverlangt wurden – ist gelogen. Das Ganze war ein fantastischer Betrug. Der Baron war kein Baron, es sei denn, man wollte das von ihm persönlich auf seine italienische Geburtsurkunde vor den Namen getippte »Barone« für gültig anerkennen. Otto hatte tatsächlich im Krieg gedient, aber bei der – der deutschen Luftwaffe unterstehenden – Panzerdivision »Hermann Göring«, bevor er 1945 von amerikanischen Truppen gefangen genommen wurde. Im selben Jahr schied er aus der besiegten deutschen Armee aus und arbeitete in der Versicherungsbranche, bevor er zusammen mit seiner langjährigen Partnerin und Kollegin Barbara Lichtenberg in die Vereinigten Staaten auswanderte. In Los Angeles schloss sich Elena, die eine Lizenz als Kosmetikerin hatte, den beiden an.

Der präsidentielle Verdienstorden war ein politisches Andenken, das er für eine Spende von weniger als 500 Dollar an die Republikanische Partei erhalten hatte; Zigtausende wurden auf ähnliche Weise von der Partei »geehrt«. Die Gravur seines Namens fand sich tatsächlich an der Wand in der Reagan Eternal Flame of Freedom, gleich neben dem Hauptquartier der Republikaner, zusammen mit dem von 600 anderen, die jeweils 1000 Dollar – zu Lebzeiten – gespendet hatten. Eine entsprechende politische Spende war es auch, die ihm die Mitgliedschaft im Nationalen Republikanischen Senatsausschuss sicherte.

Soweit sie das Wirken der Firma Lyons betrafen, waren die Lügen allerdings weniger unterhaltsam als ungeheuerlich. Lyons hatte eine Erfolgsquote von annähernd null Prozent; selbst Barbara Lichtenberg konnte sich bei Gelegenheit ihrer Festnahme nur an einen einzigen jemals getätigten Abschluss erinnern. Es gab keine Kapitalgeber, die nur darauf warteten, sich auf von Lyons vermittelte Deals zu stürzen. Es gab kein exklusives, weltweites Verkaufsnetzwerk. In den meisten Fällen hatte dieser spezielle Betrug nur geringe Auswirkungen, weil nur sehr wenige Projekte über Lichtenbergs »Risikobewertungs«-Prozess hinausgelangten, der günstigstenfalls viele, viele Monate in Anspruch nahm und selbst die begeisterungsfähigsten Klienten zermürbte. Diejenigen, die glücklich genug waren, von Lichtenberg grünes Licht für ihren Zeichnungsprospekt zu erhalten, bekamen keinen Zugang zu Geldmitteln, und ihre Projekte starben zusammen mit Dutzenden weiterer »Zeichnungsprospekte«, als deren letzte Ruhestätte Kisten in den Büroräumem der Firma dienten. Lyons hatte Schwierigkeiten, Mitarbeiter zu halten, die meist schnell begriffen hatten, dass sie Teil einer handfesten Betrugsmasche waren. Schon im Frühstadium seiner Anstellung schnappte ein junger Verkäufer die Überlegung eines Kollegen auf: »Ich frage mich, was zum Teufel wir machen sollen, wenn uns das FBI durchs Fenster steigt.«

Es hatte zahllose Beschwerden und Anklagen gegeben, aber irgendwie gelang es dem Baron, noch Jahre so weiterzumachen und neue Opfer zu finden. Die »Referenzpersonen« waren ein korrupter Buchhalter aus Los Angeles, der für jede Referenz 12 Dollar 50 kassierte, und zwei gleichermaßen korrupte New Yorker Anwälte, die beide Honorar erhielten, aber nicht für Rechtsberatung, sondern für Referenzen. In diesen Referenzen sicherten sie den Klienten genau das zu, was Otto vorgegeben hatte – dass Lyons überaus erfolgreich darin sei, Geldgeber zu vermitteln. Hunderte von Personen wurden übers Ohr gehauen, mussten ihre Vorauszahlung und ihren Traum von einem eigenen Unternehmen abschreiben. Der Baron sackte Millionen ein, mit denen er Doolough Lodge unterhielt und seinen Lebensstil als Angehöriger des »Richmonder Adels« bestritt.

Das Ende kam schließlich im Januar 1998, just zu dem Zeitpunkt, als der flussaufwärts wohnende Politikaster und seine reiche Erbin, nun ja, noch ein Stück weiter flussaufwärts unterwegs waren, nämlich ins Gefängnis. Eines frühen Morgens verhaftete das FBI die von Bressensdorfs in ihrer Lodge. Wie alle großen Betrüger wurden sie vor Gericht gestellt, wo sie eine gute Show abzogen, aber trotzdem von einer Jury und hartnäckigen Staatsanwälten aus meinem Büro überführt wurden. Sie gaben nicht auf und gingen in Berufung, wo sie es mit mir als Anklagevertreter zu tun hatten. Schließlich aber wanderten sie für zehn Jahre ins Bundesgefängnis. Doolough Lodge und der Rolls-Royce wurden vom Marshals Service versteigert.

Im Richmond der 1990er Jahre waren wir nicht nur hinter Betrügern mit schönen Häusern am James River her. Indem wir als Bundesanwaltschaft einen harten Kurs bei der Verfolgung von Verstößen gegen die Waffengesetze einschlugen – inklusive hoher Gefängnisstrafen, die diese nach sich zogen –, hofften wir auch der um sich greifenden Waffengewalt Einhalt gebieten zu können. Kriminelle sollten das Tragen von Waffen als Risiko betrachten. Diese Arbeit war wichtig, weil in weiten Teilen der Stadt ein Menschenleben nicht mehr viel zählte.

Ich war mit dem stellvertretenden Polizeichef im Auto unterwegs zu einem Arbeitsfrühstück. Während der Fahrt erhielt er eine Mitteilung über Funk und fragte mich, ob es okay sei, wenn wir einen kurzen Zwischenstopp bei einem Tatort einlegten. Kein Problem. Am »Tatort« war nicht viel zu sehen. Ein Kleintransporter neueren Modells stand vor einem Stoppschild, der Motor lief noch. Es war ein kalter Tag, doch das Fenster auf der Fahrerseite war heruntergelassen. Die Frau auf dem Sitz, dem Aussehen nach um die 40, saß zurückgelehnt und so regungslos, als wäre sie beim Warten vor dem Schild eingedöst. Sie schlief so fest, dass ihr der Mund offen stand. Doch sie würde nie wieder aufwachen. Ich konnte ein kleines, gerötetes Loch in ihrer linken Schläfe und eine große Austrittswunde in der rechten erkennen. Auf dem Weg zur Arbeit hatte sie kurz gehalten, um Drogen zu kaufen, und war aus irgendeinem Grund mit dem Dealer in Streit geraten, worauf dieser seiner Kundin in den Kopf geschossen hatte, am helllichten Tag und an dem Ort, wo er Süchtigen seine Drogen durchs Autofenster verkaufte. Den Kunden im eigenen Laden umbringen ergab absolut keinen Sinn, wie die meisten Tötungsdelikte in Richmond. Dieser Gewalt Einhalt zu gebieten, verzehrte die Kräfte der Polizei.

Wir versuchten die härteren Strafen anzuwenden, die nach Bundesrecht zur Verfügung standen, um Drogendealer und andere Verbrecher vom Tragen ihrer Waffen buchstäblich abzuschrecken. Die Schusswaffe war praktisch zu einem Kleidungsstück geworden in Richmond, die Kriminellen trugen sie genauso selbstverständlich wie Socken und Schuhe. Vor dem, was die Ankläger und Gerichte vor Ort ihnen androhen konnten, hatten sie keine Angst. Viele dieser Kriminellen waren zwar ungebildet, verstanden sich aber ausgezeichnet auf einfache Kosten-Nutzen-Rechnungen. Wenn sie also eine Anklage nach Bundesrecht befürchten mussten, die oft mit einer Mindeststrafe von fünf Jahren Gefängnis verbunden war, dann wären sie, so unser Kalkül, zum Nachdenken gezwungen und würden ihre Waffe zu Hause lassen oder in der Nähe verstecken. Wenn Kriminelle Angst hätten, mit einer Waffe erwischt zu werden – und dafür lange Strafen fern der Heimat absitzen zu müssen –, würden wir weniger Tötungsdelikte in Richmond haben, einem Ort, wo geplante Morde selten und Tötungen meist Folge eines Streits waren, der sich bis zum Griff nach der tödlichsten verfügbaren Waffe hochschaukelte. Verhänge strenge Strafen nach Bundesrecht und mache das weithin bekannt, dann kannst du das illegale Tragen von Waffen einschränken. Sorge dafür, dass Drogendealer und andere Kriminelle weniger Waffen tragen, dann passieren auch weniger Tötungsdelikte.

Ein aggressiver Ansatz bei der Strafverfolgung, zumal einer, der sich auf Stadtviertel mit den höchsten Kriminalitätsraten konzentrierte, würde Widerspruch hervorrufen, es sei denn, die Menschen, die in den betroffenen Gegenden lebten, könnten nachvollziehen, was wir da machten und warum. Unser Vorgehen gegen illegalen Waffenbesitz in Richmond brachte viele People of Color hinter Gitter und trug dazu bei, dass die Gewalt abnahm. Und dies passierte ohne nennenswerten Widerstand aus der Schwarzen Bevölkerung, weil die Strafverfolger ein großes Maß an Transparenz an den Tag legten. Wir alle, die wir an den Maßnahmen beteiligt waren, betrieben einen enormen Aufwand, um uns zu zeigen und unsere Arbeit zu erklären. Wir taten das von Angesicht zu Angesicht, im Fernsehen, in der Zeitung. Wir taten es in Kirchen, Gemeindehäusern und Freizeitzentren. Wir fielen nicht einfach dort ein und verhafteten jede Menge junger Schwarzer. Wir bezogen eine ganze Bevölkerungsgruppe in unsere Initiative mit ein, gestützt auf das gemeinsame Ziel, dem Töten ein Ende zu machen. Es funktionierte. Gewaltverbrechen gingen zurück, die Unterstützung wuchs. Wirksamer Gesetzesvollzug ist auf das Vertrauen der Bürger angewiesen. Und dieses Vertrauen beruht auf Transparenz.

Die in Richmond erworbenen Einsichten begleiteten mich mein ganzes Berufsleben hindurch. Als Leiter einer staatlichen Institution muss ich Zweifel an der Integrität unserer Arbeit offensiv thematisieren, sonst riskiere ich, dass ein zersetzender Zweifel an Recht und Gerechtigkeit sich breitmacht.

Trotz aller Kriminalitätsprobleme waren die Jahre in Richmond wunderbar, und Patrice und ich hatten eigentlich die Absicht, für immer zu bleiben. Wir hatten dort gefunden, was wir gesucht hatten – gute öffentliche Schulen und ein nettes, vergleichsweise bezahlbares Haus in einer sicheren Wohngegend. Und dann kam der 11. September 2001.

Wir hatten inzwischen fünf Kinder, im Alter zwischen eins und dreizehn. Nach den Terroranschlägen musste Präsident George W. Bush einen neuen Bundesanwalt für Manhattan ernennen, jemanden, der für das gesamte Spektrum der untereinander zerstrittenen politischen Entscheidungsträger in New York annehmbar wäre, der das Amt kannte und der Ermittlungserfahrungen in Sachen Terrorismus hatte, so wie ich aus meiner Zeit in Virginia. Obwohl ich mich nicht beworben hatte, fiel die Wahl auf mich. Für mich und Patrice war es eine schwere Entscheidung, nach New York zurückzugehen, aus einem Grund, den wenige kannten: Unser Sohn Collin war in Richmond begraben, nicht weit von unserem Haus entfernt. Wir hatten auch Grabparzellen für uns selbst gekauft, gleich neben seiner, denn wir hatten geglaubt, wir würden nicht nur unser Leben lang in Richmond bleiben, sondern auch danach noch. Stattdessen sollten wir jetzt wieder nach New York, wo die Trümmer des World Trade Centers noch rauchten. Ich würde mein altes Büro wieder leiten, wo 250 Staatsanwälte Hunderte von Fällen bearbeiteten, ob Terrorismus, Gewaltverbrechen oder Unternehmensbetrug. Beim bloßen Gedanken daran schwirrte mir der Kopf.

Dritter Teil

DAS RESERVOIR SCHÜTZEN

Sobald ich einen höheren Rang im Justizapparat bekleidete, wurde mir eines klar: Es war meine Aufgabe, das bereits beschriebene Reservoir an Vertrauen und Glaubwürdigkeit zu schützen, indem ich dafür sorgte, dass unsere Arbeit stets unparteiisch und ausgewogen blieb – und dass alle Amerikaner dies auch so empfanden. Die Verpflichtung zur Wahrheit sowie eine transparente Berichterstattung über Erfolg und Misserfolg waren die Grundpfeiler dieses unentbehrlichen Vertrauens. Die ganze Wahrheit zu sagen erregte mitunter den Unmut einiger Leute in der Regierung, denn Fehler sind immer bitter. Doch nur wenn wir diese offen und ehrlich angingen, konnten wir uns das Vertrauen jener Menschen erwerben, denen wir dienten. Mir wurde auch klar, dass die Justiz von Menschen geführt werden konnte, die einer bestimmten Partei angehören, ohne dass der Apparat deshalb im Sinne einer bestimmten Partei agieren musste. Und dass wir uns darauf verlassen mussten, dass der Präsident der Vereinigten Staaten uns beim Schutz dieses Reservoirs zur Seite stand. Manchmal bekamen wir diese Unterstützung. Manchmal nicht – dann aber war der Preis für die Justiz hoch.

11
DER HEUCHLER

Ihre Verantwortung für die Durchsetzung des Gesetzes in Ihren Bezirken sowie für die dabei angewandten Methoden darf nicht vollständig auf Washington übertragen werden und sollte nicht von einem zentralisierten Justizministerium übernommen werden.

Justizminister Robert H. Jackson
Rede vor den US-Bundesanwälten 1940

Nun war ich also wieder in New York. Und Katie Couric hatte viel zu niedrige TV-Möbel. Möglicherweise lag das ja an der frühen Stunde, aber mir jedenfalls kamen sie viel zu klein vor. Es war mein erstes Jahr als Bundesanwalt in Manhattan, und ich musste früh aus den Federn, um in allen Nachrichtensendungen im Frühstücksfernsehen präsent zu sein. Wir hatten eine ganze Reihe entscheidender Festnahmen in einem umfangreichen Fall von Identitätsdiebstahl durchgeführt – bis dato der größte Fall dieser Art überhaupt. Zigtausenden Amerikanern waren ihre Kreditkartendaten gestohlen worden, die dann an Kriminelle weiterverkauft wurden. Es war eine coole Story, für die sich die Morgenmagazine natürlich brennend interessierten. Wir hatten dem Justizministerium nicht Bescheid gesagt, denn sonst hätte man uns den Fall aus der Hand genommen, damit der Justizminister selbst darüber berichten konnte. Ich aber wollte mein Profil in der Öffentlichkeit schärfen, um einer Einmischung des Ministeriums in meine Amtsführung vorzubauen.

Und ein scharfes Profil brauchte ich, denn ich hatte nichts sonst, was mir als Schutzschild hätte dienen können.

1906 unternahm es der reformfreudige Präsident Theodore Roosevelt, das Bezirksgericht New York Süd (Southern District of New York, SDNY) umzugestalten. In seiner ursprünglichen Form 1789 gegründet, war dieses Büro sogar älter als das Justizministerium selbst. Das Gericht, in dem die Staatsanwälte dieses Büros Anklage erhoben, nannte man den »Mother Court«, denn er nahm seine Arbeit Wochen vor dem U. S. Supreme Court auf. Der SDNY bestand seit Gründung dieses Landes, und Roosevelt gefiel nicht, wozu es sich entwickelt hatte – zu einem Ort politischer Einflussnahme, an dem niemand Interesse zeigte, den Mächtigen auf die Finger zu klopfen.

Roosevelt änderte dies durch eine einzige Ernennung: Henry L. Stimson, ein junger Wall Street-Anwalt, der in Harvard Rechtswissenschaften studiert hatte. Stimson würde später vier Präsidenten beider Parteien als Außen- und Kriegsminister dienen, unter anderem dem frisch ernannten Harry Truman, den er über die Existenz der Atombombe unterrichten musste. (»Ich halte es für sehr wichtig, dass ich mit Ihnen so schnell wie möglich über eine höchst geheime Angelegenheit spreche«, wandte sich Stimson schriftlich an seinen neuen Boss.) Er kehrte im SDNY sofort mit eisernem Besen aus und feuerte einige der Mitarbeiter. Seiner Ansicht nach waren das Pfeifen, entweder karrieregeil oder korrupt oder beides. An ihre Stelle setzte er frischgebackene Juristen der angesehensten rechtswissenschaftlichen Fakultäten. Er beließ sie aber nur für einige Jahre in dieser Position, danach konnten sie sich angesehenen Anwaltskanzleien anschließen. Die freigewordenen Stellen besetzte Stimson wieder mit neuen idealistischen und talentierten jungen Anwälten. Es gibt nur wenige wirkliche Dreh- und Angelpunkte im Leben von Institutionen. Für den Southern District war 1906 so ein Moment. Oder wie es einer der dort tätigen Richter ausdrückte:

»Henry L. Stimson veränderte das Amt des Bundesanwalts. Er machte Kompetenz, Integrität und Professionalität zur Voraussetzung. Und das sollte künftig zur Messlatte für jeden Strafverfolger werden.«

Stimson begründete damit eine bestimmte Kultur. Politik wurde verachtet. Akademische Leistung gelobt. Die Anwälte des SDNY waren bekannt dafür, dass sie einfach besser waren als andere in vergleichbaren Positionen – klüger, prinzipientreuer und fleißiger. Das galt vor allem für das Justizministerium in Washington. Hier liegen letztendlich die Wurzeln für den späteren Dauerkrieg mit dem Ministerium.

Ein gewisser Standesdünkel war also durchaus gerechtfertigt. Unsere Anwälte schrieben besser, engagierten sich mehr und dachten kreativer als die in anderen Positionen. Im Schnitt. Natürlich gab es auch beim SDNY Luschen und umgekehrt in anderen Bundesanwaltschaften, die auch eine gewisse Unabhängigkeit pflegten, großartige Strafverfolger. Aber es war vollkommen richtig, dass der SDNY sich von der Politik fern- und das Banner der Unabhängigkeit von 1906 hochhielt. Das bläute man uns schon bei der Bewerbung ein, unsere Vorgesetzten wurden nicht müde, darauf hinzuweisen, und viele Bundesrichter und angesehene Partner in Kanzleien, die aus »dem Büro« kamen (wie man den SDNY nannte), machten dieses Prinzip zu ihrer Politik. Henry Stimson hatte uns ein Erbe hinterlassen, das wir verwalteten. Es war unsere Aufgabe, es zu schützen. Und der beste Weg, es zu bewahren, war, niemals zu vergessen, dass es in Washington immer um Politik ging, und dass das schlecht war. Die Leute in der Hauptstadt wollten immer zuerst wissen: »Wie wird das in der Öffentlichkeit aussehen?«, bevor sie sich fragten: »Und was ist nun die Wahrheit?« Das war eine Scheinwelt, in der Tatsachen schon mal verbogen wurden, um mögliche Schäden einzugrenzen. Hier ging es um Popularität, also um Politik.

Das Justizministerium aber sah das anders. Aus dessen Blickwinkel war es absurd, dass eines der 93 Büros der Bundesanwälte eine solche Haltung an den Tag legte und sich selbst als unabhängig und über der Politik stehend betrachtete. Der Justizminister und sein Führungspersonal sollten hier federführend sein, schließlich hatte der Präsident sie ausgewählt. Ebenso wie der Präsident es war, der die Bundesanwälte auswählte. Der aufgeblasene SDNY – der sich selbst nur »Southern District« nannte, als müsse jeder wissen, was damit gemeint war –, wurde also nur von jemandem geführt, den der Präsident ernannt hatte, und musste wieder auf Normalmaß zurechtgestutzt werden. Schließlich gab es elf weitere Distrikte, die ein »Southern« im Namen führten.

Dieser Kampf wurde unter buchstäblich jeder Präsidentschaft geführt und flammte regelmäßig wieder auf, wenn ein neuer Präsident das Justizministerium oder den Southern District neu besetzte. Gerade dann geriet die Auseinandersetzung besonders hitzig. Angesichts des Snobismus und der Geringschätzung, die aus dem SDNY kamen, wollte das Justizministerium ein für alle Mal klar Schiff machen und mischte sich überall ein, um jene Tradition zu unterminieren und zu verdeutlichen, dass der Präsident laut Verfassung die Kontrolle über die Exekutive auszuüben hat. Aber dem Southern District gelang es meist, den Kopf aus dem politischen Wind herauszuhalten, der nach einer neuen Wahl unweigerlich durch die Gänge fegte. So weigerte sich beispielsweise der Demokrat Robert Morgenthau, der unter John F. Kennedy Bundesanwalt geworden war und von Lyndon B. Johnson im Amt bestätigt wurde, zurückzutreten, als der Republikaner Richard Nixon Präsident wurde. Und Morgenthaus Macht und Einfluss waren so groß – er stammte aus einer der großen Familien Amerikas –, dass die Nixon-Regierung einen direkten Konflikt vermeiden wollte und stattdessen beschloss, ihn auszuhungern. Man beschnitt dem SDNY die Mittel. Mitarbeiter, die diese Zeit miterlebt haben, erinnern sich noch heute, wie kostbar in dieser Zeit Schreibmaterial und Bleistifte waren, zumindest bis Morgenthau endlich nachgab.

Ich hatte wunderbare Eltern, aber ich stamme nicht aus einer der großen amerikanischen Familien. Bei der Ernennung zum Bundesanwalt war ich nicht, wie Rudy Giuliani, ein mächtiger Regierungsbeamter, der sicher früher oder später einmal Senator oder Bürgermeister werden würde. Ich hatte keine Beziehungen in der Justizwelt oder zu prominenten New Yorkern, wie meine Vorgängerin im Amt, Mary Jo White, sie geknüpft hatte. Ich war ein erfolgreicher Staatsanwalt aus Richmond, Virginia, den die Bush-Regierung ausgewählt hatte, um White zu ersetzen, weil ich früher schon in diesem Büro gearbeitet hatte. Ich hatte damals Terrorermittlungen geleitet, und sowohl der Gouverneur, ein Republikaner, als auch der dienstälteste Senator, ein Demokrat, waren mit meiner Ernennung einverstanden. Ich war der Bewerber, auf den man sich einigen konnte.

Ich war immer noch in Richmond, als Mary Jo mich anrief. Das Justizministerium machte seinen ersten Zug. Sie wollten uns einen Anwalt schicken, um in einem »unserer« Fälle in Manhattan die Vertretung in der Berufungsverhandlung zu übernehmen. Dem musste etwas entgegengesetzt werden. Was nicht gelang. Ein gefährlicher Präzedenzfall. Anwälte aus Washington hatten in »unserem« Distrikt nichts verloren. Ich mochte Mary Jo, aber der ganze Zirkus um »unsere« Angelegenheiten verwirrte mich ein wenig. Sie war schließlich immer noch Bundesanwältin, und zwar noch für zwei Monate. Ich war ein rangniedriger Staatsanwalt in einem anderen Bezirk, der langsam, aber sicher einen Hochstaplerkomplex entwickelte, weil man ihn zu ihrem Nachfolger ernannt hatte. »Auf mich werden sie nicht hören, eben weil ich bald aufhöre«, erklärte sie. »Sie müssen Ted Olson anrufen und dem Ganzen einen Riegel vorschieben. Wenn nicht, werden Sie einen miserablen Start haben.«

Olson war Generalstaatsanwalt, der ranghöchste Ankläger in den Vereinigten Staaten, der darüber entschied, in welchen Fällen die Bundesregierung Rechtsmittel einlegte. Mit einem Wort: Er war einer der Riesen unseres Justizapparates. Ich war das natürlich nicht, daher dauerte es eine Weile, bis ich den Mumm aufbrachte, ihn anzurufen. Er hatte keine Ahnung, wer ich war, aber er hörte mir zu, als ich ihm meine traurige Geschichte erzählte, dass nämlich mein Leben recht schwierig würde, wenn er das zuließe, und überhaupt, der Geist von Henry L. Stimson. Irgendwie überraschte ihn das alles nicht. Er kannte die Geschichte dieser Kämpfe besser als ich und zählte mir eine Reihe von Fällen über die Jahrzehnte auf, in denen das Justizministerium gelegentlich in »unserem« Distrikt eingegriffen hatte, wenn der Justizminister dies für nötig hielt. Im Normalfall, erklärte er mir, ist das eben nicht nötig, weil eure Leute so gut sind. Dies aber ist ein Spezialfall, und der Anwalt aus dem Justizministerium hat solche Angelegenheiten schon im gesamten Bundesgebiet vertreten. Ihr könnt diesen Fall ruhig ihm überlassen. Es wird euch nicht schaden. Es werden damit auch nicht ähnlichen Übergriffen Tür und Tor geöffnet. Stimsons Geist wird Sie nicht im Traum heimsuchen. Danach rief ich Mary Jo an und berichtete ihr, dass ich es vermasselt hätte.

Ich hatte es bedauert, das Büro des US-Bundesanwalts in Manhattan zu verlassen, als ich nach 1993 nach dem Gambino-Fall nach Richmond ging. Patrice wusste das nur zu gut, denn ich sagte es ihr ja recht häufig. Eines Tages im Auto jammerte ich: »Jetzt bekomme ich nie die Chance, in Manhattan Bundesanwalt zu werden.« Ich habe das wirklich gesagt. Auch Patrice erinnerte sich, denn ich hielt ihr ihre Antwort entgegen, als man mich acht Jahre später anrief und fragte, ob ich Mary Jo White nachfolgen wolle. Um meinem Gejammer ein Ende zu setzen, hatte sie nämlich gesagt: »Wenn sie dich berufen, komme ich gerne mit zurück.« Das war natürlich nur so dahingesagt, um mich aufzuheitern. Und sie konnte damit rechnen, niemals Wort halten zu müssen, denn die Chance, dass jemand von außerhalb New Yorks Bundesanwalt in Manhattan werden würde, war nicht bloß minimal, sie war quasi inexistent. Das war seit 1789 nicht ein einziges Mal der Fall gewesen. Genauso gut hätte sie sagen können: »Ich gehe gerne mit dir zurück, wenn du am Broadway den Jean Valjean in Victor Hugos *Les Miserables* spielst.« Leere Worte an leeren Tischen.

Im Dezember 2001 machte ich mich zunächst alleine nach Manhattan auf, um das Amt von Mary Jo White zu übernehmen, und ließ Patrice mit den fünf Kindern in Richmond zurück. Die Regierung brachte mich kurzfristig in einer Wohnung an der John Street in Downtown Manhattan unter. Dort stand so kurz nach den Angriffen auf das World Trade Center massenhaft Wohnraum frei. In den Vorstädten sah das schon anders aus, denn die Familien, die es sich leisten konnten, kehrten Manhattan so schnell es ging den Rücken. Wir suchten ein Haus, in dem wir alle sieben Platz hätten, möglichst in einem Vorort mit guten öffentlichen Schulen. Ach, und noch was: Wir hatten nicht gerade viel Geld und konnten uns keine dicke Anzahlung auf unser neues Zuhause leisten.

Patrice machte sich mit ihrer besten Freundin von Virginia aus auf die Suche nach einer Bleibe. Sie war entsetzt, weil der Markt längst überhitzt war. Am Ende fand sie ein Haus in Katonah, einem Vorort weit im Norden. Nach vorne hinaus lag es an einer lauten, viel befahrenen Straße, nach hinten direkt vor einem Hundezwinger. Das Gute war, so ihre Freundin mit Galgenhumor, dass wir die Hunde nicht hören würden, weil der Verkehr so laut war. Oder den Verkehr nicht wegen der Hunde. Die beiden lachten buchstäblich Tränen. Dann machte Patrice ein ordentliches Angebot über exakt den geforderten Preis. Der Verkäufer reagierte prompt, indem er das Haus vom Markt nahm, um es später zu einem höheren Preis veräußern zu können.

Nun war ich an der Reihe. Da ich schon in New York lebte, konnte ich den Stab übernehmen. Nach der Arbeit raste ich nach Norden in die Vorstädte, um mich mit Immobilienmaklern zu treffen und Häuser anzuschauen. Ich fand ein tolles Haus in Katonah, das genug Platz bot und nicht allzu teuer war. Ich schilderte es Patrice mit meinen Worten. Darin sah alles sehr gut aus. Also unterschrieb ich den Kaufvertrag. Patrice wiederum unterzeichnete den Vertrag, mit dem wir unser Haus in Richmond verkauften. Dann packte sie die Kinder in den Van und fuhr los nach Norden. Unser Hab und Gut ließen wir einlagern. Der Plan war, dass wir einige Tage in meiner Zweizimmerwohnung an der John Street blieben, dann kurzfristig in ein Apartmenthotel in der Nähe unserer neuen Bleibe übersiedeln würden, bis wir einziehen konnten.

Womöglich habe ich nicht besonders aufgepasst, als ich das Haus ansah. Ja, ich hatte damals ziemlich viel zu tun, und es war auch dunkel, als ich es besichtigte. Aber immerhin war ja das Licht an. Patrice und die Kinder jedenfalls waren von unserem neuen Heim entsetzt. Eines der Kinder kratzte »Das ist die Hölle« in eine der losen Platten in der Einfahrt vor dem Haus. Ich bin ziemlich sicher, dass es nicht unsere Kindergartenzwerge waren, denn die verhielten sich ganz ruhig und konnten außerdem noch nicht so gut rechtschreiben. Ich hatte wohl einige massive Mängel übersehen, zum Beispiel, dass eines der Badezimmer keine Toilette besaß, sondern nur ein Loch im Boden hatte. Der Baufachmann, der das Haus vor Abschluss der Transaktion inspizierte, nahm Patrice beiseite und meinte: »Lady, kommen Sie denn aus diesem Vertrag nicht irgendwie raus? Das Haus ist eine Katastrophe.« Letztlich rettete uns ein termitenzerfressener tragender Balken. Damit waren wir aus dem Vertrag raus.

Nun konnten wir uns entspannen. Soweit man sich entspannen kann, wenn man zu siebt in einer Zweizimmerwohnung haust und keinen wie auch immer gearteten Plan hat. Soweit man sich entspannen kann, wenn die Kinder nicht zur Schule gehen können, weil man sie nur anmelden darf, wenn man seinen Wohnsitz im Schulbezirk hat. Ansonsten würde man uns, so hieß es, 7000 Dollar pro Kind in Rechnung stellen. So richtig entspannt waren wir nicht.

Den Kindern aber machte es Spaß. Vier von ihnen schliefen in einem der Zimmer, je zwei in einem Bett. Unser Einjähriger schlief in einem tragbaren Kinderbett in der Küche. Patrice und ich nächtigten im anderen Raum. Und ich stand jeden Morgen auf und ließ sie zurück, um nach Manhattan zu fahren, wo ich – als Elternteil, dessen Kinder nicht zur Schule gingen – oberster Vertreter der Staatsanwaltschaft war. Patrice nahm die Kinder mit zum kostenlosen Hotelfrühstück und bemühte sich dann den ganzen Tag, ein Zuhause für uns zu finden. Die fünf Kinder blieben währenddessen im Auto sitzen. Eine anstrengende Zeit für unsere Familie und unsere Ehe. An mir zerrte so viel, dass ich das Gefühl hatte, bald zusammenzuklappen.

Eines Abends kehrten wir zu siebt ins Hotel zurück. Eine der Töchter hatte einen Yak-Bak, ein kleines Ding, das Stimmen aufnehmen und auf Knopfdruck wiedergeben konnte. Sie saß direkt hinter mir, der ich den Wagen fuhr, und nervte ihre Geschwister mit dem Yak-Bak. Ich hätte sie einfach machen lassen sollen, wir waren ja schließlich schon fast da. Stattdessen sagte ich mit Vaterstimme: »Hör jetzt damit auf.«

Natürlich hatte sie das aufgenommen und spielte mir meine eigene Stimme direkt hinter meinem Ohr ab. »Hörjetztdamitauf, hörjetztdamitauf.«

Ich sagte: »Wenn du das noch einmal machst, dann werfe ich das Ding aus dem Fenster.« Natürlich machte sie es, und ich griff mir das Ding, öffnete das Fenster und schmiss es ohne weiteren Kommentar hinaus. Ich machte das Fenster wieder zu und fuhr weiter, während meine Tochter in Tränen ausbrach. »Jim!«, war alles, was Patrice sagte. (Und ja, natürlich bin ich zurückgefahren und habe das verdammte Ding wieder aufgeklaubt. Wir konnten es uns nicht leisten, funktionierendes Spielzeug wegzuwerfen.)

Es war einer der wichtigsten Grundsätze unseres Umgangs mit den Kindern, dass wir Versprechen und Drohungen wahr machten. Kinder müssen lernen, dass man ernst meint, was man sagt. Das gibt ihnen Sicherheit. Sie wissen, dass sie einem immer glauben können. Ob man nun droht oder etwas verspricht, der Strom im Zaun fließt tatsächlich. Natürlich gilt das nur für wohlüberlegte, nicht in der Hitze des Gefechts ausgestoßene Drohungen.

Am Ende eines anstrengenden Tages schliefen die vier Kinder im einen Zimmer natürlich nicht gleich ein. Wir lasen ihnen vor, erzählten ihnen Geschichten und warnten sie sachte vor. Schließlich sagte ich: »Wenn ich jetzt noch mal hereinkommen muss, dann gibt's was auf die Mütze.« Danach waren sie ein paar Minuten lang still. Bis sie beschlossen zu testen, ob wirklich Strom im Zaun floss. Stocksauer platze ich ins finstere Zimmer und verpasste jedem mit der flachen Hand einen Klaps auf den Hintern. Es tat nicht weh, denn erstens schlug ich nicht hart zu und zweitens trugen sie alle Schlafanzüge und lagen unter einer dicken Decke. Aber das schockierte sie doch so, dass sie für den Rest der Nacht Ruhe gaben. Mich schockierte es auch. Patrice und ich gingen raus und setzten uns im Hotelflur auf den Boden, direkt vor unserer Zimmertür. Das – ein öffentlicher Flur – war der einzige Ort, an dem wir sitzen, ein Glas Wein trinken und plaudern konnten, ohne belauscht zu werden. Aber natürlich sprachen wir leise. »Ich drehe allmählich durch«, flüsterte ich ihr zu. »Ich habe gerade alle vier bestraft, ohne überhaupt zu fragen, wer schuld war. Kollektivstrafen. Das ist gegen die Genfer Konvention, glaube ich. Ich verliere echt die Kontrolle.« Patrice hielt lächelnd meine Hand. »Das tut ihnen nichts, aber wir müssen hier echt raus.«

Ich leitete die angesehenste Strafverfolgungsbehörde des Landes und schlug vier schwätzende Kinder in einem dunklen Hotelzimmer, während das fünfte in einem Babyreisebett auf der Küchenanrichte schlief. Danach saß ich mit meiner Frau trinkend und flüsternd in einem Hotelflur auf dem Boden. Unsere Kinder waren schon seit zwei Monaten nicht mehr in der Schule. Ihre Freunde waren andere Kinder, die länger in diesem Apartmenthotel blieben. Die meisten aber zogen nach ein paar Tagen, maximal ein paar Wochen aus. Patrice hatte sie mittlerweile in fast jedes Museum im Großraum New York mitgenommen und sie hatten vermutlich jede einzelne Spongebob-Episode gesehen. Bei unseren nächtlichen Elternsitzungen räsonierten wir, dass die Museumsbesuche ja eine Art Homeschooling waren. Spongebob natürlich weniger, aber der gnadenlose Optimismus der Sendung und die witzigen, jugendfreien Dialoge waren unserer Ansicht nach auch gut für die Kinder.

Nach acht Wochen ohne Schule zogen wir in unser neues Heim – das eine gute Bausubstanz hatte, wie Patrice befand – und schrieben die Kinder an öffentlichen Schulen im Somers-Distrikt, New York, ein, ebenfalls einer der nördlich gelegenen Vororte. Unser endloser Albtraum war vorüber. Doch auch wenn die Bausubstanz in Ordnung war, lag das Haus doch an einer viel befahrenen Straße, und zur Rushhour klebten die Autos Stoßstange an Stoßstange. Bei einer Schulveranstaltung lernte Patrice eine Frau kennen, die ihr Komplimente für die Innenausstattung des Hauses machte. Die Frau wusste, wie wir wohnten, weil sie – wie Hunderte anderer Fremder – jeden Tag im Verkehr vor unserem Haus feststeckte und so unsere Einrichtung studieren konnte. Wir brauchten unbedingt Vorhänge. Und ein neues Auto.

Das Automatikgetriebe unseres alten Aerostar-Van machte nämlich Zicken. Wenn Patrice am Ende der ansteigenden Auffahrt anhielt, um eine Lücke im Verkehr abzuwarten, bevor sie sich einordnete, rollte der Wagen zurück. Ich fand einen gebrauchten SUV, der für uns sieben genug Platz bot, aber wir hatten nicht genug Geld für die Anzahlung. Der Händler war bereit, uns ein Darlehen über den Restbetrag zu geben, zu einem völlig überhöhten Zinssatz. So musste ich, der US-Bundesanwalt am Southern District, meinen Vater bitten, mir 5000 Dollar zu leihen, damit ich ein gebrauchtes Auto für die Familie kaufen konnte. Er war einverstanden, aber ich musste einen Schuldschein unterschreiben und am Ende der Laufzeit Zinsen bezahlen. Mir war es unangenehm, mir von meinen Eltern Geld zu leihen – aber ich fand es doch auch ein wenig merkwürdig, dass ein Elternteil von einem seiner Kinder einen Schuldschein verlangte und obendrein Zinsen, noch dazu, wo dieses Kind Staatsbeamter war und versuchte, ein sicheres Auto für die fünf Enkel zu kaufen. Aber es wäre mir weit unangenehmer gewesen, mir vorzustellen, wie Patrice mit einem Wagen voller Kinder rückwärts davonrollt. Und so unterschrieb ich den Schuldschein.

Kaum hatte ich die Aufgaben des Bundesanwalts offiziell übernommen, urteilte eine Richterin, dass wir im Rahmen der Ermittlungen zu den Terrorangriffen vom 11. September einen jordanischen Staatsbürger unrechtmäßig festhielten. Sie begründete ihr Urteil damit, dass die Rechtsvorschrift, wonach man Zeugen, bei denen Fluchtgefahr bestand, in Haft nehmen könne, bis sie vor einer Grand Jury aussagten, sich nur auf Zeugen in einem Gerichtsverfahren bezog, nicht auf Zeugen in einem Ermittlungsverfahren. Würde dieses Urteil, das nur vier

Monate nach den Terroranschlägen erging, Bestand haben, so nahm es uns ein wichtiges Instrument für die Strafverfolgung. Die Richterin urteilte des Weiteren, dass ein New Yorker FBI-Ermittler von der Abteilung zur Terrorbekämpfung sich bei der Verhaftung des Zeugen eines Fehlverhaltens schuldig gemacht hatte. Beide Entscheidungen waren grundfalsch, daher beschlossen wir, in die Berufung zu gehen.

Nun war das Justizministerium am Zug. Die Bush-Regierung hatte die Kontrolle über sämtliche Ermittlungen und Strafverfahren in Sachen Terrorismus an sich gezogen. Das FBI-Hauptquartier leitete alle Terrorermittlungen des FBI, und das Justizministerium überwachte engmaschig alle Entscheidungen der Strafverfolgungsbehörden. Damit waren dem SDNY endlich die Flügel beschnitten worden, zumindest, was Terrorermittlungen betraf. Man würde einen hochrangigen Anwalt aus dem Justizministerium, vermutlich einen der Stellvertreter von Ted Olson, ins Berufungsverfahren schicken. Der Geist von Henry L. Stimson erhob die Stimme. In meinem Kopf hörte er sich an wie Mary Jo.

Ich schickte ihn zurück in die Krypta, indem ich bekannt gab, dass ich persönlich die Vertretung des Staates im Berufungsverfahren übernehmen würde. Wenn der SDNY seine Unabhängigkeit bewahren wollte, konnten wir nicht zulassen, dass uns das Justizministerium behandelte wie jeden anderen Distrikt und einfach eingriff, wann immer es wollte.

Das war ein ungewöhnlicher Schritt für einen Bundesanwalt. Einen solchen habe ich nur noch einmal getan, als ich Stellvertretender Justizminister wurde und vor dem Supreme Court in kurzen Hosen eine Strafsache vertrat. Genauer gesagt, nicht in kurzen Hosen, sondern in *zu* kurzen Hosen – um fast zehn Zentimeter. Die Anwälte der Regierung erscheinen, aus mir unerfindlichen Gründen, vor dem Supreme Court gewöhnlich in Cutaway und gestreiften Beinkleidern. Im Justizministerium hatte man ganze Schränke voll gestreifter Hosen, nur eben keine mit 97 Zentimeter Schrittlänge. Ich trug die längste verfügbare Hose, mit einem wirklich tief sitzenden Gürtel, und dazu lange schwarze Socken. Glücklicherweise fiel das nur meiner Familie auf, die direkt hinter mir saß.

Für dieses Mal hatte ich das Justizministerium ausmanövriert. Ich vertrat den Fall, trug meine eigenen Hosen, und der Second Circuit Court of Appeals stimmte mir zu, und zwar sowohl im Hinblick auf die Gesetzesauslegung als auch in Bezug auf das Verhalten des FBI-Beamten. Die Richterin der ersten Instanz wurde in beiden Fällen korrigiert. Aber natürlich ging es nicht an, dass ich jeden einzelnen Fall vertrat. Ohne Beziehungen oder Vermögen oder familiäre Unterstützung hatte ich vielleicht nicht das Zeug, »unseren« Distrikt vor den Eingriffen des Ministeriums zu schützen. Vielleicht war ich ja der letzte Nachfahre Stimsons. Vielleicht hatten sie mich ja auch deshalb ernannt.

Ich traf mich am frühen Morgen mit Katie Couric im Versuch, Washington ein paar Steine in den Weg zu legen, falls man versuchen sollte, mich und mein Büro auf ein dort genehmes Maß zurückzustutzen. Ein Fahrer kutschierte mich durch die dunklen Straßen. Wir zeichneten die Interviews für Fox News und CBS vor sieben Uhr morgens auf und fuhren dann zum Rockefeller Center weiter, damit ich in der NBC-Sendung »Today« live interviewt werden konnte. Danach stand noch »Good Morning America« auf der Agenda, was hieß, dass ich die vier wichtigsten Nachrichtensendungen im Frühstücksfernsehen abgehakt hatte.

Die Produzentin der NBC flüsterte mir zu, sie würde mich ans Set führen, wo Katie und ich für »Today« plaudern sollten. Sie bat mich, leise zu sein, denn wenige Meter entfernt war gerade ein anderer Moderator auf Sendung. Katie würde gleich bei mir sein. Ich schlich mich also hinein, sah Matt Lauer perfekt ausgeleuchtet, wie er in die Kamera sprach. Die Fans vor dem Studio waren durch das Fenster hinter ihm erkennbar. Ich verhielt mich mucksmäuschenstill und setzte mich wie geheißen auf die Couch. Katies leerer Sessel stand linker Hand, zu meinen Füßen ein gläserner Wohnzimmertisch. Genauer gesagt: zu meinen Schienbeinen. Als ich mich setzte, merkte ich, dass Sofa und Sessel wirklich klein dimensioniert waren. Meine Beine hatten einfach nicht genug Platz hinter dem Couchtisch. Ich musste also mit gespreizten Beinen sitzen. Und hörte schon die Stimme meiner Mutter: »Wo bist du denn aufgewachsen? In der Scheune?« Natürlich war sie ein Stadtkind und hatte von Scheunen nicht die leiseste Ahnung, aber aus Gründen, die sich im Laufe der Zeiten verloren haben, war das ihre Art, uns zu sagen, dass man nicht breitbeinig dasitzt.

Ich war nicht in einer Scheune aufgewachsen, sondern in einem 150-Quadratmeter-Haus im Ranchstil in der Vorstadt. Also schob ich den Couchtisch weg, damit ich die Beine übereinanderschlagen konnte. Ungefähr zwei Zentimeter, bis ich bemerkte, dass mit den nächsten zwei Zentimetern der Tisch von dem Podium stürzen würde, auf dem Katies TV-Mobiliar aufgebaut war. Was die Livesendung massiv stören würde. Also ließ ich das Tischerücken sein, und wenige Sekunden später saß Katie in ihrem Sessel, lächelte mich an und meinte, das sei doch ein toller Fall gewesen. In zehn Sekunden würden wir live auf Sendung sein und ich saß immer noch breitbeinig da, und das blieb auch so. Natürlich sah meine Mutter die Sendung.

Und auch das Justizministerium. An jenem Morgen war ich auf jedem Kanal im Frühstücksfernsehen. Es hieß, im Ministerium habe man geschäumt vor Wut, aber niemand sagte etwas. Also hatte ich doch das Zeug dazu. Ich verschaffte mir Einfluss, indem ich bei Interviews über große Fälle sprach, indem ich bei den Redaktionsteams großer Sender vorstellig wurde und indem das Fernsehen landesweit Porträts von mir brachte. Die Leute tuschelten, ich würde wohl eine politische Karriere anvisieren und deshalb das Licht der Öffentlichkeit suchen. Sollten sie doch. Worauf ich tatsächlich abzielte, war, mir ein Profil zu verschaffen, das unserem Büro ermöglichte, unabhängig zu bleiben. Nicht wegen Ambitionen in der Politik oder aus Eitelkeit. Sondern wegen Mr. Stimson, wegen 1906 und damit »dem Büro« nicht der Ruch der Politik anhaftete. Schließlich konnte es durchaus passieren, dass eines Tages ein amtierender Präsident versuchen würde, das Justizministerium zu korrumpieren. Dann würde der Southern District dringend gebraucht werden. Vor allem dann.

12
IN DER SCHALTZENTRALE

Die rechtlichen Entscheidungen der Justiz müssen unparteiisch und frei von politischer Einflussnahme sein. Es ist unerlässlich, dass die Ermittlungen und die Strafverfolgung frei von parteiischen Erwägungen ausgeübt werden.
Justice Department Manual

Sandy Berger befand sich im Nationalarchiv und nestelte an seiner Socke herum. Der frühere Nationale Sicherheitsberater von Präsident Bill Clinton war als Einziger ermächtigt, die von der Regierung Clinton als heikel eingestuften Dokumente in diesem Tempel der amerikanischen Geschichte einzusehen, dem neoklassizistischen Gebäude in der Pennsylvania Avenue, dessen Architekt bestrebt gewesen war, die »Bedeutung, Sicherheit und Beständigkeit der dort aufbewahrten Dokumente« abzubilden. Samuel »Sandy« Berger hielt sich in diesem Gebäude auf, um Ex-Präsident Clinton darin zu unterstützen, vor dem Untersuchungsausschuss des Kongresses zu den Anschlägen vom 11. September die Antiterror-Bemühungen seiner damaligen Regierung zu verteidigen, wo es darum ging, mögliche Versäumnisse im Vorfeld der Terrorangriffe aufzudecken.

An dem Tag, als Berger den ihm zugewiesenen Sachbearbeiter losschickte, um ihm eine Cola light zu holen, waren die Dokumente zwar noch immer bedeutend, aber waren sie auch sicher und beständig? Nicht wirklich.

Der Sachbearbeiter berichtete hinterher seinem Vorgesetzten: »Als ich zurückkam und die Tür öffnete und den Flur entlanggehen wollte, sah ich aus dem Augenwinkel, wie er vor dem

Eingang stand und sich bückte. Er machte sich an etwas Weißem zu schaffen, das unter dem Hosenbein hervorlugte, einem oder mehreren Blatt Papier. Er schien sie um seinen Knöchel gewickelt zu haben, sodass ein weißer Rand unter dem Hosenbein hervorsah.«

Berger stahl also als streng vertraulich eingestufte Dokumente, stopfte sie in seine Socke und schmuggelte sie hinaus; nachdem er sich mit einem kurzen Blick hinauf zu den Fenstern des Justizministeriums auf der anderen Straßenseite versichert hatte, dass ihn niemand beobachtete, versteckte er sie an einer Stelle, wo Bauarbeiten im Gange waren. Als er am Abend mit der Durchsicht der Dokumente fertig war und das Archivgebäude verließ, begab er sich zu dem Versteck, holte die gestohlenen Papiere und machte sich auf den Nachhauseweg. Nach dieser Sockenepisode begann man im Archiv die Dokumente, die man Berger zur Einsicht gab, heimlich zu nummerieren. Auch während anderer Besuche verschwanden Unterlagen. Als Berger darauf angesprochen wurde, stritt er die Vorwürfe ab. Ein paar Monate später gab er dann zu, fünf der vertraulichen Dokumente mitgenommen und drei davon vernichtet zu haben; die beiden restlichen Schriftstücke und seine Notizen, die er ebenfalls aus dem Archivgebäude geschmuggelt hatte, brachte er zurück. Das Justizministerium kam zu dem Schluss, es sei ihm nicht gelungen, dem Untersuchungsausschuss Unterlagen vorzuenthalten; von allen der von ihm entwendeten und vernichteten Dokumente gab es Sicherungskopien.

Kurz nachdem die Kriminalbehörde eine Untersuchung wegen Bergers Diebstahl eingeleitet hatte, wurde ich Stellvertretender Justizminister. Ich hatte nicht erwartet, nach nur zweijähriger Amtszeit als Bundesanwalt in New York nach Washington berufen zu werden. Ich wusste, Patrice mochte das Leben in der Gegend von New York nicht besonders – »Wenn du mich noch länger zwingst, in New York zu leben, bringst du mich um«, bekam ich mehr als einmal zu hören –, aber als ich überraschend zu einem Vorstellungsgespräch für die genannte Position ins Weiße Haus eingeladen wurde – die zweithöchste nach dem Justizminister –, fürchtete ich schon, sie wäre nicht begeistert von einem Umzug, weil sie die Kinder nicht schon wieder aus ihrer gewohnten Umgebung reißen wollte. Eines nach dem anderen wurde nun eingeschult. Aber sie war hellauf begeistert. »Da fragst du noch? Ja. Natürlich! Wann?« Ich für meinen Teil wollte gern umziehen, weil mich die tägliche Fahrzeit – in der Regel zwei Stunden je Weg – schier umbrachte. Mit schöner Regelmäßigkeit kam ich zu spät, um mit den Kindern zu spielen, die kleinsten zu baden und ihnen etwas vorzulesen. Etliche Leute aus der New Yorker Juristenszene wunderten sich, dass ich meinen Posten im Bezirksgericht New York Süd aufgeben wollte, selbst wenn es sich um einen Karrieresprung handelte. Dem Southern District, der auch der Sovereign District genannt wird, den Rücken zu kehren, war für sie keine Verbesserung, galt er doch als Gipfel dessen, was wir in unserer Zunft erreichen konnten. Sie hatten keine Ahnung, wie sehr uns diese Lebensumstände zusetzten.

Wir verkauften unser New Yorker Haus mit einem stattlichen Gewinn, stiegen die Preise auf dem Immobilienmarkt doch genauso schnell wie ich auf der Karriereleiter. Von dem Erlös kauften wir uns ein Haus in Northern Virginia, und mit dem Rest bezahlten wir das Darlehen meines Vaters vorzeitig zurück. Das Amt des Stellvertretenden Justizministers war extrem anspruchsvoll und mit sehr viel Stress verbunden, aber das Büro war nur zwölf Kilometer von zu Hause entfernt, und zum ersten Mal hatte ich einen Chauffeur. Also war ich in der Lage, mehr Zeit zu Hause zu verbringen. Und der Chef zu sein, bedeutete, dass meine Mitarbeiter zu mir kamen, wenn sie eine Unterschrift von mir brauchten, egal wo ich gerade war. Endlich hatte ich die Freiheit, bei meiner Familie zu sein, wie Patrice mir immer wieder in Erinnerung rief, und selbst zu bestimmen, wie viel Zeit ich mit ihr verbringen wollte. »Wenn der Stellvertretende Justizminister der Vereinigten Staaten es nicht kann, wer dann?« Aber natürlich war häufig meine Anwesenheit im Justizministerium erforderlich, vor allem wenn es um die nationale Sicherheit ging.

In den ersten Jahren nach dem 11. September 2001 waren nur der Justizminister und ich ermächtigt, im Falle einer terroristischen Bedrohung nach Maßgabe des Gesetzes zur Auslandsüberwachung und Spionageabwehr (Foreign Intelligence Surveillance Act, FISA) elektronische Überwachung anzuordnen. Den Justizminister behelligte man nachts und an den Wochenenden nicht. Neben meinem Bett stand ein abhörsicheres Telefon, das die Amtsanwälte im Justizministerium benutzten, wenn sie mich nachts anriefen, um sich von mir im Notfall eine Genehmigung geben zu lassen. Aber von diesem Moment an lief die Uhr: Damals hatte die Regierung drei Tage Zeit, um der mündlichen Genehmigung einen formalen schriftlichen Antrag beim Bundesgericht zur Überwachung der Auslandsgeheimdienste (Intelligence Surveillance Court) folgen zu lassen. Ich musste solche Anträge persönlich unterzeichnen, was hieß, dass meine Leute mich aufsuchen mussten. Sie kamen so oft, dass unsere Kinder sie kannten und ihre verschlossenen Aktenkoffer mit Geheimakten ein vertrauter Anblick für sie war, auch wenn sie nicht wussten, in welcher Mission sie kamen oder wofür FISA stand. Noch immer höre ich im Geiste unseren Hund bellen und meine achtjährige Tochter die Treppe hinaufrufen: »Dad! Die FISA-Dame ist da!« Diese Amtsanwälte oder Amtsanwältinnen, die zu mir nach Hause kamen – häufig waren es Frauen, daher die Bezeichnung »FISA-Dame«, wie unsere Kinder sie nannten –, waren sehr talentierte und verschwiegene Leute. So verschwiegen, hoffe ich, dass sie niemandem erzählten, wie ich eine von ihnen eines Tages um einen großen Hundehaufen auf dem Läufer im Wohnzimmer herumführen musste, während sie mir in mein Büro folgte, wo ich die Anträge ansehen musste. »Ich kümmere mich anschließend darum«, sagte ich und entschuldigte mich für den unappetitlichen Anblick.

Der Fall Sandy Berger war einer der ersten, über den ich unterrichtet wurde, kurz nachdem ich meinen Posten als Stellvertretender Justizminister angetreten hatte. Ich schüttelte den Kopf. Die Sache war nicht kompliziert: Der Kerl hatte gestohlen und gelogen und musste angeklagt werden. Er hatte seine Vergehen buchstäblich vor unseren Fenstern begangen. Ein Jahr später war ich immer noch Stellvertretender Justizminister und Sandy Berger immer noch nicht verurteilt. Das war mir unbegreiflich, also bat ich meinen Stabschef, einen wöchentlichen Besprechungstermin zwischen mir und Christopher Wray zu vereinbaren, dem Stellvertretenden Generalstaatsanwalt in der Kriminalbehörde, der nach meiner Entlassung als FBI-Chef mein Nachfolger werden sollte. Chris war klug, prinzipienfest und arbeitete viel. Und er war äußerst vorsichtig. Einer, der an der Fußgängerampel schon bei Gelb stehen bleibt und nach dem Essen dreißig Minuten wartet, ehe er schwimmen geht.

Bei jeder unserer wöchentlichen Besprechungen verlangte ich eine Erklärung, warum sich die Sache so hinzog. Sie seien gerade in Verhandlungen über eine außergerichtliche Verständigung, aber Bergers Anwalt sei nicht erreichbar. Sie müssten noch etwas im Archiv abgleichen. Es müssten noch ein paar Geheimhaltungsfragen geklärt werden, ehe sie Anklage erheben konnten. Ich mokierte mich über diese Ausreden und sagte, ich sei schon gespannt, welche ich nächste Woche zu hören bekäme. Es tat mir leid, Chris Wray zu drangsalieren, denn ich mochte ihn sehr, aber seine Leute trödelten, und er war der Vorgesetzte.

Wir mussten Sandy Berger anklagen, auch wenn er mächtige Freunde hatte.

Nach einem Monat sagte mir Chuck Rosenberg, mein Stabschef, unter vier Augen, ich müsse die Sache fallen lassen. Er verstehe, warum ich so auf einen Abschluss drängte, und stimme mir persönlich zu; über Bergers Fehlverhalten sei bereits ausgiebig berichtet worden und die Untätigkeit der Justiz untergrabe unsere Glaubwürdigkeit in der Öffentlichkeit. »Aber«, sagte er, »auch wenn Sie sich nicht als solchen sehen, so sind Sie doch ein von den Republikanern ernannter politischer Amtsträger, der seine Amtsanwälte drängt, eine prominente Figur der demokratischen Vorgängerregierung anzuklagen. Damit fügen Sie dem Justizministerium Schaden zu.«

Natürlich war das nicht meine Absicht, aber er hatte recht. Bei den Menschen darf nie der Eindruck entstehen, die Politik beeinflusse die Entscheidung, ob Anklage erhoben wird; wenn ich als zweithöchster politischer Amtsträger im Ministerium die Amtsanwälte ungewöhnlich hartnäckig unter Druck setzte, konnte das so aussehen, als wäre ein politisches Motiv im Spiel. Also ließ ich es bleiben und hakte nie wieder in der Causa Berger nach.

2005, kurz nach meinem Ausscheiden aus dem Amt des Stellvertretenden Justizministers, brachte das Ministerium den Fall zu einem Abschluss, indem es Berger ermöglichte, sich nur eines einzigen Vergehens schuldig zu bekennen. Das Ministerium empfahl eine Bewährungsstrafe und eine Strafzahlung von 10 000 Dollar. Dieses Urteil erschien mir überaus nachsichtig. Berger hatte hochvertrauliche Dokumente, hochsensible geheime Informationen gestohlen und es anschließend abgestritten. Aber ob diese Entscheidung nun falsch war, kann ich nicht sagen, weil ich mich nicht weiter damit befasst hatte. Aus Rücksicht auf das Ministerium.

Es hat seinen guten Grund, dass die Führungskräfte der Justiz vom Präsidenten ernannt werden, und zwar nach Zustimmung des Senats. Das Ministerium muss absolute Vertraulichkeit bei politischen Fragen wahren – zum Beispiel welche Verbrechen mit höchster Priorität behandelt werden oder wie bei kartellrechtlichen Auseinandersetzungen verfahren werden soll –, und es sollte bei der Gewichtung seiner Arbeit den Willen des Volkes berücksichtigen, der sich in der Wahl des Präsidenten widerspiegelt. Aber aus der Tatsache, dass politische Amtsträger an der Spitze des Justizministeriums stehen, ergeben sich freilich auch Spannungen, weil die Justizverwaltung unparteiisch sein muss. Und aus diesem Grund hatte mein Stabschef mir nahegelegt, nicht länger Druck in der Causa Berger auszuüben.

Ich mag die Outerbanks-Inselkette vor North Carolina. Insbesondere eine Stelle, wo zwei Inseln sehr nahe beieinanderliegen, hat mich nachhaltig beeindruckt. In dem schmalen Spalt dazwischen bildet das Tosen des Ozeans einen faszinierenden Kontrast zu dem leisen Plätschern des seichten Wassers hinter den Inseln. An dieser Stelle gibt es heftige Strömungen, und die Wellen scheinen sich zu brechen, obwohl gar kein Land sichtbar ist. Dieser Ort regt mich zu einem bildhaften Vergleich an: dass die Führungsriege der Justiz an dieser Stelle steht, zwischen den tosenden Wellen der Politik und dem ruhigen Plätschern der unpolitischen Welt. Ihre Aufgabe ist es, die politischen Vorgaben des Präsidenten und die Interessen der Mehrheit der Wähler, durch die er ins Amt gekommen ist, zu berücksichtigen und gleichzeitig die unpolitische Arbeit Tausender FBI-Ermittler, Staatsanwälte und anderer Mitarbeiter zu gewährleisten, die den überwältigenden Großteil der Institution bilden. Solange deren Führungskräfte diese Turbulenzen durchschauen, können sie die Balance wahren. Wenn sie taumeln, übertönt das Rauschen des Ozeans die leisen Töne, und das Ministerium wird zu einem weiteren politischen Organ. Dann hat es die unabhängige Rolle in der amerikanischen Gesellschaft verloren und seine Wächter gehen unter.

Selbst als Stellvertretender Justizminister, der die Staatsanwälte beaufsichtigt, durfte ich mich nicht zu sehr auf einen Fall mit politischen Implikationen konzentrieren. Präsidenten hatten sich komplett herauszuhalten. Das ging eigentlich leicht, sie mussten nur etwas Entscheidendes beherzigen: die Frage, ob Singular oder Plural.

Politiker dürfen sich durchaus zu Fällen – im Plural – äußern, sollten aber zu jedwedem einzelnen Fall – Singular – Abstand halten. Ob sie regelkonform oder illegitim handeln, entscheidet sich an Singular oder Plural. Wenn sich Kandidaten um die Präsidentschaft bewerben, sollten sie klarmachen, auf welche Kategorie von Gesetzesverstößen sich die Justiz besonders konzentrieren soll, falls sie gewählt werden – zum Beispiel Umwelt, Waffen oder Ausbeutung von Kindern. Das amerikanische Volk sollte bei der Gewichtung der Prioritäten mitreden dürfen, indem es sich für einen bestimmten Kandidaten entscheidet. Ein neuer Präsident tritt sein Amt mit neuen Vorstellungen bezüglich der Ausrichtung der Justiz an und beauftragt den Justizminister, sie umzusetzen. So sollte es sein.

Mit Ausnahme der seltenen Fälle, die unmittelbar die nationale Sicherheit betreffen, ist es für einen Präsidenten nie in Ordnung, den Plural außen vor zu lassen und sich zu einem bestimmten Fall über einen bestimmten Menschen zu äußern oder gar eine Verfügung zu erlassen. Indem er sich nie zu einem ganz bestimmten Rechtsfall äußert, versichert er dem amerikanischen Volk, dass Justitia noch immer ihre Augenbinde trägt, dass Entscheidungen auf Grundlage von Fakten und nicht von Politik oder Privilegien getroffen werden. Die Frage, ob jemand weiter in Freiheit oder im Gefängnis leben wird, darf keinesfalls von bestimmten politischen Verbindungen abhängen.

George W. Bush hatte das verstanden. Nach den Anschlägen vom 11. September traf er sich jeden Vormittag mit den Führungskräften von FBI und Justizministerium. Wir unterrichteten ihn über die Terrorverdächtigen, die wir überwachten, über die jüngsten Festnahmen, und brachten ihn über die laufenden strafrechtlichen Fälle auf den neuesten Stand. Nie äußerte er seine Meinung bezüglich eines bestimmten Falls. Nie setzte er uns unter Druck, wie wir bei einer Anklage zu verfahren hatten. Er hörte zu, weil das amerikanische Volk von ihm erwartete, hinsichtlich der allerhöchsten nationalen Priorität auf dem Laufenden zu sein – einen weiterem 11. September zu verhindern –, aber nie äußerte er sich zu einzelnen Fällen. Er erkundigte sich nach unseren Prioritäten – auf welche Fälle wir uns konzentrierten und warum. Natürlich hätte er auch versuchen können, uns in bestimmten Fällen anzutreiben, jemanden hart anzupacken oder einen anderen weniger hart. Kein Artikel der Verfassung verbot ihm das. Donald Trump, bekanntermaßen kein ausgewiesener Rechtsexperte, handelte im Sinne der Machtbefugnis der Exekutive höchstwahrscheinlich korrekt, wenn er für sich beanspruchte, die Richtung einer bestimmten Strafverfolgungssache zu bestimmen, und sagte: »Ich habe das Recht, voll und ganz einbezogen zu werden. Ich bin, würde ich meinen, der oberste Strafverfolgungsamtsträger des Landes.« Oder, wie er bei anderer Gelegenheit meinte: »Es ist mein absolutes Recht, mit dem Justizministerium zu verfahren, wie es mir beliebt.«

George Bush war sich dessen bewusst, dass er die Macht hatte, der Exekutive Handlungsvorgaben zu machen, und somit auch dem Justizministerium. Er war berechtigt anzuordnen, dass eine Person strafrechtlich verfolgt oder ein Verfahren fallen gelassen wurde. Er konnte das Justizministerium dazu drängen, jemanden freizulassen oder einzusperren. Aber er tat es nie, auch nicht, als ich nur einen halben Meter von ihm entfernt im Oval Office saß und eine Ermittlung in Bezug auf seine Top-

Berater leitete, die in aller Öffentlichkeit geführt wurde und ihm im Wahljahr erheblich schadete.

Immer wieder lügen die Menschen bei Ermittlungen aus allen möglichen Gründen, manchmal auch grundlos. Auch hohe Regierungsmitglieder tun es immer wieder. Der junge Sachbearbeiter im Nationalarchiv, der für Sandy Berger eine Cola light holen ging, sah, wie er Dokumente in seine Socke steckte, aber der vormalige Nationale Sicherheitsberater log dennoch munter weiter. Dergleichen geschah immer wieder, aber kurz nachdem ich Stellvertretender Justizminister wurde, landete ein besonders kurioser Fall auf meinem Schreibtisch.

Im Juni 2003, ein paar Monate nach der Invasion im Irak, hatte der Reporter Robert Novak den Namen einer CIA-Angehörigen, die verdeckte Operationen ausführte, öffentlich gemacht, obwohl ein Bundesgesetz es verbot, die Identität von Undercover-Agenten zu offenbaren, weil dies die betreffende Person oder deren ausländische Informanten in Gefahr bringen konnte. Die Enthüllung erfolgte wenige Tage, nachdem der Mann der CIA-Agentin in einem Zeitungsartikel eines der Hauptargumente von Bushs Regierung für den Angriff auf den Irak – Saddam Hussein sei dabei, nukleares Material herzustellen – in Frage gestellt hatte, womit sich der Verdacht erhob, dass es sich bei Ersterem um eine Art politische Heimzahlung handelte.

Novak sagte, er habe diese Information von Leuten aus der Regierung Bush. Bald wurde klar, dass nicht weniger als sechs von Bushs Beamten mit Reportern über die CIA-Agentin gesprochen hatten. Aus freien Stücken kontaktierte der Stellvertretende Außenminister das Justizministerium und bekannte, er sei einer der Informanten. Karl Rove, Bushs Chefberater im Weißen Haus, war offenbar der zweite.

Aber es gab auch Hinweise, dass ein dritter Regierungsbeamter, der Stabschef des Vizepräsidenten, Lewis »Scooter« Libby, mit mehreren Reportern über die CIA-Mitarbeiterin gesprochen hatte. Als ich Stellvertretender Justizminister wurde, war Libby bereits vom FBI verhört worden und hatte es zugegeben, aber hinzugefügt, ein Reporter habe ihm die Sache mit der CIA-Agentin erzählt. Er habe lediglich ein bereits kursierendes Gerücht weitergegeben und keine vertraulichen Informationen enthüllt. Drei Jahre später kamen Geschworene zu dem Schluss, dass Libby log.

Das Gesetz, das die Enthüllung eines CIA-Agenten für verdeckte Ermittlungen unter Strafe stellte, setzte eine besondere und böswillige Absicht voraus, etwas, das in diesem Fall nur schwer zu beweisen wäre, schien es sich doch einfach nur um einen leichtsinnigem Klatsch und Tratsch von hohen Regierungsbeamten zu handeln.

Das brachte das Justizministerium in die Bredouille. Auch wenn die Leute, die den Fall mit untersuchten, Profis waren, wusste ich, dass es angesichts der Beweislage und der Tatsache, dass das Justizministerium von dem Republikaner John Ashcroft geleitet wurde – für den Rove in Missouri einen Wahlkampf organisiert hatte –, sehr schwierig sein würde, eine Untersuchung gegen einige seiner Regierungskollegen abzubrechen, ohne eine Anklageerhebung zu empfehlen.

Wir mussten alles in unserer Macht Stehende tun, um den Ruf unseres Ministeriums zu wahren, für Fairness und Unparteilichkeit zu stehen, und das Vertrauen, das man in uns setzte, und unsere Glaubwürdigkeit nicht zu verlieren. Ashcroft war sich dessen bewusst, und als ich mich mit ihm traf, um ihm zu raten, er solle sich aus der Schusslinie bringen, also sich aus dem Fall zurückziehen, stimmte er mir zu. Inzwischen selbst ein hoher politischer Amtsträger, konnte ich die Sache nicht mehr auf die gewohnte Weise überwachen. Wir mussten dafür sorgen, dass der Fall nicht länger im Justizministerium bearbeitet wurde, also setzte ich meinen früheren Kollegen Patrick Fitzgerald, damals US-Bundesanwalt in Chicago, als Sonderermittler ein. Obwohl Fitzgerald ein politischer Amtsträger und enger Freund von mir war, galt er als unabhängig, und als Bundesanwalt in Chicago war er weit genug weg, um nicht als Teil der Führungsebene der Exekutive wahrgenommen zu werden.

Im Dezember 2003 hielt ich eine Pressekonferenz ab, um die Ernennung des Sonderermittlers bekanntzugeben, gängige Praxis des Ministeriums, wenn es um Angelegenheiten geht, bei denen die Öffentlichkeit über die Ermittlungen und deren Abschluss informiert werden muss, auch wenn es zu keiner Anklage kommt. Wann immer ein Sonderermittler eingesetzt wird, um das Agieren der Regierung eines Präsidenten zu untersuchen, sorgt das für Schlagzeilen, und meine Entscheidung kam, wie nicht anders zu erwarten, im Weißen Haus keineswegs gut an. Insbesondere Vizepräsident Cheney war wütend und machte keinen Hehl aus seinem Missfallen.

Ganz anders Präsident Bush. Während der Untersuchung saß ich Dutzende Male mit dem Präsidenten zusammen, einmal auch allein mit ihm in seinem privaten Esszimmer, als wir ein angespanntes Gespräch über die NSA-Überwachung führten. Er befand sich gerade im Wahlkampf, bei dem es um seine Wiederwahl ging, und sein Kontrahent machte sich diese Untersuchung zunutze, indem er die Affäre als Beweis für Bushs korrupte Präsidentschaft darstellte. Sie hing wie eine Wolke über seinem Wahlkampf. Aber Bush erwähnte sie mit keinem Wort. Nie machte er mir einen Vorwurf. Es war, als gäbe es die Untersuchung gar nicht.

In der Woche im August 2005, als ich mein Büro räumte, gingen Patrice und ich mit unseren fünf Kindern ins Weiße Haus für ein Abschiedsfoto mit Präsident Bush im Oval Office. Die Kinder hatten meinen Job im Justizministerium cool gefunden, und vor allem die jüngsten sollten die stets freundlichen Marshals, die zu meinem Schutz abgestellt waren, vermissen. Meine älteste Tochter – damals in der Highschool – war weniger traurig, als sie nicht mehr da waren. Eines Abends hatten Patrice und ich sie zur Rede gestellt, weil wir sie in Verdacht hatten, dass sie ohne unsere Erlaubnis mit einem Jungen aus gewesen war, dem wir nicht vertrauten. Ich machte mir meine jahrelange Verhörpraxis zunutze und bluffte sie, indem ich sagte, jemand vom Sicherheitsteam habe sie gesehen – damit sie erst gar keine Lüge erfinden musste. Da knickte sie ein und gestand, sowohl genervt als auch beeindruckt davon, wie gut die Bewachung durch die Marshals funktionierte. Erst fünfzehn Jahre später erzählten wir ihr, dass es ein Bluff war, eine Enthüllung, die alle unsere Kinder schockierte, für die diese Episode zu einer lieb gewordenen Anekdote geworden war. Ja, das amerikanische Volk in die Irre zu führen, hätte ich niemals fertiggebracht, aber wenn es um die Erziehung der Kinder ging, das war etwas anderes …

Nun, da meine Karriere als hoher Regierungsbeamter endete – jedenfalls dachte ich das damals –, standen wir sieben nervös im Flur des Westflügels herum und unterhielten uns flüsternd, weil die Tür des Oval Office offen stand. Ein Mitglied des Mitarbeiterstabs sagte mir, der Präsident habe gerade eine Besprechung mit Karl Rove, die müsse aber jeden Moment zu Ende sein. Ich hörte, wie Bush etwas zu Rove sagte, über den noch immer eine Untersuchung vom Justizministerium lief.

»Hey, jetzt raus mit dir«, sagte Bush. »Gleich kommt Comey, also nimm besser diesen Ausgang.«

Dann trat der Präsident lächelnd durch die offene Tür und bat uns ins Oval Office. Rove begegneten wir nicht.

Als ich ein Jahrzehnt später FBI-Direktor wurde, stellte auch Barack Obama unter Beweis, dass er sich aus laufenden Fällen heraushalten konnte. Er wahrte penibel Abstand zum FBI-Direktor; der Rechtsberater des Weißen Hauses blieb selbst bei meinem Vorstellungsgespräch mit im Raum. Obama wies mich darauf hin, er werde sich nie mehr zwanglos mit mir unterhalten, wenn ich das FBI leitete, und er hielt Wort. Ich tat es ihm gleich. Wenn ich wusste, dass Präsident Obama unten in der Turnhalle des FBI-Hauptquartiers Basketball spielte, ging ich nie hinunter, obwohl ich selbst ein begeisterter Basketballer bin.

Als ich Ende 2003 als Stellvertretender Justizminister nach Washington kam, nahmen die Themen, über die ich die Öffentlichkeit informieren musste, stetig zu: Unternehmenskriminalität, Drogen, Waffen, Terrorismus sowie eine Fülle von Verbrechen, die unserer wachsenden Abhängigkeit vom Internet geschuldet sind – Kinderpornografie, Identitätsdiebstahl, das Hacken von Computern.

Damit sie uns vertraute, musste die amerikanische Öffentlichkeit darüber informiert werden, was wir unternahmen, um sie zu beschützen, und warum. Zu den Fällen, die während meiner Amtszeit als Stellvertretender Justizminister am meisten für Verwirrung und Besorgnis in der Öffentlichkeit sorgten, zählte die Entscheidung von Präsident Bush, einen amerikanischen Bürger namens José Padilla ohne Gerichtsprozess in einem Militärgefängnis festzuhalten. Padilla, ein früheres Gangmitglied aus Chicago, hatte sich der Terrororganisation al-Qaida angeschlossen, die das Justizministerium schon lange recht erfolgreich strafrechtlich verfolgte. In meiner Zeit als Bundesanwalt in New York hielten wir Padilla als wichtigen Zeugen bei der Terrorfahndung fest, doch dann kam vom Präsidenten die Anweisung, ihn dem amerikanischen Militär auszuliefern, das ihn als »feindlichen Kämpfer« in einem Militärgefängnis einsperrte. Ich war von dieser Anweisung wie vor den Kopf gestoßen. Noch nie zuvor hatte ich gehört, dass ein amerikanischer Zivilist auf amerikanischem Territorium ohne Gerichtsverfahren vom Militär festgehalten wurde. Andererseits hatte ich auch keinen

Grund zur Annahme, dass die Anordnung des Präsidenten nicht rechtens sei, also führte ich sie aus.

Als ich nach Hause kam, erzählte ich Patrice, das Militär sei dagewesen und habe einen amerikanischen Zivilisten mitgenommen, der als Krimineller auf unsere Anweisung in Untersuchungshaft gewesen war. »Wie bitte?«, sagte sie. »Wie ist das möglich? In unserem Land?« Ich erwiderte, Präsident Bush sei berechtigt, während eines Kriegs den »Feind« gefangen zu nehmen, auch wenn es sich bei diesem um einen Amerikaner in Amerika handele. Es gebe zwar keinen richtigen Präzedenzfall, doch Präsident Roosevelt habe für einen während des Zweiten Weltkriegs in New York verhafteten Amerikaner einen Militärprozess angeordnet, und Lincoln habe einige Zivilisten während des Bürgerkriegs wie Kriegsgefangene behandelt – aber, fügte ich hinzu, ich verstünde nicht wirklich, was da vorgeht. »Puh«, sagte sie, »das ist wirklich ein Ding!«

Sie hatte recht. Der Fall Padilla sorgte, aus gutem Grund, für großes öffentliches Interesse und Kontroversen. Und die nahmen zu, als nur wenige Informationen über den Fall Padilla an die Öffentlichkeit drangen. Besonnene, besorgte Menschen fragten sich, ob dieser Fall ein fundamentales und beängstigendes Abrücken vom Prinzip des Rechtsstaats in den Vereinigten Staaten darstelle. Wenn ein Bürger auf Geheiß des Präsidenten eingesperrt werden konnte, was kann dann noch alles passieren? Bedeutete das nicht, dass niemand mehr vor willkürlicher Internierung in einem Militärgefängnis sicher ist? Waren wir auf dem Weg in den Autoritarismus?

Als Bundesanwalt war es mir nicht möglich gewesen, eine Antwort auf diese verstörenden Fragen zu liefern. Ich hatte keinen Zugang zu den geheimen Informationen, die die Regierung über Padilla besaß, und der Fall unterlag nicht mehr meinem juristischen Verantwortungsbereich, nachdem das Militär ihn mir weggenommen hatte. Aber als ich Stellvertretender Justizminister wurde, änderte sich das. Da ich an den Entscheidungsprozessen des Nationalen Sicherheitsrats beteiligt war und nunmehr als führender Kopf der Institution die Internierung dieses amerikanischen Bürgers rechtfertigen musste, hatte ich Zugang zu einer Menge Informationen.

Als ich die damals noch als geheim eingestuften Informationen las und so erfuhr, dass Padilla gestanden hatte, sich mit den Anführern von al-Qaida in Afghanistan getroffen und an terroristischen Trainings teilgenommen zu haben, darunter auch speziellen Sprengstofftrainings, und nach Amerika zurückgekehrt sei, um dort Attentate auf große Mengen von Menschen zu verüben, wurde mir klar, dass das amerikanische Volk so viel wie möglich davon erfahren sollte, hatten die Menschen doch ein legitimes Interesse daran, zu wissen, worum es bei dieser noch nie dagewesenen Ausübung präsidentieller Macht eigentlich ging. Und mir kam der Gedanke, dass eine Veröffentlichung weder die Informanten gefährden noch bestimmte Methoden preisgeben würde, denn auch wenn einiges aus beschlagnahmten Unterlagen hervorging – zum Beispiel Dokumente von Padillas Besuchen von al-Qaida-Trainingscamps in Afghanistan, einschließlich seiner Fingerabdrücke –, so hatte Padilla selbst vieles davon bei Militärverhören ausgesagt.

Vor Gericht würden Padillas Aussagen niemals zugelassen werden, weil er isoliert wurde und keinen Kontakt zu seinem Anwalt haben durfte, aber sie zeichneten dennoch ein glaubwürdiges Bild von einem gefährlichen Terroristen, den die Justiz mit den Mitteln der Strafverfolgung nicht würde aufhalten können. Ich drängte die Anwälte des Ministeriums, nach Hinweisen zu suchen, ob Padilla vom Militär möglicherweise physisch misshandelt wurde; sie versicherten mir, dies sei nicht der Fall. Auch wenn seine Aussagen vor einem amerikanischen Gericht niemals zugelassen würden, seien sie nicht das Ergebnis von Folter.

Es gab nicht genügend verwendbare Beweise, um Anklage gegen ihn zu erheben; er war ein amerikanischer Bürger, der nicht abgeschoben werden konnte, und die Vorstellung, man könnte ihn freilassen und dann beschatten, konnte nur jemand haben, der zu viel fernsah – es ist unmöglich, jemanden konstant und effektiv zu überwachen, vor allem in einer Großstadt. Ohne andere Handhabe, aber mit der Pflicht, das Land zu beschützen, hatte Präsident Bush nach bestem Wissen und Gewissen in einem höchst ungewöhnlichen Fall die Entscheidung getroffen, einen Terroristen in einem Militärgefängnis festzuhalten, um das Leben Unschuldiger zu schützen. Vielleicht war es falsch, vielleicht war es richtig, aber willkürlich hatte er jedenfalls nicht gehandelt.

Ich drängte meinen Mitarbeiterstab, zu eruieren, wie viel von den Informationen über Padilla freigegeben werden konnte. Dabei bekam ich Rückenwind durch das große Interesse von Seiten des Kongresses an dem Fall, sowohl von Demokraten als auch Republikanern. In Abstimmung mit der Intelligence Community erstellte das Justizministerium eine detaillierte Zusammenfassung der freigegebenen Informationen über den Fall Padilla. Um das große Interesse des Kongresses zu befriedigen, sandten wir den Bericht an den Ständigen Justizausschuss des Senats, der ihn postwendend veröffentlichte. Dann trat ich im Justizministerium vor die Kameras und fasste zusammen, was in dem Bericht stand. Ich sprach vor den versammelten Medienleuten, damit die Offenlegung der Informationen die nötige öffentliche Aufmerksamkeit erfuhr. Bestimmt versuchte ich damit nicht, mich als Präsidentschaftskandidat in Stellung zu bringen. Ich bemühte mich, Vertrauen in unsere Institution zu stärken, indem ich dem amerikanischen Volk die Wahrheit über etwas mitteilte, das sie beunruhigt hatte. Transparenz war die Bedingung für Vertrauen.

In der Sache Padilla musste das amerikanische Volk mittels

detaillierter Informationen erfahren, dass der Fall höchst ungewöhnlich war und keine Art von Abkehr vom Rechtsstaat darstellte. Er war wirklich ein böser Kerl, hatte sogar zugegeben, dass er schreckliche Taten plante, aber wir hatten nur unzulängliche Beweise, um ihn vor einem zivilen Gericht zu verurteilen. Und ihn aus dem Land abzuschieben, auf das er einen Anschlag plante, war auch keine Option; er war ein amerikanischer Bürger. Nach der Pressekonferenz wurde ich nicht etwa attackiert, sondern die Kontroverse über den Fall Padilla verebbte; das Vertrauen des amerikanischen Volkes in den Rechtsstaat war bewahrt worden, und das war das Ziel des Ganzen gewesen.

Die Tradition des Justizministeriums, Details über das Verhalten von nicht verurteilten Personen in Fällen mit großem öffentlichen Interesse zu enthüllen – Vertrauen wahren durch Transparenz –, nahm im Laufe meiner Karriere eine zunehmend zentrale Rolle ein.

Aber 2004 konnte ich das noch nicht voraussehen. Ich konnte nicht voraussehen, dass die Trauer und die Wut nach der Ermordung von Michael Brown in Ferguson, Missouri, im Jahr 2014 das Justizministerium dazu veranlassen würde, die Unterlagen einer FBI-Ermittlung vollumfänglich freizugeben. Ich konnte nicht voraussehen, dass die zersetzenden Zweifel an der Justiz uns dazu bewegen würden, zu erklären, was wir über das Verhalten von Außenministerin Hillary Clinton im Jahre 2016 herausgefunden hatten und warum gegen die Kandidatin keine Anklage erhoben wurde. Ich konnte nicht voraussehen, dass aufgrund der mangelnden Transparenz, die die Untersuchung eines Sonderermittlers über die möglichen Machenschaften eines Präsidenten erschwerte, die Öffentlichkeit in die Irre geführt und die Justiz beschädigt werden würde.

Es sollte nicht lange dauern, bis all das eintrat.

13

DIE GANZE WAHRHEIT

Ein Mangel an Transparenz führt zu Misstrauen und einem tiefen Gefühl der Unsicherheit.

Dalai Lama

Siebenundzwanzig Jahre nachdem The Fly die Drogen gestohlen, mein zuständiger Ermittler das Durcheinander mit den Geldscheinen angerichtet hatte und meine Chefs mich gezwungen hatten, die volle Wahrheit zu erzählen, war ich Direktor des FBI. Etwas Grauenvolles ereignete sich, und ich musste es dem amerikanischen Volk beibringen.

Der magere 21-Jährige mit der Topfschnitt-Frisur betrat das Gebäude unauffällig durch einen Seiteneingang. Um sein graues Sweatshirt hatte er eine große Gürteltasche geschnallt. Das Gebäude, in dem der von der Überlegenheit der Weißen überzeugte Dylann Storm Roof an diesem stickig-schwülen Juniabend des Jahres 2015 auftauchte, war die Emanuel AME Church an der Calhoun Street in Charleston, South Carolina, in der eine Gebetsandacht stattfand. Eine Stunde lang saß er da, der einzige Weiße in einer traditionell aus Afroamerikanern bestehenden Kirchengemeinde.

Nachdem die Gläubigen einige Bibelstellen besprochen hatten, stand Roof auf, zog aus seiner Gürteltasche eine Pistole der Marke Glock, Kaliber .45, und begann, während er rassistische Hassparolen deklamierte, auf die Gemeindemitglieder zu schießen. Roof lud die nagelneue Glock 41 fünfmal nach und verwundete neun unbescholtene Menschen tödlich. Einer der Frauen sagte er, er werde sie verschonen, damit sie Anderen erzählen könne, was er getan hatte und warum. Er verließ die Kirche und wurde drei Tage später nach einer groß angelegten Zielfahndung durch das FBI und die lokale Polizei festgenommen.

Zwei Wochen später, am Donnerstag, den 9. Juli, hielt ich einen meiner regelmäßigen Gesprächstermine mit den Reportern ab, die über FBI-Fälle berichteten. Wir nannten diese Konferenzen »Block-und-Bleistift-Termine«, weil dabei weder Fotos noch Tonaufnahmen gemacht werden durften; die Hoffnung war, dass es einem substanzielleren Dialog zuträglich sein würde, wenn ich ohne Formalitäten (und ohne Jackett) Fragen der Reporter beantwortete. Wir veranstalteten diese Fragestunde alle drei Monate im Speiseraum des Direktors im FBI-Hauptquartier, einem Raum, der wohl ursprünglich (bei der Planung des Gebäudes Anfang der 1970er Jahre) dafür gedacht war, J. Edgar Hoover einen Prunksaal mit angeschlossener Profiküche zur Verfügung zu stellen, in dem er Bankette geben konnte. Doch Hoover starb noch vor Fertigstellung des Gebäudes. Ich war eher der Typ, der mittags am Schreibtisch sein Sandwich futterte. Immerhin war der Saal ein guter Ort für die Begrüßung ausländischer Besucher und für Gespräche mit Medienvertretern.

Sinn und Zweck dieser Treffen war es, der US-Öffentlichkeit auf dem Weg über die Medien ein möglichst detailliertes Bild von der Arbeit des FBI zu vermitteln. Das Treffen am 9. Juli verlief wie üblich; ein breites Spektrum an Themen wurde besprochen, mit besonderem Augenmerk auf den sogenannten Islamischen Staat, die terroristische Bewegung, die Gebiete in Syrien und im Irak erobert hatte und dies als Propagandainstrument nutzte, um US-Bürger zu Gewaltakten im Inland anzustacheln oder sie in ihr »Kalifat« zu locken. Keiner der Reporter, die sich um den riesigen rechteckigen Bankett-Tisch mit blauem Tischtuch drängten, stellte eine Frage zu dem Kirchen-Attentäter von

Charleston; er saß schon hinter Gittern, und die Ermittlungen waren im Gange.

Nach dem Block-und-Bleistift-Termin arbeitete ich den Rest meines Tagespensums ab, darunter am späten Nachmittag ein Treffen mit Amy Hess, der Sonderermittlerin, die die Wissenschafts- und Technologie-Abteilungen des FBI leitete. Zu ihrem Hoheitsbereich gehörte das riesige Kommunikationszentrum in West Virginia, in dem Anfragen aus dem ganzen Land zur Vertrauenswürdigkeit von Waffenkäufern zusammenliefen und verarbeitet wurden – mehrere Millionen Anfragen pro Jahr. Mitarbeiter des FBI bearbeiteten dort Anfragen von Waffengeschäften und führten Recherchen zum Vorleben und zu eventuellen Vorstrafen von Leuten durch, die eine Schusswaffe kaufen wollten. Dort arbeiteten einige der fleißigsten Leute, die wir beim FBI hatten – ihre ohnehin schon hohe Arbeitsbelastung nahm zeitweise noch erheblich zu, wenn die Waffenkäufe wieder einmal steil anstiegen, weil Leute fürchteten, die Regierung Obama wolle ihnen die Schusswaffen wegnehmen.

Die Abteilungsleiterin Hess wollte mich sprechen, um mir etwas mitzuteilen, das sie über den Fall des Kirchen-Attentäters Roof herausbekommen hatte. Sie war eine hochgewachsene, sportliche 50-Jährige, die noch immer die Agilität der Astronautin besaß, die sie ursprünglich hatte werden wollen, nachdem sie an der Purdue University ihr Diplom in technischer Astronomie gemacht hatte. Das FBI hatte sie schon während des Studiums angeworben, und sie war, auch ohne je einen Weltraumflug gemacht zu haben, zu einem unserer Stars aufgestiegen.

Jetzt blickte sie mich über die Ecke des Besprechungstisches hinweg an. »Wir haben einen Fehler gemacht. Diesem Dylann Roof hätte die Waffe, mit der er diese armen Leute in Charleston erschossen hat, nie verkauft werden dürfen.«

Wie beim FBI üblich, wenn eine sehr schlechte Nachricht verkündet wurde, blickte ich starr geradeaus und sagte: »Mehr Details bitte.« Sie lieferte. Roof war, kurz bevor er die Glock 41 kaufte, wegen Drogenbesitzes festgenommen worden. Dank einer Fehlerquelle, die mit der Geografie von South Carolina zu tun hatte, und wegen einer Lücke in unseren Verfahrensregeln, wandte sich der Sachbearbeiter, der die telefonische Anfrage zu Roofs Kaufwunsch entgegennahm, an die falsche Polizeidienststelle in South Carolina, als er sich erkundigen wollte, ob Roof irgendwelche Vorstrafen hatte oder als Konsument verbotener Drogen aufgefallen war. Hätte der Sachbearbeiter an der richtigen Stelle nachgefragt, hätte er aus den polizeilichen Unterlagen erfahren, dass Roof den Polizisten, die ihn verhaftet hatten, seinen regelmäßigen Drogenkonsum gestanden hatte. Das hätte zu einer unverzüglichen Ablehnung seines Kaufwunsches geführt. Stattdessen bekam er die Waffe. Und erschoss neun unschuldige Menschen, nur weil sie dunkelhäutig waren. Mir war übel.

Als ich Amy Hess zuhörte, wurden mir drei Dinge schnell klar: Erstens, das FBI musste hierzu eine öffentliche Erklärung abgeben, und zwar sofort. Zweitens mussten wir es den Familien der Opfer beibringen; und drittens musste ich dafür sorgen, dass der Sachbearbeiter, der diesen verzeihlichen Fehler begangen hatte, nicht zum Sündenbock gemacht wurde. Ich wies unsere PR-Leute an, das Pressekorps für den nächsten Morgen einzuladen, und forderte die Telefonnummer des Sachbearbeiters in West Virginia an.

Am nächsten Morgen führte ich ein aufwühlendes Telefongespräch mit dem mit der Überprüfung Roofs befasst gewesenen Sachbearbeiter, der sehr zerknirscht war. Ich ließ ihn wissen, dass unsere Leute in Charleston schon zu den Familien der Ermordeten unterwegs waren. Danach begab ich mich zum Speiseraum und setzte mich vor die versammelten Reporter – in denselben Sessel, in dem ich am Vortag gesessen hatte. Als ich den Blick um den Tisch herum schweifen ließ – die Männer und Frauen saßen Schulter an Schulter, und ihre in versetzter Reihe aufgestellten Namenskärtchen sahen aus wie ein längs über den Tisch gespannter Reißverschluss –, spürte ich eine Welle von Emotion auf mich zurollen. Ich erschrak, hielt inne, atmete tief durch und berichtete ihnen dann die Wahrheit: wie entsetzt wir alle im FBI darüber waren, dass uns dies passiert war. Dass wir keinen größeren Wunsch hatten als den, die Uhr zurückdrehen zu können. Was wir aber nicht konnten.

Wie das Justizministerium, dem es unterstellt ist, ist das FBI auf das Vertrauen und Zutrauen des amerikanischen Volkes angewiesen. Wenn kein Vertrauen mehr zum FBI vorhanden wäre – in den Gerichtssälen, an Straßenecken und bei Grillnachmittagen –, könnte es keine Sicherheit für die Menschen mehr garantieren. Voraussetzung für anhaltendes Vertrauen ist, dass man die Wahrheit sagt, über Erfolge ebenso wie über Fehler. In diesem Fall hatten wir einen Fehler gemacht, und wir schuldeten dem Land – und den Opfern – die Wahrheit, eine Forderung, die den Kern des Selbstverständnisses unserer Behörde ausmacht. Das amerikanische Volk konnte und würde entscheiden, wie es mit dieser Wahrheit umgehen wollte, aber es musste sie kennen – die volle Wahrheit.

Ich hatte nie vorgehabt, im Speisezimmer des Direktors Gäste zu empfangen, weil ich nie vorhatte, FBI-Direktor zu werden. Als Robert Mueller 2011 dem Ende seiner zehnjährigen Amtszeit entgegensah, kam er mit dem Ansinnen auf mich zu, ich solle sein Nachfolger werden. Ich sagte Nein. Jemand aus dem Beraterkreis des Weißen Hauses wandte sich an einen Freund von mir mit der Bitte, nachzufragen, ob ich Interesse hätte. Mein Freund leitete meine Antwort weiter, sie lautete Nein. Ich hatte kein Bedürfnis, wieder ein Regierungsamt zu übernehmen, noch dazu eines mit einem so hohen Stressfaktor. Nach meinem

Abschied aus dem Justizministerium 2005 war bei mir eine Krebserkrankung diagnostiziert worden, und ich hatte einen brutalen Parcours aus Strahlenbehandlung, Operation und Chemotherapie durchlaufen mit einigen chronischen Folgen, darunter eine bleibende Taubheit meiner Füße und meiner Fingerspitzen. Die Hinterlassenschaften meiner Krebserkrankung würden den Dienst als FBI-Direktor erst recht zur Herausforderung machen. Meine Kollegen bei der Investmentfirma Bridgewater Associates in Connecticut, für die ich als Justiziar tätig war, ließen sich einen ausgeklügelten Aprilscherz einfallen: Sie machten mir weis, der Präsident versuche dauernd, mich telefonisch zu erreichen, um mich zur Annahme des FBI-Führungsamts zu überreden. Ziemlich trickreich, aber ich nahm den Anruf erst gar nicht entgegen. Mir wäre es am liebsten gewesen, wenn die Idee in der Versenkung verschwunden wäre. Und das tat sie dann auch: Der Kongress verlängerte die Amtszeit Muellers um zwei Jahre.

Nach Ablauf dieser zwei Jahre tauchte die Idee jedoch wieder auf: Der Justizminister rief mich an und lud mich zu einem Bewerbungsgespräch ein. Da Patrice mir gut zuredete, erklärte ich mich bereit und machte mich auf den Weg nach Washington. Wenig später verkündete Präsident Obama, ich würde die Nachfolge Muellers antreten. Ich zog ohne Patrice und die Kinder nach Washington und kam übers Wochenende so oft wie möglich nach Hause. Ausgemacht war, dass die Familie nach zwei Jahren nachkommen würde, sobald es vom Schulbesuch her passte. Das war ganz praktisch so, denn es gab in Washington eine Menge zu tun – einige Themen warteten.

Es wurden Menschen zum Tod verurteilt und hingerichtet nach Prozessen, in denen Labortechniker des FBI Falschaussagen gemacht hatten. Überall in den USA saßen Leute Jahrzehnte im Gefängnis, nachdem das FBI-Labor die Beweiskraft von Haarvergleichen überbewertet hatte. Ich war schockiert, als ich nach meinem Amtsantritt von solchen Dingen erfuhr.

Haare sind nicht mit Fingerabdrücken vergleichbar. Form und Farbe eines Menschenhaars erlauben keine eindeutige Identifizierung einer Person. Bevor die Technik, Haare einer DNA-Analyse zu unterziehen, zur Verfügung stand, ließ sich durch Haarvergleiche ein einzelnes Haar bestenfalls einer Menschengruppe unbekannter Größe zuordnen, nicht aber einer Einzelperson. Niemand hatte je eingehend erforscht, wie oft – wenn überhaupt – zwei von verschiedenen Personen stammende Haare unter dem Mikroskop exakt gleich aussehen. Ein an einem Tatort gefundenes Haar konnte nur als negatives Beweismittel fungieren – »dieses Haar kann nicht von dem Verdächtigen stammen, denn es hat keine Ähnlichkeit mit seinen Haaren« –, nicht als positives. Ein Forensiker konnte über ein am Tatort gefundenes Haar bestenfalls sagen, es passe zu den Haaren des Tatverdächtigen, »aber wir wissen nicht, wie viele andere Menschen möglicherweise Haare haben, die genau dem am Tatort gefundenen Haar entsprechen«. Anders gesagt: Das Haar könnte vom Verdächtigen stammen, aber auch von einer anderen Person. Als Beweismittel war das Haar allerhöchstens ein Notbehelf.

Doch im Lauf der Jahrzehnte, beginnend spätestens in den frühen 1970er Jahren und bis gegen Ende der 1990er Jahre – als die DNA-Analyse Einzug in die vergleichende Haar-Untersuchung hielt –, schlich sich eine Praxis ein, die dem Haarvergleich viel mehr Beweiskraft beimaß, als es wissenschaftlich gerechtfertigt gewesen wäre. Ohne fundierte Standards, die den Ermittlern und Forensikern vorgeschrieben hätten, was sie als gesicherte Erkenntnis präsentieren konnten und was nicht, und in einem von Selbstüberschätzung, wenn nicht Hybris geprägten Labormilieu verstiegen sich immer mehr FBI-Sachverständige, die vor Gericht aussagten, dazu, den Geschworenen zu suggerieren, der Haarvergleich sei ein Identifizierungsmittel. In ihren Gutachten erklärten sie häufig, ein am Tatort eines Verbrechens gefundenes Haar sei »kompatibel mit Haaren vom Kopf des Angeklagten«. Das war schlimm genug, doch wenn dieselben Experten im Gerichtssaal in den Zeugenstand traten, wurde es in aller Regel noch schlimmer. Manchmal erklärten sie den Geschworenen, sie hätten in Tausenden Fällen noch kein einziges Mal erlebt, dass Haare von zwei Menschen unter dem Mikroskop identisch aussahen. Gelegentlich gingen sie noch ein Stück weiter und sagten, das am Tatort gefundene Haar stamme nach ihrer Ansicht wahrscheinlich, sehr wahrscheinlich oder mit an Sicherheit grenzender Wahrscheinlichkeit vom Kopf des Angeklagten. Und in einigen Fällen kamen sie völlig vom Weg der wissenschaftlichen Tugend ab, indem sie den Geschworenen versicherten, das am Pullover des Opfers gefundene Haar stamme vom Haupt des Angeklagten.

Diese FBI-Sachverständigen waren keine Lügner. Sie glaubten an die Qualität ihrer Arbeit und ihrer Schlussfolgerungen. Sie hatten die besten Absichten. Aber sie taten das Falsche. Keine ihrer gutachterlichen Aussagen war wissenschaftlich gedeckt. Doch es gab in den Gerichtssälen niemanden, der das wusste. Wissenschaftliche Mitarbeiter des FBI stellten etwas fest, die Staatsanwaltschaft baute es in ihre Beweisaufnahme ein, die Geschworenen glaubten es – in Tausenden Prozessen allerorten in den Vereinigten Staaten, vor Bundes- und Staatsgerichten, in den 1970er, 1980er und 1990er Jahren. Es war ein Desaster. Vielleicht waren die meisten der Angeklagten schuldig, und es bedurfte des Haarvergleichs gar nicht. Vielleicht. Aber einige von ihnen waren sicherlich unschuldig und wurden einzig durch das Haargutachten des FBI »überführt«. Und vielleicht sitzen einige dieser Leute noch im Gefängnis, und vielleicht wurden einige hingerichtet oder zumindest als Hinrichtungskandidaten behandelt.

Für mich steht fest, dass manche dieser aufgrund eines Haarvergleichs Verurteilten unschuldig waren. Seit 2009 sind allein im Hauptstadtbezirk D. C. mehrere Gefängnishäftlinge, die wegen eines Kapitalverbrechens einsaßen und bei denen der Schuldspruch maßgeblich auf von FBI-Laboren erstellten Haargutachten fußte, durch DNA-Analysen entlastet worden. Die *Washington Post* veröffentlichte Berichte über solche Fälle und spornte damit das FBI zum Handeln an.

2012 schloss Direktor Robert Mueller ein persönliches Abkommen mit dem Innocence Project, das die Interessen von Justizopfern vertritt, und dem Berufsverband der amerikanischen Strafverteidiger (National Association of Criminal Defense Lawyers), mit dem Ziel einer beschleunigten und systematischen Überprüfung aller Verurteilungen, bei denen Haarvergleiche eine Rolle gespielt hatten. Vorrangig sollten die Fälle geprüft werden, in denen ein Todesurteil gefällt, aber noch nicht vollstreckt war. Als ich ein Jahr später FBI-Direktor wurde und Einblick in das Problem bekam, war diese Überprüfung bereits angelaufen. Es war ein extrem aufwändiges Projekt: Protokolle Tausender abgeschlossener Prozesse mussten durchgesehen werden, um festzustellen, was die FBI-Sachverständigen den Geschworenen erzählt hatten. Spätestens 2015 war klar, dass wir da eine Pandorabüchse aufgemacht hatten.

Bis zum März 2015 hatten wir rund 500 der 3000 einschlägigen Fälle überprüft. In den 268 Fällen, in denen FBI-Sachverständige vor Gericht ausgesagt hatten und der Angeklagte auch aufgrund des von ihnen angestellten Haarvergleichs verurteilt worden war, fanden wir 257 (96 Prozent) fehlerhafte gutachterliche Aussagen. In den Fällen, in denen das Gericht die Todesstrafe verhängt hatte, waren 33 von 35 Haarvergleichs-Gutachten fehlerbehaftet. Neun der zum Tode Verurteilten waren zum Zeitpunkt unserer Untersuchung bereits hingerichtet worden, fünf waren aus anderer Ursache verstorben, während sie auf ihre Hinrichtung warteten. FBI-Sachverständige hatten in 41 Bundesstaaten vor Gericht ausgesagt, und fast allen waren in ihren Haarvergleichs-Analysen Fehler unterlaufen.

Es war ein Albtraum. Die Öffentlichkeit hatte keine Ahnung, wie schlecht wir gearbeitet hatten. Ich traf die Entscheidung, der Bevölkerung reinen Wein einzuschenken; im Verein mit den beiden Organisationen, die bei dem Projekt unsere Partner waren, gaben wir eine Presseerklärung heraus. Ich verfolgte damit nicht die Absicht, dem FBI zu schaden; ich wollte meine Leute nur zwingen, dem Problem ins Auge zu sehen und es aus der Welt zu schaffen, und zugleich wollte ich die staatlichen Instanzen unter Druck setzen, begangenes Unrecht wiedergutzumachen. Des Weiteren wollte ich die Größe des Problems sichtbar machen, damit kein Abwimmeln mehr möglich sein würde. Ich weiß ja nur zu gut, wie in unserer Strafjustiz mit Fehlern umgegangen wird.

Leute sagen erbauliche Sachen darüber, wie wichtig ihnen Gerechtigkeit ist, aber es ist sehr schwierig, jemanden dazu zu bewegen, Fehler einzugestehen, die bei der Verfolgung dieses Ziels gemacht wurden. Eine wichtige Facette dieser Widerwilligkeit ist der Umstand, dass »Ungerechtigkeit« oft eine Abstraktion ist. Als mir zugetragen wurde, dass etliche Mitarbeiter des Labors über meinen Umgang mit der Haarvergleichs-Kontroverse nicht glücklich waren, fuhr ich runter und aß mit einer Gruppe von ihnen zu Mittag.

Keine dieser wissenschaftlichen Fachkräfte hatte je mit Haarvergleichen zu tun gehabt, aber das Labor war ihr Leben. Bei Sandwich und Eiswasser hörte ich mir ihre schwerwiegenden Einwände an: Sie machten sich Sorgen um das Labor, seinen guten Ruf und die Arbeitsmoral der Mitarbeiter. Seit zwei Jahrzehnten arbeiteten sie daran, das Labor in Schuss zu bringen, zu professionalisieren, die besten Wissenschaftler anzulocken und gleichbleibend gute Arbeit zu leisten, auf die man stolz sein konnte. Was die Presse jetzt hinausposaunte, würde all das gefährden. Kopfschmerzen bereitete ihnen auch der Umstand, dass unsere Partner-Organisationen bei der Aufarbeitung des Haarvergleichs-Debakels einen Hintergedanken hatten: die Affäre für die Diskreditierung aller vom FBI-Labor entwickelten und praktizierten vergleichenden Analysen (mit Ausnahme der DNA-Analyse) zu nutzen – etwa der Analyse von Farbpartikeln, Fasern, Reifen, Patronen, Handschriften, menschlichen Stimmen und so vielen weiteren Dingen, die über den Erfolg unserer Ermittlungsarbeit entscheiden konnten.

Das mag sein, entgegnete ich, aber wir haben in Hunderten Fällen falsches Zeugnis abgelegt, und jede Menge Unschuldige sitzen womöglich unseretwegen im Gefängnis. Das müssen wir korrigieren, und welche Folgen das auch immer für das FBI haben mag, ist zweitrangig. Alle nickten und sagten, sie sähen das ein; doch bei mir hinterließ das Gespräch den Eindruck, dass selbst für diese integren, intelligenten Leute die Zahl von Hunderten unschuldig verurteilter Menschen eine zu abstrakte Größe war, um emotionale Wucht zu entfalten. Diese paar Hundert Menschen waren nicht da. Hätte ein einziger unschuldig Verurteilter mit am Tisch gesessen, gleich ob bei seinem Prozess überhaupt ein Haarvergleich eine Rolle gespielt hätte, hätte es sich anders angefühlt. Vielleicht auch, wenn sie sich an Jeff Cox erinnert hätten, so wie ich.

Cox saß einfach da und starrte vor sich hin. Seine Augen waren leblos. Die meisten, die lebenslänglich einsitzen, nachdem alle Berufungen verworfen sind, beteuern entweder wütend ihre Unschuld, oder sie gestehen ihr Verbrechen. Jeff Cox tat keines von beidem; er ließ sich einfach hängen. Der FBI-Beamte hielt sich im Staatsgefängnis von Virginia am James River auf, weil er Ermittlungen zu einer Anzahl von Messermorden in Virginia durchführte, die allem Anschein nach das Werk eines Serienmörders waren. Cox war wegen der brutalen Ermordung einer älteren Frau in Richmond verurteilt worden – die Tatwaffe war ein Messer gewesen. Nach Angaben von Zeugen waren an der Entführung und Ermordung der Frau zwei Männer beteiligt gewesen, aber die Polizei hatte nur Cox zu fassen bekommen. Vielleicht konnte er Hinweise auf den Serienmörder geben – oder er war es selbst.

Cox mit seinen leblosen Augen sagte dem Ermittler, er könne nichts beitragen, da er mit keinem der Verbrechen etwas zu tun habe. Wäre es anders, würde er es dem Beamten erzählen, denn er habe nichts mehr zu verlieren. Er habe ja schon alles verloren für eine Tat, die er nicht begangen habe, und jetzt besitze er nichts mehr, das er noch mit jemandem teilen könne. Das Gespräch hinterließ bei dem Beamten tiefen Eindruck. Er hatte Hunderte von Gefängnishäftlingen befragt und war nie mit dem Gefühl hinausgegangen, dass da etwas furchtbar falsch gelaufen war. Er konnte nicht einschlafen und sah unentwegt Cox und seine leblosen Augen vor sich.

Es war ein brutales Verbrechen gewesen. Eine ältere Frau namens Ilouise Cooper wurde 1990 in Richmond mitten in der Nacht von einem ein Messer schwingenden Mann aus ihrem Haus gezerrt, während ihr schwerbehinderter Mann um Hilfe rief. Der Täter schob die Frau in ein wartendes Auto, an dessen Steuer ein anderer Mann saß, und sie fuhren weg. Es gab zwei Augenzeugen: eine junge Nachbarin und einen Passanten auf der Straße. Am nächsten Tag wurde in einem nicht weit entfernten Park die Leiche der erstochenen Mrs. Cooper gefunden.

In Richmond war die Empörung über das Verbrechen groß, und eine Sonderkommission der städtischen Polizeibehörde unter Führung eines erfahrenen, ja legendären Mordermittlers nahm die Jagd nach dem Mörder auf. Sie erhielten einen Tipp: Die Bluttat sei ein Racheakt gewesen, begangen von Drogenkäufern, die von einem Drogendealer, der im gleichen Straßenzug wohnte wie Ilouise Cooper, gelinkt worden seien. Daraus entwickelte sich die Theorie (die sich später als zutreffend herausstellte), Mrs. Cooper sei irrtümlicherweise ermordet worden – die Killer hätten an der falschen Haustüre geklingelt und angenommen, die Frau sei die Mutter oder Großmutter des Dealers.

Ein Spitzel steckte den Ermittlern den Namen eines Verdächtigen zu, und diesen Mann, der den Behörden nicht unbekannt war, begannen sie gezielt auszuforschen. Dabei fanden sie heraus, dass er einen Bekannten namens Jeff Cox hatte, der wiederum eine gewisse Ähnlichkeit mit einem Phantombild des Mannes hatte, der Mrs. Cooper aus ihrem Haus zum Auto geschleppt hatte. Das Phantombild hatte ein Polizeizeichner nach den Angaben eines der beiden Augenzeugen angefertigt.

Die Ermittler machten heimlich Fotos von Jeff Cox, der unbescholten war und als Klimaanlagen-Techniker arbeitete, und zeigten die Bilder den beiden Augenzeugen. Die Polizei erstellte kein Protokoll der auf die Fotos gestützten Identifizierung, abgesehen von einer knappen Aktennotiz, die besagte, die Zeugen hätten Cox wiedererkannt.

Jeff Cox wurde festgenommen und des Mordes angeklagt. Die Anklage hatte keine Tatwaffe, keine forensischen Beweismittel und keinen Beleg für ein Tatmotiv. Das von der Anklage präsentierte Belastungsmaterial passte in einen einzigen dünnen Schnellhefter. Cox heuerte einen Anwalt an, der den Fall in eine zweitägige Verhandlungspause quetschte, die der Richter in einem anderen laufenden Verfahren, bei dem es um die Todesstrafe ging und in dem der Anwalt ebenfalls als Verteidiger wirkte, verfügt hatte. Der Prozess dauerte nicht einmal die vorgesehenen zwei Tage; die Anklage befragte die beiden Augenzeugen, Cox bot eine Freundin auf, die sein Alibi bestätigte, aber die Geschworenen sprachen ihn nach kurzer Beratung schuldig. Er wurde zu lebenslanger Haft verurteilt.

Fast zehn Jahre später erfuhr ich von dem Fall. Der FBI-Beamte, der nicht hatte einschlafen können, trug ihn beim Stab des US-Bundesanwalts für Virginia in Richmond vor, der meiner Aufsicht unterstand. Der Beamte war überzeugt, dass hier ein Unschuldiger zu Lebenslänglich verurteilt worden war. Er gewann uns dafür, eine Untersuchung des Falles zu befürworten, und wir eröffneten diese Untersuchung mit der ziemlich fadenscheinigen Begründung, es habe sich um ein Verbrechen im Drogenmilieu gehandelt, begangen nach einhelliger Überzeugung von zwei Tätern, von denen einer noch auf freiem Fuß war.

Der Stellvertretende Bundesanwalt für Virginia, Bob Trono, konnte zweifelsfrei beweisen, dass Cox unschuldig war, und legte hieb- und stichfeste Beweise für die Täterschaft zweier anderer Männer vor. Er fand den Drogenhändler, der in den ursprünglichen Streit verwickelt gewesen war (und für dessen Großmutter die Täter Mrs. Cooper gehalten hatten). Der Mann kannte Jeff Cox nicht und identifizierte die beiden anderen Burschen als diejenigen, mit denen er damals in Streit geraten war. Einer dieser Burschen fuhr ein Auto, das dem der Entführer von Mrs. Cooper entsprach, und besaß dank seiner Tätigkeit als Koch eine Kollektion von Spezialmessern, von denen eines genau zu den Stichwunden im Leichnam der Frau passte. Die Ex-Frau des Kochs erinnerte sich, ihn am Tag nach dem Mord auf seine heftig zerkratzte Schulterpartie angesprochen zu haben, worauf er erklärt habe, »eine Schlampe« habe ihm die Kratzer verpasst. Am Ende gab der Koch bei einer Vernehmung im Beisein seines Anwalts zu, den Mord zusammen mit einem seiner Kumpels begangen zu haben, just dem Mann, den zuvor der Drogenhändler identifiziert hatte.

Im Licht der neuen Ermittlungsergebnisse besprachen wir den Fall mit der Polizei und dem vor Ort zuständigen Staatsanwalt. Die Polizeibeamten nahmen es uns sehr übel, dass wir Mittel und Ressourcen der Bundesregierung für die Rehabilitierung des Kerls einsetzten, der, wie für sie zweifelsfrei feststand, eine ältere Dame ermordet hatte. Auch die Augenzeugen, von denen ich einen befragte, zeigten sich empört über unsere Unterstellung, sie könnten sich geirrt haben. Die Reaktion des örtlichen Staatsanwalts war eigenwillig. Wie er uns erklärte, hatte er zur Zeit des Prozesses an die Schuld des Angeklagten geglaubt, hatte jedoch immer ein Problem damit gehabt, dass Cox das Urteil »lebenslänglich« über sich ergehen ließ, ohne sich um eine Absprache mit der Staatsanwaltschaft zu bemühen, die zu einer milderen Bestrafung hätte führen können; darauf habe er (der Staatsanwalt) damals stets gehofft. Doch letztlich hatte er sich ungeachtet seiner Skrupel dafür entschieden, die Entscheidung über Schuld oder Unschuld des Angeklagten den Geschworenen zu überlassen.

Eine ungute Wende nahm die Sache, als der auf den Fall angesetzte FBI-Beamte die Überzeugung gewann, ein damals mit der Aufklärung des Mordes an Ilouise Cooper befasster Kriminalbeamter sei korrupt und habe Cox vorsätzlich zum Täter gestempelt. Als ich erfuhr, dass der FBI-Ermittler begonnen hatte, den Kriminalbeamten zu beschatten, forderte ich ihn höflich auf, seine Ermittlungen gegen den Polizisten zu vertagen, weil wir dessen Zuarbeit brauchten, um den Fall Cox aufzudröseln. Er weigerte sich und sagte, er könne beides zugleich: seinen Beitrag zur Rehabilitierung von Jeff Cox leisten und die Korruption des Beamten aufdecken.

Ich führte daraufhin eine Unterredung mit den Leitern der FBI-Außenstelle Richmond. Zum ersten und einzigen Mal in meiner FBI-Laufbahn bat ich darum, einem FBI-Beamten einen Fall zu entziehen. Unsere vorrangige Aufgabe sei es im Moment, so erläuterte ich, einem Unschuldigen die Freiheit wiederzugeben, der andernfalls den Rest seines Lebens im Gefängnis verbringen müsste – und hoffentlich den wahren Mörder zu finden, der damals seiner gerechten Bestrafung entgangen war. Korruption bei der Polizei sei, so argumentierte ich, gewiss ein wichtiges Thema, auch wenn ich mir selbst noch keine Meinung darüber bilden könne, ob der betreffende Polizist korrupt sei oder nicht, da ich noch keine Beweise gesehen hätte. Wir hätten den Mann jedoch dafür gewonnen, bei der Aufarbeitung des Cox-Falles mit uns zusammenzuarbeiten, und ich könne nicht zulassen, dass unser Ermittler mit seinem Verhalten diesen Erfolg aufs Spiel setzte. Der Ermittler wurde von dem Fall abgezogen und nahm mir das zutiefst übel.

Der Bundesstaat Virginia teilte uns mit, seine Behörden würden Jeff Cox nicht auf freien Fuß setzen, solange wir nicht rechtsgültig nachwiesen, dass jemand anderes das Verbrechen begangen hatte und dass sich eine Beteiligung von Cox an dem Mord ausschließen ließ. In informellen Gesprächen räumten die Vertreter der Staatsregierung zwar ein, dass alles für Cox' Unschuld sprach, doch der Gouverneur war ungeachtet des erheblichen öffentlichen Drucks, den beispielsweise die *Washington Post* mit mehreren Leitartikeln zu dem Fall aufbaute, nicht bereit, einen in einem so aufsehenerregenden Fall als Täter Verurteilten freizulassen, ohne dass entweder eine zweifelsfreie Entlastung durch einen DNA-Abgleich vorläge oder wir die Öffentlichkeit davon überzeugen könnten, dass wir den wirklichen Mörder gefasst hatten.

Um Cox zu befreien, entsandten wir Bob Trono an den Staatsgerichtshof von Virginia mit dem Auftrag, dort vorübergehend als ermittelnder Staatsanwalt zu wirken. Er erhob Anklage gegen den Koch als einen von zwei Tatbeteiligten, führte den Prozess als Anklagevertreter und erreichte die Verurteilung des Angeklagten. Zu den Beweismitteln gehörte die Aussage des Kochs, er habe in der Tatnacht das Auto gefahren; er offenbarte auch die Identität seines Mittäters, der Ilouise Cooper aus ihrem Haus geschleppt hatte. Kaum war der Koch verurteilt, kam Cox auf freien Fuß – nach elf Jahren Haft für ein Verbrechen, das er nicht begangen hatte. Der Mittäter wurde nie angeklagt, weil der Koch sich weigerte, gegen ihn auszusagen.

Abstraktionen springen dir nicht ins Gesicht. Sie haben keine leblosen Augen. Und niemand wird dafür befördert, dass er einen abgeschlossenen Fall noch einmal aufrollt. Wir veröffentlichten unsere Pressemitteilungen über Fehler bei der vergleichenden Haaranalyse, um die Welt wissen zu lassen, was für einen großen Schaden das FBI angerichtet hatte. Ich traf mich mit den FBI-Mitarbeitern, die mit der Untersuchung der Altfälle beauftragt waren, und sprach ihnen Lob und Unterstützung zu. Ich versicherte ihnen, dass ich ihre Arbeit – das Durchforsten Hunderter Prozessakten – aufmerksam verfolgte. Ich sicherte ihnen meine jederzeitige Hilfe zu und schrieb Briefe an Dutzende Gouverneure mit der Bitte um Unterstützung beim Lokalisieren alter gerichtlicher Verhandlungsprotokolle und ersuchte sie, die Arbeitsweise ihrer Labortechniker, die 40 Jahre lang vom FBI geschult worden waren, einer Überprüfung zu unterziehen. »Wir möchten möglichst sicher sein, dass nicht noch weitere Unschuldige wegen unserer Arbeit hinter Gittern sitzen«, schrieb ich. »Wie Ihnen, liegt auch uns sehr viel an Gerechtigkeit, und dazu gehört nicht nur, dass man Verurteilungen erzielt, sondern auch, dass man alles tut, um Fehler zu korrigieren. Es tut mir sehr leid, dass das FBI Sie in diese Situation gebracht hat, und ich bedanke mich schon vorab für Ihre Hilfe.«

Mit dem Einräumen begangener Fehler bei der vergleichenden Haaranalyse verband sich natürlich unmittelbar das Bemühen, ergangene Fehlurteile in individuellen Fällen zu korrigieren. Aber unser öffentliches Eingeständnis dieser Fehler diente auch noch einem darüber hinausweisenden Zweck: Wenn wir wollten, dass das amerikanische Volk uns vertraute, mussten wir es davon überzeugen, dass wir ihm jederzeit die Wahrheit sagen würden, auch in eigener Sache – ganz besonders auch in eigener Sache. Es war wichtig, dass die Leute uns Glauben schenkten, wenn wir ihnen etwas mitteilten, das wir festgestellt hatten, wenn wir ein Versprechen abgaben oder wenn wir einen Fehler korrigierten. Sie mussten wissen, dass wir nicht Teil einer politischen Clique waren, dass unser Interesse einzig der Suche nach der Wahrheit galt. Ohne das Vertrauen unserer Mitbürger könnten wir einpacken. Es sollte eine Zeit kommen, in der dieses Vertrauen auf die Probe gestellt wurde: vor Hauseingängen in vielen Straßen der Kleinstadt Ferguson in Missouri.

Am 9. August 2014, einem Samstag, fiel zur Mittagsstunde Michael Brown mitten auf der Fahrbahn des Canfield Drive in Ferguson tot um, erschossen von dem Polizeibeamten Darren Wilson. Für ein paar schreckliche Minuten herrschte auf der Straße und in der Nachbarschaft noch Stille, doch danach brachen in dem Städtchen – und im ganzen Land – die Dämme. Während noch Ruhe herrschte, taten Kriminaltechniker am Tatort ihre Arbeit; der Leichnam blieb zunächst gemäß gängiger polizeilicher Praxis liegen, damit Spuren und Beweise gesichert und Messungen gemacht werden konnten. Doch schon zwanzig Minuten bevor über die Leiche Browns ein Tuch gebreitet wurde, sammelten sich Leute aus der Nachbarschaft am Tatort, und einige stießen lautstarke Todesdrohungen gegen die Beamten aus. Wut baute sich auf. Zweimal sorgten Meldungen über Gewehrschüsse in der Nähe dafür, dass die Spurensicherung am Tatort unterbrochen wurde. Am nächsten Tag fand eine Kerzenlicht-Mahnwache für Michael Brown statt, an die sich Plündereien und Zündeleien anschlossen, der Auftakt zu mehreren Krawallnächten.

Zuständig für die Untersuchung der Tatumstände war die örtliche Polizeibehörde, und sehr bald leitete auch der Staatsanwalt des Landkreises, des St. Louis County, eigene Ermittlungen ein. Am Montag, den 11. August beschlossen wir vom FBI, im Rahmen unserer Zuständigkeit für Bürgerrechtsfälle die Umstände des Todes von Michael Brown zu untersuchen. Die Stimmung war zu aufgeheizt und die Kluft zwischen der Schwarzen Bevölkerung und den örtlichen Gesetzeshütern zu breit und tief, als dass wir uns hätten heraushalten können. Wir versprachen eine unabhängige Prüfung der Tatumstände.

Am selben Tag berichteten zwei Männer, die behaupteten, die Schießerei beobachtet zu haben, der Presse, Brown habe mit erhobenen Händen dagestanden, als die Polizisten ihn mit mehreren Schüssen niederstreckten. Angesichts des zerrütteten Verhältnisses zwischen der Polizeitruppe von Ferguson und den Schwarzen Einwohnern des Städtchens – Ergebnis einer repressiven und rassistischen Rechts- und Ordnungskultur – wäre die Tötung eines 18-jährigen unbewaffneten Schwarzen Mitbürgers durch einen weißen Polizeibeamten unter allen erdenklichen Umständen zutiefst verstörend gewesen. Die Aussage der Zeugen, Brown sei trotz erhobener Hände erschossen worden – was, wie sich erweisen sollte, nicht stimmte –, war Öl ins Feuer.

Am Abend versuchte die in voller Schutzmontur angetretene Polizei, mit Tränengas und Gummigeschossen einen Demonstrationszug aufzulösen. Videobilder aus Ferguson zeigten viele Polizeibeamte mit soldatischer Ausrüstung und Bewaffnung – gepanzerte Fahrzeuge, Körperpanzerung, Sturmgewehre. Auf im Internet kursierenden Fotos war zu sehen, wie Polizisten ihre Schusswaffen auf Demonstranten richteten.

Drei Tage später veröffentlichte die Stadtverwaltung von Ferguson Videobilder einer Überwachungskamera; sie zeigten, wie Michael Brown (wenige Minuten bevor der Polizeibeamte ihn erschoss) einen Mitarbeiter des Ferguson Market weggestoßen und Zigarillos geklaut hatte. Die Veröffentlichung des Videos empörte die Protestierenden, die darin weniger einen Akt der

Transparenzschaffung sahen als einen Versuch, den jungen Mann postum zu diskreditieren. Der Gouverneur von Missouri verhängte eine abendliche Ausgangssperre und forderte die Nationalgarde an. Die Unruhen hielten viele Tage an.

Die Lage in Ferguson beruhigte sich – bis der Staatsanwalt des Landkreises drei Tage vor Thanksgiving seine Entscheidung bekanntgab, den Polizeibeamten nicht anzuklagen. Die Protestdemonstrationen schlugen am Abend erneut in Gewalt um. Mindestens ein Dutzend Gebäude und mehrere Polizeifahrzeuge wurden angezündet, Polizisten mit Steinen und Batterien beworfen, und durch die Straßen von St. Louis hallten Gewehrschüsse.

Eingenebelt von all dem Krawall und Schmerz über die Tötung Michael Browns, tat das FBI sein Möglichstes, um herauszufinden, was genau vorgegangen war. Wir schickten Dutzende unserer Beamten nach Ferguson, die, jeweils paarweise unterwegs (Mann und Frau), an viele Hunderte Haustüren klopften und viele Fragen stellten. Sie trugen keine Uniformen, sondern offene blaue Anoraks mit dem großen gelben FBI-Schriftzug. Es konnte keinen Zweifel daran geben, für wen sie arbeiteten. Und etwas Bemerkenswertes passierte. Jede Tür öffnete sich, und alle redeten mit uns. Hunderte Menschen aus mehr als 300 Wohnungen und Häusern beantworteten unsere Fragen, erzählten, was sie gesehen hatten, was sie wussten und wen wir nach ihrer Ansicht noch befragen sollten. Eine Bürgerschaft, die für ihre eigene Polizei nur noch Verachtung übrighatte, vertraute diesen Fremden vom FBI.

In der FBI-Zentrale erstellten wir ein Dossier aus den Ergebnissen dieser Haustür-Befragung und dem, was uns über 100 Personen erzählt hatten, die sich als Augenzeugen der Ereignisse bezeichneten. In Zusammenarbeit mit der Bürgerrechts-Abteilung des Justizministeriums analysierten unsere Spezialisten materielle, ballistische und forensische Beweisstücke sowie gesicherte Spuren und Asservate vom Tatort, ferner Arzt- und Autopsieberichte und Audio- und Videoaufnahmen; auch Mobilfunk- und Social Media-Daten wurden ausgewertet. Unterm Strich ergab sich aus allen diesen Recherchen und Analysen eine Beweislage, die nicht dem entsprach, was die meisten Leute aufgrund der Berichterstattung in den Medien erwarteten.

Die Bürgerrechte-Abteilung des Justizministeriums führte parallel dazu eine Überprüfung der Polizeibehörde von Ferguson nach den Kriterien »Muster und Praktiken« durch. Diese nahm mehr Zeit in Anspruch als die kriminalpolizeiliche Untersuchung des Tatgeschehens und förderte ein erschreckendes Muster an seit Jahren anhaltender Schikanierung der Schwarzen Bevölkerung zutage, Ausdruck einer kommunalen Kultur, in der die Afroamerikaner als wichtige Finanzierungsquelle für die Stadtkasse fungierten, indem eine ganz überwiegend aus Weißen bestehende Polizei- und Ordnungsbehörde ihnen unablässig Bußgelder und Geldstrafen abknöpfte.

Als sowohl die kriminalpolizeiliche als auch die »Muster und Praktiken«-Untersuchung abgeschlossen waren, präsentierte das Justizministerium unsere Arbeit der amerikanischen Öffentlichkeit: Zwei Berichte gingen an ein und demselben Tag den Medien zu: der eine, 83 Seiten lang, über die kriminalpolizeiliche Untersuchung, der andere, 102 Seiten lang, über Selbstverständnis, Kultur und Praktiken der Polizei von Ferguson. Wir erhoben gegen niemanden Anklage; vielmehr gab das Ministerium, in Übereinstimmung mit unserer langjährigen Praxis in Fällen von großem und legitimem öffentlichen Interesse, einen Überblick darüber, welche Untersuchungen wir angestellt hatten, was wir daraus gelernt hatten und welche Konsequenzen wir daraus ableiteten. Dabei genügte es unseren Ansprüchen an eine Transparenz, die diesen Namen verdient, nicht, einfach nur die Ergebnisse unserer Analysen bekannt zu geben. Die Leute – besonders die vielen, die monatelang mit mangelhaften Informationen gefüttert worden waren –, hatten es verdient, Genaues zu erfahren; sie brauchten ein detailliertes Bild, wenn sie darauf vertrauen sollten, dass Gerechtigkeit walten würde.

Die Beweise reichten nicht aus, um den Polizeioffizier Wilson eines Verbrechens anzuklagen. Wie die Beweisaufnahme ergab, war Wilson in seinem auf die Polizeibehörde zugelassenen, als Einsatzfahrzeug gekennzeichneten SUV unterwegs, als er Michael Brown und dessen Freund erblickte, die mitten auf der Fahrbahn des Canfield Drive spazierten. Die beiden jungen Männer kamen vom Ferguson Market, einem Supermarkt, dessen Überwachungsvideo zeigte, dass Brown mehrere Packungen Zigarillos einsteckte, woraufhin ein Angestellter ihn aufzuhalten versuchte. Seine Körpergröße versetzte Brown in die Lage, den Angestellten gleichsam über den Haufen zu rennen. Ein Zeuge hörte Brown sagen: »Und was machst du jetzt?«, als er den Mann wegschob. In seinem Auto hörte Wilson den Polizeifunk, der einen »aktuellen Diebstahl« in dem Supermarkt meldete, dazu eine Personenbeschreibung Browns und seines Kumpels.

Als Wilson zwei Personen sah, die der durchgegebenen Beschreibung entsprachen und mitten auf der Straße gingen, gab er ihnen Anweisung, auf den Gehweg zu wechseln, und forderte über Funk Verstärkung an. »Ortet mich auf dem Canfield [Drive] und schickt mir einen zweiten Wagen.« Nach Aussagen von Browns Kumpel befahl Wilson ihnen: »Schert euch verdammt nochmal auf den Gehweg.« Wilson hatte die beiden überholt und sich quergestellt, so dass er die Fahrbahn blockierte und beiden Männern den Weg versperrte. Als Offizier Wilson seine Fahrertür öffnen wollte, prallte sie gegen Browns Körper und schlug umgehend wieder zu.

Nach Wilsons Aussage sagte Brown: »Was verdammt machst du da?«, bevor er die Fahrertür zuschmetterte. Browns Begleiter sagte aus, der Polizist habe, als er und Brown sich dem Polizeiwagen näherten, die Fahrertür aufgeschubst; sie sei von Brown abgeprallt und wieder zugefallen.

Was dann geschah, konnten wir anhand glaubhafter Zeugenaussagen und materieller Beweismittel rekonstruieren: Michael Brown griff durch das geöffnete Fenster ins Fahrzeug und begann dem kleineren Wilson Schläge ins Gesicht und gegen den Oberkörper zu versetzen; dabei erlitt der Polizist Blutergüsse im Gesicht und Kratzwunden am Hals. Die beiden verkrallten sich ineinander, als Wilson die Schläge abzuwehren versuchte. Da er in seiner sitzenden Stellung und wegen des Ringens mit Brown an keine seiner anderen Dienstwaffen herankam, begann er seine Pistole aus der Gürtelhalterung an seiner rechten Hüfte zu ziehen.

Brown beugte sich über ihn und griff nach der Pistole, woraufhin die beiden sich um die Waffe balgten. Wilson feuerte einen Schuss ab und traf Browns Hand aus kürzester Entfernung. DNA-Spuren im Wagen, auf Wilsons Hemdkragen und auf der Waffe bestätigten, ebenso wie die Analyse von Browns Handverletzung, die Darstellung Wilsons, dass Brown sich schon mit dem halben Oberkörper im Wageninneren befand und nach der Waffe griff, als der Schuss fiel.

An der Hand verwundet, schreckte Brown zurück und rannte weg, den Canfield Drive entlang. Wilson stieg aus und nahm, mit der Waffe in der Hand, die Verfolgung auf. Sämtliche glaubwürdigen Zeugen sowie die ballistische Analyse und die Autopsieberichte stimmen darin überein, dass Wilson keinen weiteren Schuss abgab, bis Brown stehen blieb, sich umdrehte, offenbar einen kleinen Hüpfer vollführte und dann auf den Polizisten zustürmte. Der Beweislage zufolge feuerte Wilson drei Salven ab, als Brown auf ihn zukam, insgesamt waren das zehn Schüsse. Brown wurde von etlichen Kugeln getroffen; der letzte Schuss traf ihn in die Stirn, als er nur noch rund einen Meter von Wilson entfernt war und in vorgebeugter Haltung auf ihn zukam.

Brown lag leblos auf dem Bauch, die eine Hand auf Hüfthöhe zur Faust geballt, die andere, verletzte, flach neben sich.

Zwar sagten mehrere Personen aus, sie hätten Brown die Hände hochhalten sehen, doch die Ermittler konnten diese Darstellung nicht mit den materiellen Beweisen, mit früheren Äußerungen der angeblichen Augenzeugen und mit den Aussagen glaubwürdiger Zeugen vereinbaren. Einige von denen, die Medienvertretern erzählt hatten, Brown sei mit zum Zeichen des Aufgebens erhobenen Händen erschossen worden, gaben später zu, die Schießerei gar nicht gesehen zu haben. Die glaubwürdigen Augenzeugen machten ganz unterschiedliche Aussagen darüber, was Brown im Moment des Zustürmens auf Wilson mit seinen Händen angestellt hatte – sie zur Faust geballt, sie ausgestreckt oder mit ihnen seine Hose hochgezogen –, und auch ihre Erinnerung daran, wie er sich bewegte – losstürmend, »in Zeitlupe« oder im Laufschritt –, differierten erheblich. Aber alle stimmten darin überein, dass Brown sich auf den Polizeibeamten zu bewegte, als die Schüsse fielen. Auch die Zeugen, die sich erinnerten, dass Brown für einen Moment seine Handflächen in Schulterhöhe nach vorn gestreckt hatte, gaben an, er habe dann die Hände fallen lassen und sei auf Wilson zugeprescht.

Es war eine Tragödie in vielerlei Hinsicht. Ein junger Mann büßte sein Leben ein. Eine unterdrückte Bevölkerungsgruppe explodierte. Das Leben eines Polizeibeamten bekam einen Knick mit bleibender Wirkung. Doch das Justizministerium setzte ein bedeutsames Zeichen, indem es einen fundierten Bericht über den Tod Michael Browns und über den Rassismus in Ferguson erstellte. Für diejenigen, die die Wahrheit wissen wollten – sowohl darüber, was auf dem Canfield Drive passiert war, als auch über die Zustände in Ferguson in den Jahren vor diesem schrecklichen Tag –, lagen Tatsachen auf dem Tisch, bis ins Detail aufbereitet. Die Menschen von Ferguson vertrauten uns, und wir belohnten dieses Vertrauen, indem wir ihnen die Wahrheit sagten. Das Reservoir machte den Unterschied. Es machte unser Land nicht wieder heil, das in Bezug auf Zusammenleben und Polizeiarbeit noch eine Menge zu lernen hat; aber zumindest an diesem einen Ort, in Ferguson im Staat Missouri, trug das Reservoir zu einer Wende zum Besseren bei – zu einer besseren Polizei, einer besseren politischen Führung, einer besseren Gemeinschaft.

Vierter Teil

DAS LECKGESCHLAGENE RESERVOIR

Im Wahljahr 2016, das von ausufernder parteipolitischer Spaltung gekennzeichnet war, habe ich eines gelernt: Wenn die Angriffe von allen Seiten kommen, reichen Wahrheit und Transparenz nicht unbedingt aus, um die Glaubwürdigkeit der Justiz zu gewährleisten. Ich musste mit ansehen, wie die Trump-Regierung dem Vertrauensreservoir ein Leck nach dem anderen schlug. Verstöße gegen die Tradition einer nicht von Parteiinteressen geleiteten Rechtsdurchsetzung und permanente Angriffe des Präsidenten auf die Institution selbst, unterstützt und angestiftet von seinem Justizminister, der seine Funktion – in einem Ausmaß wie seit Watergate nicht mehr – missbrauchte und Vertrauen verschleuderte. Jede Lüge, jede Kungelei zugunsten von Freunden, jede Vergeltungsmaßnahme gegen Feinde – jedes Mal, wenn er beweisen wollte, dass das Justizministerium allein dem Präsidenten gegenüber loyal ist – schlug weitere Lecks in das Reservoir. Der Schaden ist immens, aber die Geschichte weist uns den Weg zurück. Noch ist Justitia zu retten.

14
AFFENTHEATER

Jeder Mensch hat ein Recht auf seine eigene Meinung,
aber nicht auf eigene Fakten.
Daniel Patrick Moynihan

Das FBI wollte überhaupt keine Rolle spielen bei der Präsidentenwahl 2016. Sie war der Kampf von zwei Kandidaten mit den geringsten Vertrauenswerten in der Geschichte der Meinungsumfragen. Wir wurden hineingezogen, als uns der Generalinspekteur der Intelligence Community strafrechtliche Ermittlungen zu Hillary Clinton und der Nutzung ihres privaten E-Mail-Kontos für als geheim eingestufte Informationen nahelegte.

Selbstverständlich kannte jede Parteiseite das Ergebnis schon, bevor wir überhaupt zu ermitteln begonnen hatten. Für das Clinton-Lager waren es gar keine Ermittlungen, sondern eine bloße »Durchsicht«, bei der kein Fehlverhalten herauskommen würde. Von der Trump-Seite ertönte die Parole »Lock her up!« für etwas, das nach Meinung der Brüller ein horrender Angriff auf die nationale Sicherheit war. Für meine Frau, die an der Sonntagsschule unterrichtet, war das Ganze ein Affentheater. Ich habe es im Dienst nie so genannt, aber Patrice hatte recht: Wir suchten nach der Wahrheit in einem Ambiente, in dem nur wenige Politiker sich um Wahrhaftigkeit scherten, sie wollten schlicht siegen. Das FBI würde nicht unbeschädigt aus der Sache herauskommen.

Meine Arbeit war aufreibend, aber nach zwei Jahren waren Patrice und ich endlich wieder vereint und wohnten in Washington, mit unserer jüngsten Tochter, die noch zur Highschool ging. Wieder jeden Tag meine Familie sehen zu können, machte es mir leichter. Langsam gewöhnten sich auch alle an meinen Job und auch an die Personenschützer vom FBI. Nur manches schien noch etwas schräg – zum Beispiel, dass ich unserer Tochter auf den Straßen der FBI-Akademie in Quantico das Autofahren beibrachte. Ansonsten war die Präsenz bewaffneter Beamter bei Familienausflügen, Hochzeiten und in den Ferien normal. Patrice bestellte für das Team jedes Jahr ein komplettes Thanksgiving-Menü und bekam zum Dank das Foto des Jahres, das ganze Team mit Anzug und Sonnenbrille und sichtbaren furchteinflößenden Waffen um den prallvollen Tisch herum. Die Fotos stehen heute noch bei uns im Regal.

Die jüngeren Kinder kamen locker klar mit den Sicherheitsleuten und fanden es nur furchtbar peinlich, wenn ich mit meinem iPhone laut Taylor Swift oder One Direction spielte. Die FBI-Leute zeigten als echte Profis nie, dass sie zuhörten, aber als echte Profis taten sie natürlich genau das. Auf die Weise erfuhr der Teamleiter, dass unsere Jüngste Fan des berühmten Jugendbuchautors John Green war, und der sollte bei der Abschlussfeier unseres Sohnes die Rede halten. Weshalb Folgendes passierte: Der Teamchef saß auf dem Beifahrersitz und sah John Green nach der Feier auf dem Uniparkplatz in ein Auto steigen, er hob die linke Faust, woraufhin unser Konvoi quietschend zum Halt kam und Mr. Greens Auto blockierte, und sprang aus dem Fahrzeug. »Sir, Sir«, rief er, im besten Befehlston, »würden Sie mal ganz kurz warten?« Dann riss er die hintere Tür des schwarzen Suburban auf, sah unsere Jüngste an und sagte: »Jetzt kommt deine Chance. Wir haben ihn.« Unsere Tochter kletterte verlegen und begeistert aus dem Wagen und ging zu dem ausgebremsten Schreibtalent im akademischen Ornat. Also stieg auch der FBI-Direktor aus dem Suburban und schoss ein Foto der beiden. John Green schien das Ganze amüsant zu finden, spielte freundlicherweise mit und wurde vom FBI wieder freigelassen.

Wir rasten auf das Jahr 2016 zu und hatten allen Grund, jede Gelegenheit zum Lächeln zu nutzen.

Anfang 2016 sah es nicht so aus, als ob wir genug für eine Anklage gegen Hillary Clinton in der Hand hatten. Wenn es dabei blieb, kam es vor allem darauf an, die Akte auf eine Weise zu schließen, bei der die amerikanischen Bürger nicht das Vertrauen verloren, dass die Justiz ihre Arbeit ehrlich, kompetent und politisch unabhängig leistete. Aber unsere Arbeit wurde von mächtigen politischen Lobbyisten angegriffen, für die Wahrheit kein zentraler Wert ist. Das Vertrauensreservoir war also in großer Gefahr.

Es bestand kein Zweifel daran, dass Hillary Clinton Geheimsachen über ein E-Mail-System kommuniziert hatte, das dafür nicht zugelassen war. Das Herzstück der Ermittlungen war folglich: Wusste sie, dass sie Vorschriften verletzte oder war es eine Art Schlendrian? Wenn wir böse Absicht nicht nachweisen konnten, hatten wir keinen Fall. So viel stand fest. Jetzt kam alles darauf an, dieses gespaltene Amerika davon zu überzeugen, dass wir eine rein faktenbasierte, glaubwürdige Entscheidung getroffen hatten.

Und dann kam Präsident Obama und verschärfte unser Risiko. Denn er redete über den Fall – und zwar über diesen einen einzelnen, im Singular und eben nicht im Plural, der die Politik traditionell aus der Strafverfolgung heraushielt. Am 11. Oktober 2015 erklärte er in »60 Minutes«, Clintons E-Mail-Umgang sei »ein Fehler« gewesen, habe aber die nationale Sicherheit nicht gefährdet, und am 10. April 2016 sagte er bei Fox News, sie habe sich womöglich fahrlässig verhalten, aber die nationale Sicherheit in keiner Weise gefährdet. Unsere Ermittlungen richteten sich gegen einen von zwei voraussichtlichen Präsidentschaftskandidaten. Hillary Clinton war Außenministerin und Demokratin, so wie der Präsident und die Justizministerin. Es war schon schwer genug, das Wahlvolk von einer politikfernen Ermittlung zu überzeugen. Obama machte es noch entschieden schwerer.

Wenn der Präsident schon beschlossen hatte, dass es keinen Fall gab, wie sollte sein Justizministerium zu einem Urteil kommen, dem die amerikanischen Bürger trauen konnten? Der Präsident hatte gar keine internen Kenntnisse über die Ermittlungen, das war die schlichte Wahrheit. Aber seine Kommentare würden uns alle zum Ziel ätzender Attacken machen, falls wir die Akten ohne Anklage schlössen.

Obama hat wohl gemerkt, was er angerichtet hatte. Nach dem Frühjahr 2016 gab er, sobald eine Sitzung oder ein Gespräch mit Vertretern von FBI oder Justizministerium in die Nähe irgendeines speziellen Falls geriet, freiwillig vorab zu Protokoll, er interessiere sich nicht für Einzelfälle, und verkündete allen Anwesenden, er wolle keinen Fall kommentieren oder Details zu irgendeinem Fall wissen. Aber es war zu spät. Die politischen Gegner nutzten sein öffentliches Vorweg-Urteil im Fall Clinton schon, bevor wir die Arbeit erledigt hatten, um uns der Korruption zu beschuldigen.

Loretta Lynch, die Justizministerin, machte alles noch schwieriger durch ihr privates Treffen mit Hillary Clintons Ehemann, dem früheren Präsidenten Bill Clinton. Das war bei einem Flug am 27. Juni 2016, ein paar Tage vor dem Abschluss unserer Ermittlungen. Sie zog sich danach trotz öffentlicher Empörung auch nicht etwa aus dem Fall zurück, sondern teilte mit, sie werde sich an das halten, was ich und die leitenden Staatsanwälte vorschlagen. Ich hatte das Vertrauensreservoir im Kopf, und dass wir es in Ferguson, beim Fall José Padilla und beim Anschlag auf die Kirche in Charleston durch Transparenz hatten schützen können, und ging auf Distanz zur Ministerin. Ich tat etwas, das ich mir vor 2016 nie hätte vorstellen können: Ich sorgte dafür, dass das FBI seinen Standpunkt eigenständig darstellte, und verkündete der amerikanischen Öffentlichkeit persönlich meine Empfehlung und die dahinter stehende Logik. Ich bin auch im Nachhinein überzeugt, dass es das Beste war, für das FBI wie für die Justiz. Die amerikanischen Bürger brauchten und verdienten Transparenz, wenn sie unserer Arbeit trauen können sollten.

Ich hatte gedacht, durch die Ankündigung, dass wir keine Klageerhebung gegen die Außenministerin empfehlen würden, sei die Wahl 2016 für uns erledigt und ich könne mich wieder voll auf die Anwerbung von Nachwuchs für mehr Diversität in der Behörde und Suche nach gutem Führungspersonal konzentrieren, ich könnte die Polizeiarbeit in den Vereinigten Staaten verbessern helfen, gegen die Bedrohung durch Cybercrime, Terrorismus, Gewalt gegen Kinder und alles andere, wofür das FBI verantwortlich war. Aber es sollte nicht so sein, das Affentheater ging gerade erst richtig los. Drei Wochen später kamen wir nicht umhin, Ermittlungen anzustellen, ob es Absprachen zwischen in Trumps Wahlkampagne engagierten Amerikanern und Russen bezüglich der laufenden Wahleinmischung gab. Wir konnten gar nicht anders – auch wenn der spätere Justizminister William Barr immer wieder versuchte, das FBI zu verleumden –, denn wir hatten etwas bekommen, das laut einer Notiz des Sonderermittlers Robert Mueller ein »Indiz« war, »dass die Russen einem Berater der Trump-Kampagne signalisiert hatten, sie könnten der Kampagne beispringen durch die anonyme Veröffentlichung von Informationen, die die demokratische Kandidatin beschädigen«.

Im Gegensatz zum Fall Clinton, der öffentlich zu uns gekommen war und über den wir erst nach Abschluss der Ermittlungen (wie wir dachten) berichtet hatten, war die neue Russland-Sache eine Verschlusssache und fing erst im Sommer 2016 an.

Auch für uns roch manches in Sachen Trump und Russland brenzlig, aber wir wussten nicht, ob wirklich etwas brannte. Also versuchten wir so viel wie möglich herauszufinden, und das mit großer Vorsicht, um die Ermittlung nicht auffliegen zu lassen oder Unschuldige in den Dreck zu ziehen. Es gab keine Leaks, unsere Arbeit geschah professionell und ohne politische Vorbehalte, wie unabhängige Ermittler später feststellten – entgegen einigen Hirnrissigkeiten aus der Trump-Welt, wir seien an einem »Deep State«-Projekt zur Verhinderung seiner Wahl beteiligt, ausgerechnet mit einer Ermittlung, die wir bis lange nach seinem Amtsantritt völlig geheim hielten.

Ende Oktober 2016 beschloss das FBI-Team, das die mögliche russische Einmischung in die Präsidentenwahl bearbeitete, einen Gerichtsbeschluss zur elektronischen Überwachung für Carter Page zu beantragen. Wir hatten Indizien, dass die Russen einen Trichter für Informationen an die Kampagne suchten. Carter Page war Wahlkampfberater gewesen und einer von vier Amerikanern, gegen die wegen ihrer langjährigen Verbindungen zu Russland ermittelt wurde. Waren sie eventuell die Trichter? Nach den vom Team gesammelten Informationen blieb Page als Einziger, der elektronisch überwacht werden sollte.

Abhörprotokolle, die gemäß FISA beschafft wurden, unterscheiden sich von denen bei anderen Kriminalfällen. Die Prozedur schreit förmlich nach strenger Aufsicht, denn es geht um Verschlusssachen, die höchstwahrscheinlich weder der Zielperson noch der Öffentlichkeit je bekannt werden. Das FISA-Gesetz wurde nach Watergate – als die Justiz damals gerettet werden musste – vom Kongress beschlossen und führte zur Einrichtung des FISC (Foreign Intelligence Surveillance Court), eines Sondergerichts, das die elektronische Überwachung nur in Ermittlungen zur nationalen Sicherheit beaufsichtigt. Zuvor hatte die Exekutive allein über das Abhören von Amerikanern in Spionage- oder Terrorismus-Fällen entschieden, geradezu eine Einladung zum Missbrauch. Als ich FBI-Direktor wurde, hatten Justizministerium und FBI, angestoßen durch immer wieder auffallende Fehler, ein schlagkräftiges Aufsichtsregime für Abhörmaterial gemäß dem FISA zu Ermittlungen gegen ausländische Geheimagenten, Spione und Terroristen aufgezogen. Das dachte ich jedenfalls.

Die FISC-Anträge stapelten sich jeden Morgen an einer Ecke meiner gläsernen Schreibtischplatte. Ich musste, anders als bei Kriminalfällen, alle Abhöranträge persönlich als FBI-Chef unterschreiben. Der Stapel lag genau über jenem Hoover-Memo an Bobby Kennedy von 1963 über das Abhören von Martin Luther King. Der Kontrast zwischen den heutigen dicken Anträgen an die Bundesrichter des FISC und dem fadenscheinigen Hoover-Memo war frappierend und inspirierend. So weit waren wir beim Eingrenzen unserer eigenen Machtbefugnisse also schon gekommen.

Zu jedem Antrag gehörte eine Aktennotiz, die zeigte, wie viele Augenpaare das Dokument durchgesehen hatten, denn jeder Überprüfer hatte seine Überprüfung mit seiner Unterschrift quittiert. Wenn ich auch abgezeichnet hatte – also, wie gesetzlich vorgeschrieben, amtlich den bedeutenden Zweck des Antrags bescheinigt hatte, nämlich das Sammeln von ausländischem Geheimdienstmaterial, und dass wir außerdem weniger intrusive Ermittlungsmethoden probiert hatten –, gingen die Dokumente zur Unterschrift an die Führungsetage des Justizministeriums und danach an einen der FISC-Richter. Jeder Antrag wurde von zehn bis zwanzig Leuten geprüft. Wirklich beruhigend.

Als noch beruhigender empfand ich das Gemecker. Oft, wenn ich quer durchs Land unsere Büros besuchte, klagten mir FBI-Leute, es sei entschieden schwerer, einen Gerichtsbeschluss zu bekommen, um heute die E-Mails eines russischen Spions mitlesen zu dürfen, als damals, um mitzuhören, wenn die Spitzen des Gambino-Clans über Phil Collins' Musik plauderten. Mir gefiel das, denn die Beschwerden bedeuteten, dass die vielen Prüf- und Aufsichtsebenen – mehr als bei Kriminalfällen – funktionierten wie gedacht und dass auch geprüft und gegengeprüft wurde, was wir selbst dazu sagten und was wahrscheinlich nie ans Licht kam und nie Gegenstand von Verteidigerattacken oder einer genauen Untersuchung durch eine öffentliche Verhandlung werden würde.

Das FBI hatte gewichtige Hinweise auf Pages Russlandverbindungen und seine langjährigen Kontakte mit dem russischen Geheimdienst. Und es gab ganz neue Informationen, denn ein ehemaliger FBI-Informant mit eigenem russischem Informantennetz hatte das Material zusammengestellt – das sogenannte Steele-Dossier. Die FBI-Gutachter waren geteilter Meinung, ob man das Steele-Material für den juristisch erforderlichen Nachweis, dass wir wahrscheinlich einen Fall hatten, überhaupt brauchte – mein Justiziar fand den Antrag auch ohne ausreichend –, aber alle waren sich einig, dass es korrekt war, den Antrag mit unseren alten und den neuen Informationen aus dem Steele-Dossier einzureichen. Er durchlief also die vielen Prüfebenen, auch ich las ihn und zeichnete ihn ab, dann bekam ihn einer der FISC-Richter als Verschlusssache vorgelegt und genehmigte neunzig Tage Überwachung. Niemand außerhalb der Justizbehörden wusste davon, sie wurde noch dreimal verlängert, jeweils mit Antrag und FISC-Beschluss, auch noch, als ich längst gefeuert worden war.

Später wurde die geheime Page-Überwachung doch publik – durch ein unentschuldbares Leak, zum Schaden eines amerikanischen Bürgers – und geriet ins Zentrum der Beschuldigungen seitens Präsident Trump und seiner Unterstützer, das FBI habe an einem politisch motivierten Plot gearbeitet, um seinen Wahlsieg zu verhindern. Selbst Trumps zweiter Justizminister, Bill Barr, beteiligte sich an den Angriffen, in Form von öffentlichem

Raunen, das FBI habe die Trump-Kampagne »ausspioniert«, und düsteren Andeutungen über verstörendes Verhalten des FBI. Lassen wir die ausgesprochen dürftige Logik mal beiseite, die Spekulation über einen FBI-Plot gegen Trump war einfach absurd, nachdem wir sowohl unsere Ermittlungen gegen mit der Kampagne assoziierte Leute erst geheim gehalten und dann kurz vor dem Wahltag offengelegt hatten, was viele Demokraten für die Ursache von Hillary Clintons Niederlage hielten. FBI-Mitarbeiter sind auch nur Menschen, aber wir hatten triftige Gründe für unsere Ermittlungen, und wir haben sie ohne politische Rücksichten durchgeführt. Zu meiner großen Freude kündigte der Generalinspekteur des Justizministeriums eine Untersuchung zur mutmaßlichen politischen Befangenheit des FBI an. Ich wusste ja, was er finden würde.

Und ich lag richtig. Am Ende seiner Untersuchung, lange nach meinem Rauswurf, kam der Generalinspekteur zu dem Schluss, dass das FBI seine Ermittlungen zu einer möglichen Zusammenarbeit von Trump-Mitarbeitern und den Russen korrekt eröffnet und durchgeführt hatte und es keinen Beweis für politische Befangenheit gab. Eine vollständige Rehabilitierung nach all den jahrelangen Lügen über das FBI, vom Präsidenten selbst und aus seiner Echokammer. Niemand von uns musste ins Gefängnis, trotz allem, was Trump und die Fox News-Herrschaften ihren Zuschauern zwei Jahre lang erzählt hatten. Der Generalinspekteur hatte festgestellt, dass wir genau den Job gemacht hatten, für den unser Land uns eingestellt hatte.

Ich lag allerdings auch falsch. Der Generalinspekteur hatte zwar keine Beweise für Voreingenommenheit gefunden, wohl aber jede Menge Fehler im Antrag zur Page-Überwachung. Und zwar fundamentale und angesichts der vielen Prüfebenen schockierende Fehler, die jemandem hätten auffallen müssen – etwa die falsch dargestellte Beziehung zwischen dem FBI und einem

Informanten, Änderungen in Informantenberichten oder Hinweise, die unserer Argumentation im FISC-Antrag widersprachen. Der Generalinspekteur hatte bei der Prüfung siebzehn bedeutende Fehler entdeckt. Er fand zwar keinen Beweis, dass sie absichtlich oder aus Voreingenommenheit passiert waren, konnte sich viele aber schlicht nicht erklären.

Dann untersuchte er, ob das Problem nur im Page-Antrag auftauchte oder größere Dimensionen hatte. Die hatte es, und zwar viel größere. Auch jeder einzelne von über zwei Dutzend Anträgen zu Fällen, die nichts mit Page zu tun hatten, enthielt Fehler. Die meisten hätten wohl keine Auswirkungen auf die Entscheidung des FISC gehabt, aber das zählte nicht. Überall waren Fehler. Wie konnte das sein?

Ich weiß nicht, was der Generalinspekteur antworten würde, aber ich habe eine begründete Vermutung, zumindest ansatzweise: Das Prozedere selbst war der Tod der Verantwortlichkeit, denn es verringerte die nötige Furcht. Wenn alle ihren Arsch riskieren – vom zuständigen Ermittler bis zum Direktor, vom Staatsanwalt bis zum Justizminister –, dann riskiert ihn keiner wirklich. Wenn obendrein die Arbeit nie ans Licht kommt, geht die Furcht vor ruinösen persönlichen Folgen vollends flöten. Wenn der Ablauf, anders als bei Kriminalfällen, nicht an einen Staatsanwalt und einen Ermittlungsbeamten gebunden ist, die den Antrag gemeinsam stellen und vor einem FISC-Richter vertreten müssen, dann hat niemand genug Angst, etwas falsch zu machen. Und wenn schließlich eine Überwachung nie Gegenstand einer öffentlichen Verhandlung wird, bei der ein Polizist im Zeugenstand seine Arbeit verteidigen und eine Staatsanwältin für ihn streiten muss, dann ist niemand nervös genug. Ich nehme nicht an, je wieder für das Justizministerium zu arbeiten, aber wenn ich noch dabei wäre, würde ich alles daran setzen, dass ein einziger Staatsanwalt und ein einziger FBI-Ermittler vor einem FISC-Richter erscheinen und persönlich die Verantwortung dafür übernehmen müssen. Mit der Aufteilung von Verantwortung erzeugt die Bürokratie eine falsche Beruhigung. Das Prozedere sollte dasselbe sein wie beim Abhören in Kriminalfällen. Nichts stellt das Hirn schärfer als ein bisschen Fracksausen.

Die erste FISC-Genehmigung für die Überwachung von Carter Page wurde am 21. Oktober erteilt, nur ein paar Tage bevor der Albtraum der Clinton-Ermittlungen wieder in mein Leben brach. In der letzten Oktoberwoche, nachdem ich den Amerikanern öffentlich versichert hatte, dass die Ermittlungen eingestellt waren, und das auch unter Eid vor dem Kongress ausgesagt hatte, musste ich die Bekanntschaft mit dem Laptop von Anthony Weiner machen. Er war vom FBI in New York bei einem Kriminalfall ohne Bezug zu unserem beschlagnahmt worden, und sein Besitzer war der in Ungnade gefallene Ex-Kongressabgeordnete und Ehemann von Hillary Clintons langjähriger Referentin Huma Abedin. Das FBI New York meldete, auf dem Rechner befänden sich womöglich Zigtausende Clinton-E-Mails sowie die E-Mails aus ihren ersten Monaten als Außenministerin, die wir nie gefunden hatten. Laut meinen Ermittlern war der Fund enorm bedeutend und konnte möglicherweise unsere eigenen Ermittlungsergebnisse verändern, sei aber unmöglich noch vor der Wahl auszuwerten.

Ich hatte die Wahl zwischen zwei fürchterlichen Schritten, aber der eine war entschieden schlimmer als der andere: Ich konnte dem Kongress erklären, dass das, was ich den ganzen Sommer lang gesagt hatte, nicht stimmte, oder ich konnte verheimlichen, was wir entdeckt und dass wir die Ermittlungen wieder aufgenommen hatten, was aber wahrscheinlich ohnehin aus New York heraussickern würde. Unsere Praxis war immer, jede Art von wahlbeeinflussendem Handeln zu vermeiden, aber hier ging es nicht anders. Den Kongress kurz vor einer Wahl zu informieren, war entsetzlich, aber meiner Ansicht nach – damals wie heute – besser als das katastrophale endlose Belügen der amerikanischen Bürger und ihrer Vertreter. Niemand würde unserer Institution, die auf der Verpflichtung zur Wahrheit beruhte, je wieder trauen, wir könnten ja immer irgendetwas zu verbergen haben. Ich informierte also den Kongress in einem knappen, vorsichtig formulierten Brief, dass wir unsere Ermittlungen in einem begrenzten Rahmen wieder aufgenommen hatten, und unsere Welt geriet in Brand und loderte drei Tage vor der Wahl noch fast genauso heftig, als die Ermittler ihren Bericht fertig hatten und ich den Kongress informierte, dass wir den Fall wieder geschlossen hatten.

Patrice verfolgte intensiv die politischen Ereignisse im Wahljahr und wünschte sich, aus mir sehr einsichtigen Gründen, eine Frau im Präsidentenamt. Sie hatte sich schon im Juli, als ich allein das Ende der Ermittlungen verkünden wollte, Sorgen über die Kritik gemacht, die ich dafür würde einstecken müssen. Sie fand meine Einschätzung, dass es besser war, mich von der Justizministerin zu distanzieren, ziemlich gewagt, wie ich selbst, aber auch richtig. Und sie erlebte im Oktober das Dilemma mit, vor dem ich stand. Sie sagte, mit Tränen in den Augen, es sei einfach zu dicht an der Präsidentenwahl, um noch irgendwie zu handeln. Ich sah es genauso, aber was immer ich tat, alles war Handeln. Patrice litt und wusste, dass ich litt, deshalb wurde zu Hause sehr wenig darüber gesprochen. Wir redeten über die Kinder, unsere alten Eltern, den Hund, über alles außer Politik. Zum ersten Mal in meinem Leben ging ich nicht zu einer Präsidentenwahl. Am Wahlabend war ich müde und wollte einfach abschalten, deshalb ging ich früh schlafen. Irgendwann nach zwei Uhr nachts krabbelte Patrice ins Bett, stupste mich sachte an und sagte leise: »Trump hat gewonnen.« Dann gab sie mir einen Gutenachtkuss. Ich schlief wieder ein. Ruhe würde ich noch reichlich brauchen.

15

DRIN WIE FLYNN

Die parteipolitischen Aktivitäten einiger Justizminister in diesem Jahrhundert haben der Öffentlichkeit zusammen mit dem unglückseligen Vermächtnis von Watergate Anlass zur nachvollziehbaren Sorge gegeben, einige Entscheidungen der Justiz könnten durch Bevorzugung, Druckmittel oder Politik zustande gekommen sein.

Griffin B. Bell, Justizminister, 1978
(Anmerkungen für alle Staatsanwälte)

Der kleine für zwei Personen gedeckte Tisch, der inmitten des Green Room im Weißen Haus stand, verursachte mir Unwohlsein. Präsidenten aßen nicht allein mit dem FBI-Direktor zu Abend. Zumindest nicht, seit Hoover und Nixon sich auf Drinks getroffen hatten. Als mich Trump am Ende seiner ersten Woche im Amt anrief, um mich zum Dinner einzuladen, ging ich davon aus, es wäre etwas im kleinen Kreis. Ich lag falsch. Hier ging es nicht um Teambuilding im üblichen Sinn.

Noch relativ am Anfang des Essens kündigte er an, er habe vor, beim FBI »eine Änderung vorzunehmen«.

Ich antwortete, dass mir bewusst war, dass er den FBI-Direktor jederzeit feuern könne, aber dass ich gerne bleiben und den Job machen würde, an dem mir so viel lag und den ich meiner Ansicht nach gut machte im vierten Jahr meiner zehnjährigen Amtszeit. Da ich spürte, in welche Richtung das Gespräch ging, fügte ich dem hinzu, er könne darauf zählen, dass ich auf eine Weise »verlässlich« wäre – ich würde ihm immer die Wahrheit sagen. Das war nicht, was er zu hören wünschte. Wenig später machte er mir klar, was er von mir im Gegenzug dafür wollte, dass ich Direktor bleiben könnte: »Ich brauche Loyalität. Ich erwarte Loyalität.«

Ich antwortete, indem ich zwei oder drei Sekunden schwieg und ihn ohne zu blinzeln anstarrte. An einem Tisch für zwei in der Mitte des Green Room eine halbe Ewigkeit. Seit Watergate, als das amerikanische Volk von der Bedrohung erfuhr, die Justiz und das FBI könnten zum präsidialen Machtbereich werden, hatte kein Präsident um so etwas gebeten. Die Führungskräfte der Justiz und des FBI waren damals durch Watergate in Ungnade gefallen, und der Präsident sah sich gezwungen, zurückzutreten, weil er versucht hatte, die Justiz zu behindern. Das Land und seine politische Elite hatten aus diesem Albtraum bittere Lehren gezogen.

Das amerikanische Volk wollte eine Trennung, etwas Abstand zwischen dem Regierungschef und dem obersten Ermittler; aus diesem Grund führten seine Repräsentanten im Kongress nach J. Edgar Hoovers Tod eine symbolische zehnjährige Amtszeit ein – um sicherzustellen, dass niemand so wie Hoover fast fünfzig Jahre blieb, aber auch, um die Zeit des Direktors über jede Amtszeit eines Präsidenten hinaus zu verlängern und dadurch für Distanz zu sorgen. Solange die Führungspersönlichkeiten der Institution *Consiglieri* des Präsidenten waren, könnte keine Gerechtigkeit geübt werden – sie wäre nicht glaubwürdig.

Seit Nixon hat daher kein Präsident allein mit dem FBI-Direktor gegessen, damit niemand den falschen Schluss daraus ziehen könnte, es handle sich dabei um ein Angebot der persönlichen Loyalität, um einen Versuch, den Abstand zu verringern. Doch hier saßen wir, als wären wir im beengten Wohnzimmer der Witwe über dem Ravenite Social Club zusammengekommen. Hier konnte der Boss ein bisschen locker lassen, darüber reden, was ihm wirklich wichtig war. Zum Teufel mit der Distanz. Er wollte Loyalität.

In der Rückschau haben mich meine zwei oder drei Sekunden des Schweigens dem Untergang geweiht. Ich versuchte, ihn während der darauffolgenden Monologe zu unterbrechen, um ihm die Tragweite der Distanz zu erklären, ihm zu erzählen, wie Präsident Obama sie während meines Bewerbungsgesprächs um den Job hervorgehoben hatte. Ich versuchte, an seine praktische Seite zu appellieren, ihn vor dem offenkundigen Fehler zu bewahren, die Justiz eng an sich binden zu wollen, um Probleme zu vermeiden, was allerdings die Glaubwürdigkeit aushöhlt und dem Präsidenten mehr Probleme einbringt. Es änderte nichts. Kurz vor Ende des Dinners erhob er seine Forderung erneut.

»Ich brauche Loyalität.«

Ich schwieg wieder. »Sie werden immer Ehrlichkeit von mir bekommen«, sagte ich.

Er hielt inne. »Genau das will ich, ehrliche Loyalität«, sagte er.

Ich schwieg. »Das werden Sie von mir bekommen«, sagte ich im verzweifelten Versuch, unsere Pattsituation zu beenden. Vielleicht, so dachte ich, kommt ehrliche Loyalität nahe genug an das heran, was er wirklich wollte – aber niemals von mir bekommen würde.

Ich machte mir selbst etwas vor. Etwas wie ein Kompromiss, sich durchmogeln, war nicht möglich. Ich war ein toter Mann. Es war nur die Frage, wie lange es dauern würde, bis sein Widerwille gegen meine mangelnde persönliche Treue die Sache zu einem Ende bringen würde. Es sollte nicht lange dauern.

Eigentlich hätte ich am Valentinstag nicht wieder mit ihm allein sein sollen. Es war eine Besprechung im kleinen Kreis, angesetzt für den 14. Februar 2017, es ging um die Terrorismusabwehr von Präsident Trump im Oval Office. Wie üblich redete er von seinem Schreibtisch aus, und wir, eine Gruppe von etwa sechs Personen, saßen ihm im Halbkreis gegenüber. Er beendete das

Treffen, indem er der Gruppe sagte, er wolle mit mir allein sprechen. Als die Teilnehmer, darunter auch mein Vorgesetzter – der damalige Justizminister Jeff Sessions – weg waren, stellte Trump klar, warum er während meiner Terrorismusbesprechung abgelenkt gewesen war.

»Ich möchte mich über Mike Flynn unterhalten«, sagte er. Flynn, sein Nationaler Sicherheitsberater, war am Vortag gezwungen worden, zurückzutreten. Ich kannte Flynn nicht sonderlich gut, hatte aber 2014 gemeinsam mit ihm ausgesagt, als er noch Direktor der Defense Intelligence Agency gewesen war. Flynn, ein pensionierter Armeegeneral, hatte Ende Dezember 2016 etliche Male mit dem russischen Botschafter gesprochen, um die Unterstützung Russlands beim Abwenden einer UN-Resolution – gegen die die Regierung Obama kein Veto einzulegen gedachte – zu erwirken, mit der Israel für die Ausweitung der Siedlungen in den besetzten Gebieten verurteilt werden sollte. Außerdem drängte er die Russen dazu, ihre Reaktionen auf die Sanktionen der Regierung Obama wegen der Störmanöver im Wahlkampf 2016 nicht weiter zu steigern. Die Gespräche über die Sanktionen waren auf großes öffentliches Interesse gestoßen, nachdem die Medien Anfang Januar darüber berichtet hatten und der designierte Vizepräsident Pence im Fernsehen bestritten hatte, dass Flynn mit den Russen über die Sanktionen im Gespräch gewesen sei. Er wisse darüber Bescheid, sagte Pence, da er mit Flynn darüber gesprochen habe.

Im Dezember 2016 waren wir beim FBI gerade dabei, die Ermittlungen über Flynn abzuschließen, die Ende Juli dieses Wahljahres begonnen hatten, als wir versuchten herauszufinden, ob jemand, der mit Trumps Wahlkampf verbunden war, das Angebot der Russen angenommen hatte, Hillary Clinton in den Dreck zu ziehen. Wir betrachteten Flynn als möglichen Verdächtigen, weil er 2015 für eine bezahlte Rede auf Russlands wichtigster Propagandaplattform nach Russland gereist war, nachdem er sein Amt als Direktor der Defense Intelligence Agency niederlegen musste. Er saß beim Dinner mit Wladimir Putin – ein ungewöhnliches Verhalten für einen ehemaligen Führungsoffizier des militärischen Nachrichtendiensts. Dennoch hatten wir während unserer fünf Monate andauernden Ermittlungen nichts gefunden, was über ein Verdachtsmoment hinausging und Flynn tatsächlich belastete. Ich war darum bemüht, eine offene Ermittlung gegen einen neuen Sicherheitsberater des Präsidenten abzuwenden, die einzig durchgeführt würde, weil wir noch keine Zeit gehabt hatten, die Akte zu schließen. Falls eine Grundlage bestünde, den Fall Flynn offen zu lassen, sagte ich zu meinen Mitarbeitern, in Ordnung, andernfalls sollten sie ihn schließen, bevor er sein Amt anträte.

Dann, bevor die Akte geschlossen wurde, entdeckten wir Flynns weitreichende und unübliche Gespräche mit dem russischen Botschafter. Und dann belog Flynn offenbar den Vizepräsidenten und andere hochrangige Führungsmitglieder über die Gespräche, Lügen, die Pence öffentlich wiederholte. Etwas war faul. Warum sollte ein pensionierter General mit Verbindungen nach Russland darüber lügen, wenn er mit den Russen geredet hatte, nachdem diese sich gerade eingemischt hatten, um Hillary Clinton zu bezwingen und Donald Trump zur Wahl zu verhelfen? Die beste Art, um den faulen Geschmack schnell hinter sich zu lassen, war, mit Flynn zu sprechen und ihn zu fragen, was vor sich ging. Ich beauftragte den Stellvertretenden Direktor, herauszubekommen, ob Flynn gewillt wäre, sich für eine Befragung mit Ermittlern zusammenzusetzen.

Ich beschloss, es der Stellvertretenden Justizministerin Sally Yates nicht im Voraus zu erzählen, etwas, das sie, wie ich wusste, verärgern würde. Ich brauchte keine Erlaubnis, und später erklärte ich ihr, dass es, wenn sich die Befragung als wichtig erweisen würde, für Trump schwieriger wäre, zu behaupten, es sei etwas wie ein politischer Schachzug auf den letzten Drücker der scheidenden Vertreter der Regierung Obama, zu denen auch Yates zählte, wenn ich die Verantwortung dafür übernehmen würde. Sie könnten dann nur mir die Schuld geben, und ich würde bleiben. Außerdem würde die ganze Sache Gefahr laufen, auf den Dienstwegen der Bürokratie festzufahren, wenn die Anwälte des Justizministeriums involviert würden. Ich wollte mir genau das ersparen und herausfinden, was vor sich ging, zumindest wenn Flynn willig war. Und willig war er. Bei seinem Treffen mit den Ermittlern im Weißen Haus wiederholte er, was er dem Vizepräsidenten bereits erzählt hatte: Er habe mit dem Botschafter nie über russische Sanktionen gesprochen oder über die Abstimmung der UN. Die Ermittler bemühten sich, ihn davon abzuhalten, ihnen die Unwahrheit zu sagen. Sie drängten ihn, benutzten Wörter und Sätze von den Tonbandaufnahmen der Gespräche. Doch er beharrte auf seinen Lügen.

Ich stand vor einem Rätsel. Dass Flynn leugnete, obwohl er zweifellos wusste, dass alles auf Tonband vorlag, war so befremdlich, dass ich mein Urteil darüber zurückhielt, ob er absichtlich log. Vielleicht litt er unter einer Erkrankung des Gehirns. Vielleicht war er betrunken gewesen, als er von seinem Strandurlaub in der Dominikanischen Republik aus mit dem Botschafter telefonierte. Lügen verlangen einen Beweis über ihre Falschheit und ihre Vorsätzlichkeit. Es gab keinerlei Zweifel daran, dass Flynns Aussagen falsch waren, aber vielleicht gab es etwas, das mir entging, etwas, das seinen Absichten zuwiderlief. Später sollte ich aus dem Report des Sonderermittlers Robert Mueller von 2019 erfahren, dass Flynn log, weil er dachte, es sei, was der Präsident von ihm erwartete, aber am Valentinstag ahnte ich nichts von alldem. Wir mussten also mit unseren Ermittlungen fortfahren, und das taten wir, nachdem Trump den Raum dafür freimachte.

Am Vortag, dem 13. Februar, hatte Trump Flynn dazu gezwungen, zurückzutreten, weil er Vizepräsident Pence angelogen hatte. Er wusste auch, dass Flynn das FBI belogen hatte. Der Präsident erklärte zur Eröffnung, General Flynn habe nichts Falsches getan, als er mit den Russen geredet hatte, aber er müsse ihn entlassen, weil er den Vizepräsidenten getäuscht hatte. Er fügte hinzu, er habe noch andere Bedenken gegen Flynn. Dazu sagte ich nichts.

Dann, nach endlosen Ausschweifungen über das Problem der geleakten Geheiminformationen, kam der Präsident auf das Thema Mike Flynn zurück und sagte: »Er ist ein guter Kerl und hat viel durchgemacht.« Er wiederholte, dass an General Flynns Anrufen bei den Russen nichts Falsches gewesen sei, nur daran, dass er den Vizepräsidenten irregeführt hatte.

Dann sagte er: »Ich hoffe, Sie sehen einen gangbaren Weg, davon abzulassen, von Flynn abzulassen. Er ist ein guter Kerl. Ich hoffe, Sie können davon ablassen.«

Trump wusste, dass Flynn über seine Gespräche mit dem russischen Botschafter im Dezember log, weil das Justizministerium es dem Rechtsberater des Weißen Hauses gesagt hatte. Der Präsident wies mich an, jegliche Ermittlungen gegen Flynn wegen falscher Angaben über seine Gespräche mit dem russischen Botschafter im Dezember fallen zu lassen. So einfach durfte niemand davonkommen – vor allem, wenn seine Lügen ein Land betrafen, das gerade eben unsere Demokratie angegriffen hatte. Und kein Präsident, dem an der Glaubwürdigkeit der Justiz lag, würde jemals eine solche Forderung stellen.

Ich stimmte ihm nur insofern zu, dass ich sagte: »Er ist ein guter Kerl«, oder zumindest schien er einer zu sein, von dem, was ich über ihn wusste. Dass ich »davon ablassen« würde, sagte ich nicht.

Trump ließ sich auf meine Antwort hin nichts anmerken und kam noch einmal kurz auf das Problem mit den Leaks zu sprechen. Die Unterredung war vorüber, und ich stand auf und verließ das Oval Office.

Strafrechtliche Ermittlungen gegen einen hochrangigen Regierungsbeamten würde ich nicht einmal fallen lassen, wenn mich der Präsident selbst dazu aufforderte. Das würde allem zuwiderlaufen, wofür die Justiz stand. Der zentrale Wert der Justiz lag darin, dass sie sich einzig für die Wahrheit interessierte, nicht für Freundschaften oder Parteien, nicht für präsidiale Gefälligkeiten. Das Reservoir an Vertrauen, von dem die Institution abhing, war dadurch aufgefüllt worden, dass man den Fakten folgte, nicht dadurch, dass man die Privilegierten vom Haken ließ. Bevor ich das tun würde, müsste er mich feuern.

Drei Monate lang versuchte ich, nicht entlassen zu werden. Ich versuchte, meinen Kontakt zum Präsidenten so stark wie möglich herunterzufahren – das »Auge Saurons« vermeiden, so erklärte ich es meinen Mitarbeitern, die meine Anspielung auf »Der Herr der Ringe« allesamt verstanden. Ich appellierte an Justizminister Sessions und Rod Rosenstein, den neuen Stellvertretenden Justizminister, sich als Puffer zwischen Trump und mich zu stellen. Ich war fest entschlossen, meinen Kopf unten zu halten und mich auf das zu konzentrieren, was mir für meine zehnjährige Amtszeit am wichtigsten war: zu versuchen, die Führungskultur beim FBI zu verändern, und mich dafür einzusetzen, Frauen und People of Color die Organisation und die Führungsposten schmackhafter zu machen. Auf diese Art, so hoffte ich, würde ich für die Organisation nachhaltig etwas bewirken können. Das war der Grund, warum ich am 9. Mai 2019 nach Los Angeles flog, um bei einer Anwerbeveranstaltung für mehr Diversität Hunderte von talentierten Berufseinsteigern zu treffen, Menschen, von denen ich hoffte, sie würden unsere künftigen Sonderermittler.

An jenem Tag hat Trump mich gefeuert, noch bevor ich überhaupt bei der Veranstaltung ankam. Ich erfuhr davon aus dem

Fernsehen. Trump begründete diesen Schritt mit einem internen Memorandum des Stellvertretenden Justizministers Rosenstein, in der dieser meine Entscheidungen im Zuge der Ermittlungen zu Hillary Clintons Umgang mit vertraulichen Informationen bemängelte. Als Trump am nächsten Tag bei einem nicht öffentlichen Treffen glucksend mit russischen Führungspersönlichkeiten im Oval Office zusammensaß, sah ich mich in meiner Vermutung bestätigt: Das Memo zur Clinton-Affäre war eine Täuschung und sollte den wahren Entlassungsgrund verschleiern. Es ging nämlich eigentlich um die Untersuchungen zur russischen Einmischung in die Präsidentschaftswahl 2016 und die Möglichkeit, dass amerikanische Bürger aus Trumps Wahlkampfteam mit den Russen zusammengearbeitet haben könnten.

Acht Tage nach meiner Entlassung setzte Rosenstein Robert Mueller als Sonderermittler ein, um zu untersuchen, ob es »irgendwelche Verbindungen und/oder Absprachen zwischen der russischen Regierung und Mitgliedern aus dem Wahlkampfteam von Präsident Donald Trump« gegeben habe und ob es im Zusammenhang mit den Ermittlungen zu Behinderungen der Justiz gekommen sei.

Fast zwei Jahre lang arbeitete Mueller im Stillen, bis er am Freitag, dem 22. März 2019, seinen 448 Seiten starken Bericht dem Justizminister übergab. Am Sonntag, dem 24. März, schickte Barr ein Schreiben an wichtige Mitglieder des Senats und des Repräsentantenhauses, das umgehend vom Kongress veröffentlicht wurde. Darin schrieb er, die Ermittlungen hätten »keinen Beleg dafür erbracht ..., dass Trumps Wahlkampfteam oder Personen, die mit diesem in Verbindung standen, sich mit Russland verschworen oder abgesprochen hatten bei dessen Bestrebungen, die Präsidentschaftswahl 2016 zu beeinflussen«. Hinsichtlich der Frage, ob Präsident Trump die Ermittlungen der Justiz behindert habe, ergänzte Barr, Mueller habe sich entschlossen, »kein traditionelles strafrechtliches Urteil zu fällen« und »habe keine endgültigen Schlussfolgerungen über das Verhalten des Präsidenten gezogen«. Damit überließ er es Barr, »darüber zu befinden, ob das im Bericht beschriebene Verhalten eine Straftat darstelle«. Und das tat Barr. Die Beweislage, so schrieb er, »reiche nicht aus, um nachzuweisen, dass der Präsident sich der Straftat der Behinderung der Justiz schuldig gemacht hat«.

Barr versprach eine rasche Entscheidung in der Frage, welche Passagen aus dem Mueller-Report veröffentlicht werden könnten. In einem für den zurückhaltenden ehemaligen FBI-Direktor sehr ungewöhnlichen Schritt setzte sich Mueller zur Wehr. Drei Tage später schrieb er an Barr, dass sein Schreiben vom 24. März 2019 »den Kontext, den Charakter und den Inhalt der Arbeit dieses Büros und seiner Schlussfolgerungen nicht vollständig erfasse«. Infolgedessen, so Mueller, »herrscht in der Öffentlichkeit Verwirrung über entscheidende Aspekte der Ermittlungsergebnisse«. Das wiederum, merkte Mueller an, »droht einen wesentlichen Beweggrund zu unterminieren, aus dem heraus das Ministerium überhaupt einen Sonderermittler ernannt hat: nämlich sicherzustellen, dass die Öffentlichkeit volles Vertrauen in das Resultat der Ermittlungen hat«.

Barr war noch nicht fertig mit seiner Wühlarbeit. Er sei missverstanden worden, sagte er. In einem weiteren Brief an den Kongress schob er den Medien die Schuld daran zu. Sie hätten seinen Brief »fälschlicherweise« als eine »Zusammenfassung« von Muellers Arbeit bezeichnet. Das sei nicht seine Absicht gewesen. Er arbeite intensiv daran, den Mueller-Report zu veröffentlichen.

Drei Wochen später, nur Minuten bevor die Öffentlichkeit die Gelegenheit haben würde, Muellers 448-seitigen Bericht zu lesen, beschloss Barr, dass das amerikanische Volk seine Meinung zum Bericht nötig habe. Also berief er eine Pressekonferenz ein, in der er seine Zusammenfassung vortrug, die er in einem weiteren Schreiben auch dem Kongress unterbreitete.

Muellers guter Arbeit wegen, sagte er, wüssten wir nun, dass die Russen, die sich in unsere Präsidentschaftswahl eingemischt haben, »dies ohne Mitwirkung von Präsident Trump oder seines Wahlkampfteams taten. Auch sonst wusste kein Amerikaner davon.« Barrs Quintessenz daraus lautete, dass die Mutmaßung, Amerikaner hätten mit Russen zusammengearbeitet, rundheraus zu verwerfen sei: »Nach fast zwei Jahren Ermittlungsarbeit, Tausenden von Vorladungen und Hunderten von Durchsuchungsbefehlen hat der Sonderermittler bestätigt, dass die russische Regierung zwar Bemühungen, sich illegal in die Präsidentschaftswahl 2016 einzumischen, finanziell unterstützt hat. Er hat aber keinen Hinweis darauf gefunden, dass Trumps Wahlkampfteam oder andere Amerikaner bei diesem Komplott mitgewirkt hätten.«

In der Frage, ob die Justiz behindert worden sei, waren die Ergebnisse Barr zufolge genauso eindeutig. Er und sein Vize Rosenstein »kamen zu dem Schluss, dass die Beweisführung des Sonderermittlers nicht ausreicht, um zu beweisen, dass der Präsident sich der Behinderung der Justiz schuldig gemacht habe«. Er erinnerte die Amerikaner daran, dass Trump schon die ganze Zeit zu Recht gesagt habe, dass »es tatsächlich keine geheime Absprache gegeben habe«. Trump sei verständlicherweise verärgert über die Ermittlungen und die Spekulationen in der Presse, die auf illegale Leaks zurückzuführen seien. Dennoch habe der Präsident trotz seiner verständlichen Enttäuschung – dass er es abgelehnt hatte, von Ermittlern befragt zu werden, ließ Barr unter den Tisch fallen – Mueller eine umfassende Kooperation angeboten, mit »uneingeschränktem Zugang« zu Beweismitteln. Zudem habe er »nichts unternommen, was dem Sonderermittler Dokumente oder Zeugen vorenthalten hätte, die nötig waren, um die Ermittlung abzuschließen«.

Angesichts der Äußerungen des Justizministers wirkte der Bericht wie ein Schock auf unvoreingenommene Zeitgenossen, die ihn tatsächlich lasen. Im Bericht hatte Mueller mitnichten festgehalten, dass er keinen Beweis dafür gefunden habe, dass die Russen mit Trumps Wahlkampfteam zusammengearbeitet hätten. Er hatte eine Menge »Verbindungen« gefunden – von denen dem FBI nicht eine einzige gemeldet worden war, damit die Behörde Russlands Einmischung hätte unterbinden können. Darunter fällt auch ein Treffen zwischen Russen und führenden Wahlkampfmanagern im Juni 2016 im Trump Tower. Dem Trump-Team wurde es als ein Treffen angekündigt, bei dem »Dokumente und Informationen, die Hillary Clinton und ihre Beziehung zu Russland belasten würde«, angeboten werden sollten, als »Teil der Unterstützung Russlands und seiner Regierung für Mr. Trump«. Er hatte außerdem eine enge Verbindung zwischen Trumps Wahlkampfleiter Paul Manafort und einem russischen Nachrichtenoffizier entdeckt, dem Manafort Insider-Informationen über die Wahlkampagne zugespielt hatte.

Allerdings hatte Mueller auch festgehalten, dass er keine ausreichenden Beweise gefunden habe, die eine Straftat belegen würden:

> Zusammenfassend lässt sich sagen: Die Ermittlungen belegen diverse Beziehungen zwischen Funktionären des Trump-Wahlkampfteams und Personen, die in Verbindung mit der russischen Regierung standen. Diese Beziehungen schließen russische Angebote ein, den Wahlkampf zu unterstützen. Bei einigen Gelegenheiten zeigte sich das Wahlkampfteam aufgeschlossen, bei anderen Gelegenheiten scheute man davor zurück. Letztlich haben sich aber aus der Ermittlung keine Beweise dafür ergeben, dass sich das Wahlkampfteam mit der russischen Regierung bei deren Aktivitäten zur Einmischung in die Wahl zusammengetan oder abgesprochen hat.

Mueller war auf eine Menge beißenden, übelriechenden Rauchs gestoßen. Er konnte allerdings nicht nachweisen, dass das Feuer, von dem der Rauch ausging, rechtlich nicht zulässig war.

In der Frage, ob Trump die Justiz behindert habe, hielt sich Mueller an den seit Jahrzehnten in der Justiz herrschenden Grundsatz, dem zufolge ein amtierender Präsident nicht angeklagt werden dürfe. Infolgedessen entschloss er sich, »kein traditionelles strafrechtliches Urteil zu fällen […] in Anerkennung der Tatsache, dass eine Strafanklage auf Bundesebene gegen einen amtierenden Präsidenten dessen Regierungsfähigkeit belasten würde und möglicherweise verfassungsgemäßen Prozessen vorgreifen würde, die sich mit einem Fehlverhalten des Präsidenten beschäftigen würden«.

Daher beschloss Mueller, »keine Vorgehensweise zu wählen, die womöglich zu dem Urteil führen könnte, dass der Präsident eine Straftat begangen habe«, weil »Bedenken hinsichtlich der Fairness dagegen sprechen, dass man womöglich zu einem solchen Urteil gelange, ohne jedoch Anklage erheben zu können«. Da Trump jedoch nach seiner Amtsniederlegung strafrechtlich belangt werden könnte, fuhr Mueller fort, »dass er eine gründliche Tatsachenermittlung durchgeführt habe, um die Beweise zu einem Zeitpunkt sicherzustellen, als die Erinnerungen noch frisch waren und Dokumente verfügbar«.

Mueller war erfahren genug, um zu erkennen, dass charakterlose Menschen seine Zurückhaltung verdrehen und als Entlastung ansehen könnten. Dagegen sprach er sich klar aus:

> Wenn wir nach einer gründlichen Untersuchung der Fakten zu der Überzeugung gelangt wären, dass der Präsident die Justiz eindeutig nicht behindert hat, so würden wir dies so feststellen. Nach Faktenlage und unter Berücksichtigung der geltenden Rechtsnormen können wir allerdings nicht zu diesem Urteil gelangen. Folglich kommt dieser Bericht nicht zu

dem Schluss, dass der Präsident eine Straftat begangen hat, er entlastet ihn aber auch nicht.

Doch, das tue er, wiederholten Barr und Trump unablässig. Keine geheime Absprache. Keine Behinderung der Justiz. Völlige Entlastung auf ganzer Linie. Jeder, der Muellers Bericht las, wusste, dass Donald Trump log – das war vorhersehbar. Weniger vorhersehbar war, dass diese Lügen auch von dem Justizminister der Vereinigten Staaten in die Welt gesetzt wurden.

In gewisser Hinsicht kann man Trump und Barr allerdings kaum einen Vorwurf machen, gehören sie doch zu der Sorte Mensch, der seiner Funktion gemäß handelt. Dafür richtet sich zumindest ein Teil der Vorwürfe überraschenderweise gegen eine Person, die sich kaum stärker von Trump und Barr unterscheiden könnte. In Wahrheit ebnete Bob Mueller mit seinen Entscheidungen Trump und Barr den Weg, um die Amerikaner in die Irre zu führen.

Mueller wollte sein Handeln an Richtlinien und Fairness ausrichten, ganz wie es seinem Wesen entspricht. Wenn er an den Grundsatz gebunden war, dass die Justiz einen amtierenden Präsidenten nicht anklagen könne – und er war zu dem Schluss gekommen, sich daran halten zu müssen –, wäre es unfair, einen Bericht zu schreiben, in dem Trump einer Straftat beschuldigt wird, ohne dass dieser sich vor Gericht dafür würde rechtfertigen können. Also würde er die Beweise besser für einen nachfolgenden Staatsanwalt und für die derzeitigen Kongressmitglieder zusammenstellen. Doch genau damit verursachte Mueller den Schaden, den er zu vermeiden suchte. Der Preis dafür war hoch: Die Öffentlichkeit war verwirrt, und ihr Vertrauen in die Justiz war dahin.

Im Endeffekt nämlich warf Muellers peinlich genaue Beweisführung dem Präsidenten Behinderung der Justiz vor. Barr und Rosenstein wollten zwar zu dem Ergebnis gekommen sein – in

Windeseile und ohne Trump zu befragen –, dass er die dafür erforderliche niedere Absicht vermissen ließ. Aber der Bericht ist in Umfang und Detailgenauigkeit vernichtend. Das erkannten Hunderte ehemaliger Bundesanwälte auf Anhieb und taten dies auch öffentlich kund.

Irgendwie hat Mueller es also fertiggebracht, sich nicht nur Trump gegenüber unfair zu verhalten, sondern auch gegenüber der Justiz. Er verfasste einen Bericht, der den Präsidenten mit verheerenden Details verunglimpft, doch da er den Präsidenten nicht offiziell bezichtigte, ihn aber auch nicht entlastete, sorgte er für Verwirrung. Das ließ seine Arbeit anfällig werden für zynische Verzerrungen. Die Form des Berichts machte alles nur noch schlimmer.

Winston Churchill hat einmal gesagt: »Dieser Bericht schützt sich allein durch seine schiere Länge gegen das Risiko, gelesen zu werden.« Nur wenige Menschen lasen die 448 einzeilig bedruckten Seiten in 12-Punkt-Schrift mitsamt den 2375 Fußnoten. Kaum jemand las die unwesentlich weniger kompakte Zusammenfassung. Die Amerikaner informieren sich nicht mehr in dieser Form – wenn dies überhaupt je der Fall war. Sie beziehen ihre Informationen in kleineren Häppchen – aus Soundclips, prägnanten Auszügen, Tweets.

Mueller hat richtig gehandelt, als er einen detaillierten Bericht vorlegte, wie es seit langer Zeit Usus in der Justiz ist. Aber er gab einfach seinen unlesbaren – und letztlich ungelesenen – Bericht ab und zog sich dann wortlos zurück (abgesehen von seiner zugeknöpften Aussage Monate später – »Ich verweise Sie auf den Bericht« –, die nicht zum allgemeinen Verständnis beitrug). Bill Barr dagegen haute in die Tasten und schrieb prägnante Briefe an den Kongress und trat dann ans Mikrofon, um den Amerikanern zu erläutern, worum es ging. Wohlwollenden Bürgern kann verziehen werden. Sie wussten nicht, dass Barr das amerikanische Volk betrog und Trumps unverblümten

Lügen über den Bericht Vorschub leistete. In gewisser Hinsicht haben dies Robert Mueller und sein Team verschuldet.

Wenn Mueller, wie er in seiner kraftlosen Reaktion auf Barrs wissentlich falschen Brief schrieb, ernannt worden war, »um das Vertrauen der Öffentlichkeit in das Ergebnis der Ermittlung sicherzustellen«, dann war er es den Amerikanern schuldig, seine Arbeit dahingehend zu vollenden, dass man ihm mit Fug und Recht vertrauen konnte. Menschen können kein Vertrauen in etwas haben, das sie nicht kennen. Aus eigener Erfahrung weiß ich, dass Kritiker über die eindrucksvolle Fähigkeit verfügen, Vergangenes klar und deutlich zu sehen. Daher zögere ich, rückblickend darüber zu befinden, was Mueller hätte tun sollen; abgesehen von der Tatsache, dass er sich hätte etwas einfallen lassen müssen, um zu den Amerikanern in ihrer Sprache zu sprechen – Fußnoten und Times New Roman in 12-Punkt-Schrift gehören nicht dazu. Die Richtlinien und Traditionen seines Ministeriums ließen ihm ausreichend Spielraum, um sich im Interesse der Öffentlichkeit zu äußern. Er entschied sich, dies nicht zu tun, so dass die Amerikaner am Ende nur Stimmen hörten, die Lügen verbreiteten. Keine Wahrheit, keine Transparenz, und die Justiz zahlte den Preis in Form von Vertrauensverlust.

Im letzten Jahr wies ein Bundesrichter in Washington, D. C. Beteuerungen von Staatsanwälten aus dem Justizministerium zurück, denen zufolge Teile des Mueller-Report, die geschwärzt worden waren, der Öffentlichkeit korrekterweise vorenthalten wurden. Im Wesentlichen teilte der Richter den Juristen des Ministeriums mit, dass er ihnen angesichts der Vorgehensweise von Barr nicht mehr länger sein Vertrauen schenken könne:

> Das Gericht kann gewisse öffentliche Stellungnahmen von Justizminister Barr nicht in Übereinstimmung mit den Er-

gebnissen des Mueller-Report bringen. Die Ungereimtheiten zwischen Justizminister Barrs Darstellung zu einem Zeitpunkt, als die Öffentlichkeit noch keinen Zugang zum Mueller-Report mit den geschwärzten Passagen hatte und daher den Wahrheitsgehalt seiner Darstellung nicht überprüfen konnte, und Teilen des Mueller-Report mit geschwärzten Passagen, die in Widerspruch zu dieser Darstellung stehen, rufen beim Gericht unweigerlich die Frage hervor, ob Justizminister Barr gezielt versucht hat, die öffentliche Debatte über den Mueller-Report zugunsten von Präsident Trump zu beeinflussen, obwohl einige Ergebnisse des Mueller-Report mit den geschwärzten Passagen das Gegenteil belegen.

Justizminister Barrs Vorgehen hatte dazu geführt, dass der Richter seine Meinung über das Justizministerium änderte: »Diese Umstände im Allgemeinen und Justizminister Barrs Mangel an Aufrichtigkeit im Besonderen stellen Justizminister Barrs Glaubwürdigkeit in Frage, und damit auch die des Justizministeriums …«

Das Reservoir war leckgeschlagen. Und das Wasser rinnt weiter.

Im November 2017, sechs Monate nach meiner Entlassung, bekannte sich Michael Flynn schuldig, das FBI belogen zu haben, und verpflichtete sich, mit Muellers Staatsanwälten zu kooperieren. Im Gegenzug sollten weitere Anschuldigungen fallen gelassen werden, ein geringeres Strafmaß wurde ihm in Aussicht gestellt. In den folgenden zwei Jahren gab er zweimal vor Gericht zu, wissentlich gelogen zu haben, und akzeptierte, dass die Regierung ihn dafür verurteilen könnte. Wie sich herausstellte, war er weder betrunken gewesen, noch hatte er einen Schlaganfall erlitten. Er hatte einfach schamlos gelogen, weil er dachte, dass sein Vorgesetzter das von ihm erwartete.

Der Mueller-Report erläutert, dass Trump aufgebracht war, als die erste Meldung in den Medien auftauchte, dass Flynn mit den Russen über die von Obama verhängten Sanktionen gesprochen habe. Er fragte: »Worum zum Teufel geht es hier?« Das war eine eigenartige Reaktion, denn aus gutem Grund hätte er wissen müssen, worum es ging.

Der Stabschef des Weißen Hauses teilte dennoch Flynn pflichtgemäß mit, dass Trump wütend sei, und riet ihm, »die Story abzuwürgen«. Flynn folgte dieser Aufforderung und wies einen Stabsmitarbeiter des Weißen Hauses an, er solle die Sache gegenüber dem Reporter abstreiten und stattdessen sagen, dass Flynn niemals mit den Russen über die Sanktionen gesprochen habe. Bei dieser Version blieb er, selbst als das FBI ihn befragte.

Am 7. Mai 2020, mitten in der Pandemie, beantragte Barrs Justizministerium die Einstellung des Verfahrens gegen den bereits verurteilten Flynn. Die Begründung: Flynns Falschaussagen seien »juristisch irrelevant«, da das FBI ohne rechtmäßige Grundlage ermittelt habe. Der einzige Zeichnungsberechtigte war der damalige, von Barr ernannte Interims-Staatsanwalt des District of Columbia, der noch Wochen zuvor dem persönlichen Stab des Justizministers angehört hatte. Die Anwälte im Ministerium, die zwei Jahre lang mit dem Fall befasst gewesen waren, weigerten sich, das Dokument zu unterzeichnen; einer von ihnen zog sich offiziell aus dem Verfahren zurück.

Die von Bill Barrs handverlesenem Bevollmächtigten vorgetragenen Behauptungen waren, in den Worten eines ehemaligen Bundesrichters, der im Namen des erstinstanzlichen Gerichts eine Erwiderung geben sollte, »so regelwidrig und so offensichtlich vorgeschoben«, dass sie »einen eindeutigen Beweis für groben Missbrauch bei der Strafverfolgung darstellen. Sie offenbaren die wenig überzeugende Bemühung, die Entscheidung über die Einstellung des Verfahrens als rechtmäßig zu verschleiern.

Dabei beruht sie einzig und allein auf der Tatsache, dass Flynn ein politischer Mitstreiter Präsident Trumps ist.«

Der pensionierte Richter fasste die Absurdität des neuen Standpunkts der Regierung wie folgt zusammen:

> Als Flynn vom FBI befragt wurde, ermittelte die Behörde gerade im Rahmen der Spionageabwehr zu einer möglichen Abstimmung zwischen Personen aus dem Trump-Wahlkampfteam und der russischen Regierung. Flynn war ein Berater Trumps mit Verbindungen zur »wichtigsten internationalen Propaganda-Maschinerie« des Kreml, der über inoffizielle Kanäle unübliche Anfragen an Russlands ranghöchste Regierungsbeamte in den Vereinigten Staaten gestellt und diese Kommunikation vor US-Beamten auf höchster Ebene verheimlicht hat. Als das FBI Flynn wiederholt zu dieser Kommunikation befragt hat, log er – so wie er auch verschiedene führende Beamte des Weißen Hauses belogen hat. Dieser Fall unterscheidet sich in seiner Relevanz in keiner Weise von anderen Fällen, die Staatsanwälte, Gerichte oder Geschworene zu Gesicht bekommen.

So manches an dieser neuen Position der Regierung war unverständlich, nicht aber der Ursprung. Seitdem Präsident Trump mir im Februar gesagt hatte, »ich möge davon ablassen«, hatte er versucht, im Justizministerium Verbündete zu finden, die sich bei Verfahren, in die Freunde von ihm verwickelt wären, in seinem Sinne verhalten würden. Für Flynn hatte Trump eine Medienkampagne mit mehr als hundert Tweets und Retweets inszeniert. Er machte deutlich, dass er das Verfahren gegen Flynn genau beobachtete, jene hasse, die gegen Flynn ermittelt und ihn strafrechtlich verfolgt hatten – »niederträchtige, dreckige Bullen an der Spitze des FBI« –, und wünsche, dass die Justiz die Sache fallen lasse. Das alles sei eine Gaunerei, wiederholte der Präsident unablässig, eingefädelt, damit Flynn sich verhedderte, der höchstwahrscheinlich gar nicht gelogen habe. Dabei hatte Trump ihn genau deshalb entlassen.

Die Fülle von Tweets für Flynn bereitete den Boden für die Argumentationslinie hinter dem beispiellosen Antrag des Justizministeriums, Flynns Verfahren einzustellen. Das Dokument wirkte, als hätte Trump persönlich es verfasst, und war so mangelhaft, dass der pensionierte Richter es als »verrätselt« empfand, »mit unerklärlichen und grundlegenden Fehlern in den rechtlichen und tatsächlichen Gegebenheiten«. So schlampig der Antrag auch formuliert war, Trump hatte zum zweiten Mal Erfolg mit seinem Bemühen, den Umgang des Ministeriums mit einem Strafverfahren zu beeinflussen, an dem er ein persönliches Interesse hatte.

Als Trump Anfang 2020 mit Twitter-Meldungen die Justiz dazu nötigen wollte, das geforderte Strafmaß für seinen langjährigen Berater Roger Stone herabzusetzen – Stone war für schuldig befunden worden, während der Ermittlungen zur Einmischung Russlands 2016 den Sonderermittler und den Kongress angelogen zu haben –, klagte Justizminister Barr öffentlich, dass Trumps »öffentliche Äußerungen und Tweets« zu laufenden Verfahren »es ihm unmöglich machten, seine Arbeit zu tun und den Gerichten sowie den Staatsanwälten im Ministerium zu versichern, dass unsere Arbeit von Integrität bestimmt ist«. Aufmerksame Beobachter hingegen verstanden Barrs Klage anders: Wenn Trump der Welt zeigte, zu was er fähig war, erschwerte er es Barr, nach Trumps Pfeife zu tanzen. Die Justiz ist vermeintlich unparteiisch und unvoreingenommen. Freunde des Präsidenten sollten eigentlich keine Extrawurst bekommen.

Trump ging mit seiner Forderung nach einem niedrigeren Strafmaß für seinen Freund Stone an die Öffentlichkeit, gleich nachdem Barr Jessie Liu, die geschätzte Staatsanwältin im District of Columbia, aus dem Amt entfernt und einen Mitarbeiter aus seinem Kreis als kommissarischen Staatsanwalt eingesetzt hatte. Dieser hob umgehend das auf, was seine Mitarbeiter erarbeitet hatten, und setzte ohne jede Begründung das Strafmaß für Stone drastisch herab. Dies war ein weiterer noch nie dagewesener Schachzug. Er erfolgte, um einem Kumpan des Präsidenten einen Vorteil zu verschaffen. Man muss es den vier beamteten Strafverfolgern, die an dem Fall gearbeitet hatten, sehr zugutehalten, dass sie sich weigerten, weiter an diesem Verfahren beteiligt zu sein, und zurücktraten; einer von ihnen quittierte seinen Dienst bei der Regierung. Aber Barr und sein Mitarbeiter machten trotzdem weiter, weil der Präsident es so wollte.

Die Beleidigung der Justiz endete hier nicht, weil Donald Trump es nicht darauf ankommen lassen konnte, dass Roger Stone ins Gefängnis wanderte. Dafür wusste er zu viel. Stones Strafmaß fiel geringer aus, als es die Ministerialen angestrebt hatten, aber dennoch wurde er zu drei Jahren verurteilt. Die Richterin erklärte in ihrer Urteilsverkündung, dass Stone »rechtlich belangt werde, weil er sich der Vertuschung für den Präsidenten schuldig gemacht habe«. Dies sei eine schwerwiegende Straftat, weil »es immer noch die Wahrheit gibt. Die Wahrheit ist immer noch von Bedeutung. Roger Stones Beharren darauf, dass dem nicht so ist, seine Streitlust, sein Stolz auf seine eigenen Lügen sind eine Bedrohung für unsere zentralen Institutionen, ja für die Grundlage unserer Demokratie«.

Stone mochte sich streitlustig gezeigt haben, aber er erwartete auch etwas dafür, dass er für Trump die Justiz behindert hatte, und zwar nicht nur von der Richterin. Einige Tage vor Haftantritt sagte Stone in einem Interview: »Ich hatte während der Wahlkampfperiode 29 oder 30 Unterredungen mit Trump. Er weiß, dass ich unter enormem Druck stand und mich plötzlich gegen ihn hätte wenden können. Dies hätte meine Situation erheblich vereinfacht. Aber das tat ich nicht. Ich sollte den Judas spielen. Da habe ich nicht mitgemacht.« Stone trat für Trump ein. Er log für ihn und erwartete, dass man sich im Gegenzug um ihn kümmerte.

Eine Stunde später belohnte Trump Stones Einsatz für ihre persönliche Cosa Nostra. Er setzte Stones Strafmaß herab, so dass dieser niemals eine Gefängniszelle von innen sehen musste. Dieser Angriff gegen das Rechtssystem war so unerhört, dass Bill Barr, der loyale Justizminister, verlautbaren ließ, er habe davon abgeraten und Stones Strafmaß für »berechtigt« gehalten. Robert Mueller brach sein Schweigen und verfasste einen Zeitungskommentar. Er schrieb, dass die Ermittlung trotz Barrs düsterer Andeutungen und Trumps unablässiger Angriffe sowohl rechtmäßig als auch wichtig war. Stone hatte gelogen, als es um seine Kontakte zu russischen Geheimdienstoffizieren ging. Ein solches Verhalten, so Mueller, »sei ein gezielter Angriff auf die Bemühungen der Regierung, die Wahrheit herauszufinden und Rechtsverletzer zur Rechenschaft zu ziehen«. Aber egal, Roger Stone war ein freier Mann.

Mit den Verfahren um Stone und Flynn haben Trump und Barr die Struktur des Rechtssystems verändert. Fortan würde Justitia keine Augenbinde mehr tragen. Sie ist ersetzt worden durch eine Kappe mit dem Schriftzug »Make America Great Again«.

16

DAS NETZ

Die Lüge hat Flügel, und die Wahrheit humpelt hinterdrein. Und bis man die Täuschung endlich erkennt, ist es zu spät.
Jonathan Swift

Zwischen mir und Donald Trump hätte es nicht funktionieren können. Wir waren zu verschieden. Während ich schmerzhaft lernen musste, dass es notwendig sein konnte, einen Teil der Wahrheit unter Verschluss zu halten – selbst so unbedeutender Dinge wie die Geldsumme, die ein Drogendealer bei sich hatte, oder die Zweitehe eines Teilnehmers am Zeugenschutzprogramm oder die Beschattung eines Mafioso durch das FBI –, während ich lernte, als Staatsanwalt niemals mit einem Argument oder Beweismittel zu arbeiten, an das ich nicht uneingeschränkt glaubte, hatte er eine völlig andere Herangehensweise, seine Karriere voranzubringen. Sein Ghostwriter in »Die Kunst des Erfolges« beschreibt das so:

> Kleine Übertreibungen schaden nicht. Die Leute wollen glauben, dass etwas das Großartigste und Tollste und Spektakulärste ist. Ich nenne das wahrheitsgetreue Übertreibung. Es ist eine unschuldige Art der Überspitzung und eine der wirkungsvollsten Spielarten der Werbung.

Ich dagegen war in einer Institution groß geworden, in der bereits kleine Übertreibungen schaden, weil sie gelogen sind. Mag sein, dass bestimmte Kreise von Immobilienunternehmern kein Problem damit haben, ihre Gebäude als größer anzupreisen, als sie in Wirklichkeit sind, für die Justizbehörden und das Justizministerium jedoch ist so etwas Entlassungsgrund, nicht Werbestrategie

Ich war in einer Institution groß geworden, die abhängig ist vom Vertrauen des amerikanischen Volkes. Dieses Vertrauen zu fördern, war das Ziel all unseres Handelns. Wir teilten der Öffentlichkeit Einzelheiten unserer Arbeit mit, schließlich sollte das Land seine Justizbehörden als unabhängig und aufrichtig wahrnehmen und uns an der Haustür wie im Gerichtssaal Glauben schenken. Wir erklärten, warum wir in der Schwarzen Bevölkerung unterwegs waren, um Straftaten im Zusammenhang mit Schusswaffen zu verfolgen, und hörten uns die Sorgen und Fragen an. Wir zwangen unsere Zeugen, Dinge zuzugeben, die ansonsten niemals aufgedeckt worden wären. Wir wussten, dass Lügen das Herz des Justizsystems bedrohen.

Ich war in einer Institution groß geworden, die aus Menschen bestand und deshalb auch immer wieder Fehler machte. Um das Vertrauen und unsere Glaubwürdigkeit nicht zu verspielen, haben wir solche Irrtümer zugegeben, egal ob es ein Präzedenzfall war, an den wir uns falsch erinnert hatten, oder ein rassistischer Psychopath, der sich eine Waffe besorgen konnte, weil wir bei der Prüfung des Strafregisters versagt hatten, oder ob unschuldige Menschen im Gefängnis saßen, weil wir Staatsanwälte übertrieben hatten. All dies tat weh, aber es war ausschlaggebend, was die Amerikaner von uns hielten, deshalb sagten wir die ganze Wahrheit. Wir arbeiteten auch daran, unsere Fehler nicht zu wiederholen, weil unsere Institution darauf gründete, die Dinge richtig zu machen.

Donald Trump konnte eine solche Institution nicht begreifen. In seinem Leben, in seiner Karriere ging es darum, wie die Dinge nach außen wirkten, nicht darum, wie sie wirklich waren. Worauf es ankam, war, dass das Geschäft abgeschlossen wurde und er sein Geld erhielt. Zu sagen, was man sagen musste, um als Sieger hervorzugehen, das war der Punkt. Vielleicht würde eine bestimmte Bank, ein bestimmter Bauunternehmer oder Angestellter nie wieder mit ihm zusammenarbeiten, aber es gab schließlich noch andere Banken, Bauunternehmer und Mitarbeiter. Diesen einen Sieg jetzt einzufahren, das war es, was zählte.

Ich hatte in einer Institution Karriere gemacht, in der es nicht ums Gewinnen geht, an einem Ort, der von Werten regiert wird, die selbst der Supreme Court 1935 in seiner Beschreibung der Rolle des Staatsanwalts *(Berger ./. Vereinigte Staaten von Amerika)* als ungewöhnlich empfindet:

> Er stellt sich in einem eigentümlichen und sehr konkreten Sinne in den Dienst des Gesetzes, dessen Ziel ein zweifaches ist: Schuld nicht ungestraft und Unschuld nicht leiden zu lassen. Er kann die Strafverfolgung in aller Ernsthaftigkeit und Entschlossenheit ausüben – er sollte dies sogar tun. Aber wenn er auch harte Schläge austeilen kann, die Freiheit, unfaire Schläge auszuteilen, genießt er nicht. Es ist in gleicher Weise seine Pflicht, sich unangemessener Methoden zu enthalten, die auf eine ungerechte Verurteilung abzielen, wie es seine Pflicht ist, alle legitimen Mittel einzusetzen, um eine gerechte Verurteilung herbeizuführen.

Ich hatte in einer Institution Karriere gemacht, die danach strebt, ihre Macht ohne Ansehen von Privilegien, der ethnischen Herkunft oder persönlicher Kontakte einzusetzen, an einem Ort, an dem Freundschaft oder Loyalität keine Rolle spielen dürfen, da man uns sonst nie wieder vertrauen könnte. An einem Ort, an dem ich dafür kämpfte, dass meine New Yorker Strafverfolger sich weder dem Anschein nach noch faktisch ins politische Gedränge Washingtons einmischten, an dem wir Sonderermittler einsetzten, wenn das amerikanische Volk mit guten Gründen unsere Unabhängigkeit in Frage stellen könnte, einem Ort, an dem die Präsidenten wussten, dass man nicht einfach in den Singular wechseln und an einem Fall Interesse zeigen darf, weil dies einem selbst oder seinen Freunden hilft.

Die Angriffe auf die Justiz als Institution fanden stets an dem winzigen Tisch in der Mitte des Green Room statt. Der Präsident der Vereinigten Staaten war nicht an hochtrabenden Gesprächen über Menschen interessiert, die sich »in einem eigentümlichen und sehr konkreten Sinne in den Dienst des Gesetzes« stellen. Ihm ging es um Loyalität, er erwartete Loyalität, keine Reden über einen althergebrachten Eid, der Gerechtigkeit verspricht, »völlig unparteiisch, ohne persönliche Vorlieben und Abneigungen«. Das war für ihn Loser-Geschwätz.

Trump verwendete zwei Jahre darauf, die Rechtsprechung nach seinen Wünschen zu gestalten. Er sagte, ich solle Flynn unbehelligt lassen. Ich wollte nicht. Er bat mich zweimal, öffentlich zu sagen, dass nicht gegen ihn ermittelt wurde, was zu diesem Zeitpunkt im Wortsinne zwar zutraf, aber einerseits irreführend und zugleich möglicherweise nur noch für kurze Zeit richtig war, also weigerte ich mich. Er entließ mich und löste damit die Bestellung eines Sonderermittlers aus, dessen Arbeit er unermüdlich zu behindern suchte. Er zündelte beim FBI und beklagte sich, dass sein Justizminister, Jeff Sessions, schwach sei und seinen Anordnungen nicht Folge leiste.

Ende 2018 entließ er Sessions und fand endlich seinen Mann in William P. Barr. Der war bereits unter George H. W. Bush Justizminister und Stellvertretender Justizminister gewesen und hatte später als Justiziar einer großen Aktiengesellschaft gearbeitet. Wie andere ehemalige Mitarbeiter des Justizministeriums sagte ich damals öffentlich, dass Barr aufgrund seiner Dienstzeiten im Ministerium in den 1980er und 90er Jahren einen Vertrauensvorschuss verdiente. Doch ich hatte zwei Dinge unterschätzt:

Erstens hatte ich nicht bedacht, dass Barr nie in einem Fall ermittelt hatte oder für die Anklage zuständig gewesen war. Er war ausschließlich in leitenden Positionen im Ministerium tätig gewesen und hatte nie Gelegenheit gehabt, die Fehler eines jungen Staatsanwalts zu machen und daraus zu lernen. Fehler, die einem das Verständnis für die Rolle der Justizbehörden im amerikanischen Leben tief eingravieren, und auch das Wissen darum, dass man eine Idee vertritt, nicht einen gewöhnlichen Mandanten.

Zweitens war mir die Bedeutung der Tatsache entgangen, dass sich Barr als Privatperson, bevor er ausgewählt wurde, in gewisser Weise für diesen Job beworben hatte, indem er nämlich dem Justizministerium unaufgefordert ein Memo schrieb, in dem er die Untersuchungen des Sonderermittlers gegen den Präsidenten wegen Justizbehinderung kritisierte.

Vielleicht war es fair gewesen, ihm einen Vertrauensvorschuss zu gewähren, aber er hatte ihn rasch verspielt. Denn hier trat nun jemand auf, der Loyalität zeigte, der den Dingen ihren Lauf ließ, wenn Trump das so wünschte, der sein eigenes Ministerium diffamierte, wenn Trump es in den Dreck ziehen wollte.

Ich weiß nicht, warum Justizminister Barr so handelte. Ich werde es möglicherweise nie erfahren. Wie konnte ein versierter Jurist dem Präsidenten Worte nachplappern wie »keine geheimen Absprachen« und »FBI-Bespitzelung«? Oder geheimnisvoll andeuten – in unangemessenen Äußerungen gegenüber der Presse –, dass die Behörden unrechtmäßig gehandelt hätten, als sie die Untersuchung zur Wahleinmischung Russlands einleiteten, trotz der Tatsache, dass sein eigener Generalinspekteur und der von den Republikanern dominierte Geheimdienstausschuss des Senats dem widersprachen und dass Trumps Wahlkampfleiter, in den Worten des Senats, eine »schwere Bedrohung für die Spionageabwehr« darstellte. Und justizbehindernde Handlungen herunterzuspielen als »dem Frust und Ärger« des Präsidenten geschuldet, etwas, das er niemals anbringen würde, um die zahllosen Verbrechen zu rechtfertigen, die Tag für Tag verhandelt werden und auch Frust und Ärger geschuldet sind.

Wie konnte er sich über den Bericht von Robert Mueller schriftlich und mündlich so irreführend äußern, dass sich der Sonderermittler persönlich veranlasst sah, schriftlich dagegen zu protestieren? Wie konnte er persönlich intervenieren und für den Freund des Präsidenten, Roger Stone, ein milderes Verfahren anordnen und dann auch noch aus offenkundig belanglosen Gründen die Einstellung des Verfahrens gegen Michael Flynn anweisen, nachdem dieser zweimal seine Schuld eingestanden hatte? Damit hatte er zwei Helden der Trump-Welt in einer Weise behandelt, wie kein Angeklagter in einem Strafverfahren je behandelt wurde.

Ich weiß es nicht genau. Menschen sind kompliziert, und so ist wohl auch die Antwort kompliziert. Aber ich habe durchaus ein paar Thesen dazu, nachdem ich Trump monatelang aus nächster Nähe erleben konnte und ihn noch viele weitere Monate beobachtet habe, wie er andere beeinflusst. Amoralische Führungspersönlichkeiten verfügen über die Fähigkeit, die Charaktere der Menschen um sie herum offenzulegen. Manchmal ist es anregend, was da zutage tritt. James Mattis, der ehemalige Verteidigungsminister zum Beispiel, trat zurück, weil er seinen Prinzipien treu bleiben wollte, als Trump unsere angeschlagenen kurdischen Verbündeten in Syrien im Stich ließ. Dieses Vorgehen war Trump so fremd, dass er Tage brauchte, bis er begriff, was passiert war, und dann begann er, seine Lügen über ihn zu verbreiten.

Häufiger jedoch enthüllt die Nähe zu amoralischen Führungspersönlichkeiten eher Bedrückendes. Es dürfte an dem, was mit Barr geschah, zumindest einen Anteil haben. Fähige Leute, denen es an innerer Stärke mangelte, konnten den Kompromissen, die nötig waren, um Trump zu überleben, nicht widerstehen,

Kompromisse, die sich so lange summieren, bis man sich nicht mehr davon erholen kann und die Institution, die man leitet, beschädigt ist. Es erforderte Charaktere wie den von Mattis, um Schaden abzuwenden.

Es fing damit an, still sitzen zu bleiben, wenn er log, in der Öffentlichkeit wie privat. Wer schweigt, macht sich zum Komplizen. In Besprechungen überschwemmte er völlig unbehelligt seine Zuhörer mit Behauptungen, was »alle denken« und was »offensichtlich richtig« ist, so wie bei unserem Dinner im Green Room, schließlich war er der Präsident und er sprach fast ununterbrochen. Das führte letztlich dazu, dass er alle Anwesenden in einen Zirkel schweigender Zustimmung zog.

Trump sprach so schnell und ohne Pausen, dass man gar keine Möglichkeit hatte, sich zu Wort zu melden. So wurde jeder zum Mitverschwörer seiner Lügen und Hirngespinste. Ich spürte es – wie der Präsident mit seinen Worten ein Netz aus alternativen Fakten knüpfte, in das er uns alle, die wir mit im Raum waren, eifrig einwickelte. Ich muss ihm zugestimmt haben, als er behauptete, seiner Amtseinführung habe das größte Publikum der Geschichte beigewohnt, denn ich habe es nicht angefochten. Jeder muss zustimmen, dass er sehr unfair behandelt wurde. Das Netzknüpfen hat nie aufgehört.

Die Zirkel der Zustimmung gingen vom nichtöffentlichen Bereich über auf den öffentlichen mit Demonstrationen persönlicher Lehnstreue etwa bei Kabinettssitzungen. Unter den Augen der Weltöffentlichkeit taten seine Untergebenen, was alle am Tisch taten – sie sprachen darüber, wie erstaunlich der Chef doch sei und was für eine Ehre es sei, zu ihm zu gehören. Sicher war ihnen aufgefallen, dass Mattis den Präsidenten nie ausdrücklich lobte, sondern immer nur von der Ehre sprach, die Männer und Frauen unseres Militärs repräsentieren zu dürfen. Aber bei ihm ist das ja schließlich etwas anderes, nicht wahr? Ehemaliger General des Marinekorps und so. Keine Chance für die anderen, mit so etwas durchzukommen. Also lobten sie, die Welt sah zu, und das Netz zog sich immer enger.

Als Nächstes begann Trump, die Institutionen zu schmähen und Werte anzugreifen, die ihnen am Herzen lagen – Dinge, die sie immer für schützenswert gehalten hatten und für die sie ehemalige Präsidenten kritisierten, die sie nicht stark genug unterstützten. Doch sie blieben still. Denn was sollten sie schon sagen? Er ist der Präsident der Vereinigten Staaten.

Sie haben das gespürt. Es beunruhigte sie auch bis zu einem gewissen Grad. Aber sein ungeheuerliches Verhalten führte sie zu der Überzeugung, dass sie einfach bleiben mussten, um die Menschen und Institutionen und Werte, die ihnen am Herzen liegen, zu schützen und zu erhalten. Gemeinsam mit Republikanern im Kongress hielten sie sie für diese Nation für zu wichtig, um sie zu verlieren, in diesen Tagen besonders.

Laut konnten sie das nicht aussprechen – vielleicht nicht einmal in der eigenen Familie –, doch in Zeiten der Not, in der die Nation von einem zutiefst unmoralischen Menschen geführt wird, wäre das ihr Beitrag, ihr persönliches Opfer für Amerika. Sie sind klüger als Donald Trump und bereit, sich für das Land auf ein langwieriges Spiel einzulassen, sie könnten schaffen, woran weniger bedeutende Führungspersönlichkeiten gescheitert waren, die per Tweet gefeuert wurden.

Um bleiben zu können, mussten sie freilich als Mitglieder im Team betrachtet werden, also gingen sie weitere Kompromisse ein. Sie übernahmen seine Sprache, lobten seine Führungsqualitäten, priesen sein Bekenntnis zu Werten und ließen Sonderbehandlungen für seine Freunde zu. Und irgendwann waren sie in die Irre gegangen, und die Institutionen, die sie repräsentierten, waren besudelt.

Einer von ihnen war Justizminister der Vereinigten Staaten, als er über einen öffentlichen Platz ging, der auf seinen Befehl hin gewaltsam von Protestierenden geräumt worden war, die ihre Rechte aus dem Ersten Zusatzartikel der Verfassung ausübten, einen Platz, über dem noch eine Wolke schädlicher Chemikalien hing. Und das alles nur, damit der Präsident eine Bibel in die Kameras halten konnte. Vielleicht war er schon vorher in die Irre gegangen, aber die Justiz als Institution – der Wahrheit und Transparenz verpflichtet, vom Vertrauen des amerikanischen Volkes abhängig – wurde noch weiter in den Dreck gezogen.

Ich gestehe, dass ich durchaus auch erleichtert war, entlassen worden zu sein, weg zu sein von Donald Trump und seinem Netz aus Lügen, seinen endlosen Forderungen nach persönlichen und institutionellen Kompromissen. Ich war erleichtert, der Verantwortung enthoben zu sein, das FBI durch all die Verleumdungen und Besudelungen Trumps und später seines zweiten Justizministers führen zu müssen.

Das schwache Gefühl der Erleichterung über die Entlassung war freilich von bohrenden Schuldgefühlen begleitet, weil ich die Menschen und die Institution, um die ich mich sorgte, schutzlos zurückgelassen hatte und weil ich die Aufgabe nie würde zu Ende führen können, das Ansehen und den Führungsstil des FBI zu verbessern. Ich hatte vorgehabt zu bleiben, obwohl mir davor graute, unter Trump arbeiten zu müssen, weil ich es den Menschen beim FBI schuldig war, mich zwischen sie und einen zutiefst unmoralischen Präsidenten zu stellen. Und im Justizministerium waren keine Führungskräfte mehr, die genug Stärke und Charakter besaßen, das FBI zu schützen. Den Justizminister Sessions hatte Trump in die Bedeutungslosigkeit verbannt, und sein Stellvertreter, Rod Rosenstein, der der Forderung Trumps nach einer schriftlichen Mitteilung nachgekommen war, um die Wahrheit über meine Entlassung zu vertuschen, fürchtete sich vor fiesen Tweets. So empfand ich, als ich meinen exponierten Platz räumte, eine bohrende Schuld und

Trauer, denn ich wusste, dass ich wohl nie dorthin zurückkommen würde.

Das Gefühl wurde noch verstärkt durch die vielen FBI-Mitarbeiter, die mir Karten, Briefe und Geschenke schickten, nachdem ich entlassen worden war. Einer Mitarbeiterin, die angefangen hatte, ihren Kollegen Kaffeebecher mit der Aufschrift »Comey Is MY Homey« (Comey ist mein Kumpel) zu besorgen (zum Anschaffungspreis), wurde mitgeteilt, sie dürfe für die Bestellungen nicht länger ihre FBI-E-Mail-Adresse verwenden. Die Bestellungen im FBI gingen in die Tausende und überschritten die nach Dienstbestimmung erlaubte »geringfügige Nutzung« bei Weitem.

Das vielleicht rührendste Geschenk drehte sich nicht um mich. Unser geliebter alter Rettungshund mit Terrierabstammung, Benji, war ein Streuner, weshalb er auch in einem Käfig eines Tierheims in Virginia landete. Während meiner Zeit als FBI-Direktor lief er zu den Toren hinaus, sprang über Mauern und streunte durch die Straßen. Diese Ausflüge und sein Wiedereinfangen durch Autofahrer und Jogger wurden von den Überwachungskameras aufgezeichnet. Die FBI-Mitarbeiter, die Benjis Streunereien seit vier Jahren beobachteten, schickten meiner Familie ein Fotobuch mit seinen großartigsten Fluchtaktionen. Als Benji 2018 starb, wurde es zu einem kostbaren Familienerbstück. Solche Menschen waren es, derentwegen ich traurig war, entlassen worden zu sein.

Ich war traurig, aber ich tröstete mich damit, dass es ohnehin nicht lang gedauert hätte, nicht mit einem Präsidenten, für den das Lügen so normal war wie das Atmen, und erst recht nicht, nachdem er einen Justizminister gefunden hatte, der die Glaubwürdigkeit seiner eigenen Organisation untergraben würde, der auf Geheiß des Präsidenten alles tat, egal ob er damit der Justiz Schaden zufügte. Ich hätte unsere Institution verteidigt, als der Präsident und der Justizminister Lügen über das FBI verbreiteten und deren Mitarbeiter diffamierten. Früher oder später wäre ich ohnehin entlassen worden.

Viele gutwillige Amerikaner glauben, dass das Justizministerium und das FBI Teil einer korrupten »Deep State«-Verschwörung seien, die Donald Trumps Kandidatur und seiner Präsidentschaft schaden wollte. Viele davon glauben, ich sei ein dreckiger Bulle, eine verlogene Führungskraft, die diesen verräterischen Versuch befohlen hat. Sie glauben das, weil es ihnen so erzählt wurde vom Präsidenten der Vereinigten Staaten, Hunderte Male, Tausende Male wiederholt von seinen Aufheizern, einschließlich seines Justizministers. Sie glauben daran, obwohl es gar keinen Sinn ergibt angesichts der Ereignisse von 2016, als die Demokraten mit deutlich größerer Veranlassung dachten – wenn auch genauso ungerechtfertigt –, wir wollten Hillary Clinton schaden, während wir unsere Ermittlungen gegen Trump in völliger Geheimhaltung durchführten. Sie glauben es sogar noch, nachdem wiederholte Untersuchungen nichts dergleichen gefunden haben. Sie glauben daran, weil Trump und Bill Barr immer versprachen, »die nächste Untersuchung« würde den Beweis erbringen. Dann würden ich und die anderen schlechten Menschen endlich ins Gefängnis kommen, wie Trump dies unablässig forderte. Normale Amerikaner haben das inzwischen so oft zu hören bekommen, dass meine Fox News-schauende betagte Schwiegermutter regelmäßig aus ihrem Apartment für betreutes Wohnen anruft, voller Sorge, ich würde verhaftet. Egal wie oft ich ihr lachend erklärt habe, dass das alles erfunden ist, nichts als Lügen, bleibt sie in Sorge. Ich verstehe, warum. Wladimir Lenin hat Iowa nie besucht, aber er wusste: »Eine Lüge wird zur Wahrheit, wenn sie oft genug wiederholt wird.«

Es waren nicht nur Bill Barrs Lügen über den Mueller-Report oder sein Eingreifen, um Trumps Freunden zu helfen, was das Fass zum Überlaufen brachte. Die vier Jahre der Lügen über

FBI-Mitarbeiter, das Justizministerium und die Justizbehörden trugen ebenfalls zum Überlaufen bei. Jedes Mal, wenn ein Fox News-Moderator oder ein Kongressmitglied die Wahrheit verdrehte über Nachrichten, die sich zwei FBI-Mitarbeiter geschrieben hatten, die eine Affäre miteinander hatten, um anzudeuten, dass das FBI parteiisch agiert habe – trotz erschöpfender Ermittlungen eines unabhängigen Generalinspekteurs, der nichts dergleichen fand –, lief das Fass weiter voll. Jedes Mal, wenn der Präsident log und behauptete, ich hätte geheime Informationen an die Medien weitergegeben, stieg das Wasser an. Jedes Mal, wenn der Justizminister sagte, er glaube nicht an das Fazit des Generalinspekteurs, dass das FBI die Untersuchung zur Russlandaffäre ordnungsgemäß eingeleitet habe, erhöhte sich der Wasserstand.

In den 1980er Jahren hatte ein Minister, der eines Verbrechens angeklagt worden war, sich später aber als unschuldig erwies, gefragt: »Und an welche Behörde kann ich mich nun wenden, um meine Reputation wiederzuerlangen?« Eine solche Behörde gibt es nicht. Angesichts der alarmierenden Kompromisse gegenüber den Werten der Unparteilichkeit des Justizapparates und der unablässigen Lügen über dessen Arbeit und seine Mitarbeiter wird sich das nicht so leicht wieder in Ordnung bringen lassen. Der Weg zurück ist lang und steinig.

Epilog
WIEDERAUFBAU

Das zähle, Zeit, zu deines Amtes Pflichten (…)
Der Fürsten Zwiespalt ziemt dir beizulegen,
Entlarvte Falschheit, Wahrheit bring ans Licht.
William Shakespeare, Lucretia

Ja, er wird steinig werden, der Weg zurück zu neuem Vertrauen, aber wir kennen den Weg, unsere Justiz ist ihn schon einmal gegangen. Er führt über einen offenen und ehrlichen Umgang mit dem amerikanischen Volk. Wahrheit und Transparenz bewirken Vertrauen. Es ist machbar. Edward Levi hat uns diesen Weg gezeigt, das liegt nun 45 Jahre zurück.

Während der sechs Jahre von Richard Nixons Präsidentschaft waren vier Justizminister im Amt. Zwei von ihnen – darunter auch Nixons engster Freund und Wahlkampfmanager, der sein erster Justizminister war – wurden später wegen Straftaten angeklagt und verurteilt, die sie für Nixon begangen hatten. Nach J. Edgar Hoovers Tod ernannte er einen loyalen Politiker zum FBI-Direktor und setzte ihn bis zur Bestätigung durch den Senat (die glücklicherweise nie kam) als geschäftsführenden Direktor ein. Elf Tage nach dem Watergate-Einbruch brachte der Rechtsberater des Weißen Hauses dem geschäftsführenden FBI-Direktor einen Stapel Dokumente, die aus E. Howard Hunts Tresorfach im Weißen Haus stammten – dem Kopf hinter dem Einbruch und Chef von Nixons Clique für dreckige Geschäfte –, und bat ihn, sie zu beseitigen. Der von Nixon eingesetzte FBI-Leiter tat, wie ihm geheißen, und verbrannte die Papiere im Kamin seines Hauses in Connecticut. Er legte dem Weißen Haus sogar die FBI-Unterlagen zu den Watergate-Ermittlungen vor. Später räumte er ein, nicht durchschaut zu haben, dass er »mit Individuen zu tun hatte, die mich in genau die Verschwörung mit hineinziehen wollten, deren Untersuchung man von mir forderte«, eine Situation, die er als das »Grauen eines Geistesgestörten« bezeichnete.

Der Präsident hatte versucht, das FBI und die CIA dafür zu missbrauchen, die Watergate-Ermittlungen einzustellen. Als das scheiterte, ging er dazu über, den Chefermittler im Untersuchungsausschuss zu entlassen, was zu dem berühmten »Saturday night massacre« führte, den heroischen Rücktritten des Justizministers und seines Stellvertreters, die sich weigerten, seinen Befehl auszuführen.

Der Schaden war nicht auf Watergate beschränkt. Das amerikanische Volk erfuhr dabei auch vom jahrzehntelangen Missbrauch der Ermittlungs- und Aufsichtsbefugnisse durch das FBI, von den Schikanen gegenüber Bürgerrechtlern, Anti-Kriegs-Demonstranten und Studentengruppen. Es wurde sogar aufgedeckt, dass das FBI versuchte hatte, Martin Luther King mit Erpressungen in den Selbstmord zu treiben.

Nach Nixons Rücktritt vom Präsidentenamt war die Justiz stark beschädigt. Sie hatte das Vertrauen der Amerikanerinnen und Amerikaner verloren – zu Recht.

Als Gerald Ford nach Nixons schmachvollem Rücktritt Präsident wurde, war ihm bewusst, dass die Wiederherstellung der Rechtsstaatlichkeit und einer fairen Rechtsprechung höchste Priorität hatten. Er ging jenseits von Regierungskreisen auf die Suche und bat den 63-jährigen, Fliege tragenden Präsidenten der University of Chicago und langjährigen Jura-Professor, Edward Levi, zur Rettung des Justizwesens Justizminister zu werden. Das war eine ungewöhnliche Wahl. Levis politische Haltung war unklar. Oder wie die *New York Times* schrieb: »In manchen Presseberichten wurde gerätselt, ob man ihn als Konservativen, Liberalen oder Liberalisten bezeichnen soll. Als er das Amt zwei Jahre später verließ, gab es darauf noch immer keine eindeutige Antwort, aber die Frage schien nahezu irrelevant.« Für Präsident Ford war sie von Anfang an irrelevant gewesen. Er brauchte jemanden mit Prinzipien und mit der Statur, das Justizministerium und seine Behörden nach Jahren parteilicher Korruption wieder instand zu setzen.

Levi wusste, wie schwer das sein würde. Er erkannte, dass er sein Amt »in einer Zeit des Wandels und eines zersetzenden Skeptizismus und Zynismus gegenüber dem Rechtsstaat« übernehme. Öffentliches Vertrauen in die Justiz bedeutete für Levi alles. Nichts sei schlimmer, sagte er, als daran zu scheitern, »in Wort und Tat deutlich zu machen, dass unser Gesetz kein Instrument für Parteizwecke ist und dass es keine Nachlässigkeit gegenüber den höheren Werten duldet, die uns allen innewohnen«.

Levi lieferte beides, Wort und Tat. Er bereiste das ganze Land und sprach unablässig über die Justizbehörden, räumte deren Fehler ein und betonte die Werte, denen er wieder Gewicht verleihen und die er schützen wollte. Er versammelte die leitenden Staatsanwälte und gab ihnen Folgendes mit auf den Weg: »Die Stärkung des Vertrauens der Öffentlichkeit in den Rechtsstaat taugt nicht zur Showveranstaltung, insbesondere dann nicht, wenn das Vertrauen verletzt wurde. Was zählen muss, ist Wirksamkeit und Fairness. Was zählen muss, ist zudem unsere Bereitschaft, die Probleme anzugehen, wie sie sind […] [und] mit unvoreingenommenem Blick auf das zu schauen, was wir tun.«

Er selbst hatte diesen unvoreingenommenen Blick, und was er sah, schockierte ihn, besonders in den Fällen des FBI, die sich – unter dem Namen COINTELPRO – gegen angeblich subversive amerikanische Bürger und ihre Organisationen richteten. »Die Fälle, die nicht lächerlich waren, waren haarsträubend«, sagte er und drängte auf Offenlegung der FBI-Aktivitäten und auf die ersten Richtlinien überhaupt, die den Rahmen steckten für FBI-Maßnahmen, wie die Überwachung von einheimischen politischen Gruppierungen und Ermittlungen in diesem Bereich. Die »Levi-Richtlinien«, die zur Einstellung der meisten politischen Ermittlungen führten, waren weder gesetzlich vorgeschrieben, noch wurden sie richterlich angeordnet. In den späten 1970er Jahren wurde die Unterwanderung politischer Gruppierungen nicht als Beeinträchtigung von Grundrechten betrachtet. Doch Levi war überzeugt davon, dass eine Selbstbeschränkung für das öffentliche Vertrauen grundlegend war. So erlegte er sie dem von Hoover gegründeten FBI auf. Er sprach sich auch für eine Gesetzesänderung aus und befürwortete eine gesetzliche Regelung des Einsatzes elektronischer Überwachung durch die Behörden in Fällen, die die nationale Sicherheit betreffen – was zum Foreign Intelligence Surveillance Act FISA führte.

Doch es war nicht genug damit getan, die Regeln zu ändern und neue Schulungen einzuführen. Er musste die Kultur verändern, diese unsichtbare Gewalt, die alle menschlichen Organisationen steuert. Kultur ist wohl am besten so definiert: als »die Art und Weise, in der man die Dinge tatsächlich umsetzt, egal was einem in der Ausbildung beigebracht wurde«. Jede Organisation ist von ihrer Kultur geleitet. Fachleute teilen sie in drei Ebenen ein: Artefakte, vertretene Überzeugungen und zugrundeliegende Annahmen. »Artefakte« sind die Symbole oder Zeichen einer Organisation – Flaggen, Gründungsdokumente, Slogans und Zeremonien. Sie sind auch aus der Distanz sichtbar. »Vertretene Überzeugungen« sind das, wofür eine Organisation zu stehen behauptet – Leitlinien und Philosophie der Organisation, ihre Werte und Regeln. Auch sie sind von außen erkennbar. »Zugrundeliegende Annahmen« sind das Urgestein einer Kultur, die unausgesprochene Art, wie Dinge in die Tat umgesetzt werden, alles, was man Imageplakaten und Informationsveranstaltungen nicht entnehmen kann, sondern nur erfährt, wenn man sich eine gewisse Zeit dort aufhält. Gesunde Organisationen kennen die Macht dieser zugrundeliegenden Ebene. Sie arbeiten daran, dass sie mit den oben erwähnten Symbolen, Regeln und Reden übereinstimmt: dass »die Art, wie Dinge bei uns umgesetzt werden«, auch die Art ist, wie wir sie umgesetzt haben wollen.

Levi musste die Regeln ändern, sie in den Justizbehörden aushängen und nachhaken, indem er in feierlichen Reden an die Grundwerte appellierte. Doch um die zugrundeliegende Ebene, die Ebene des Unausgesprochenen, Uneingestandenen zu erreichen, genügte auch das noch nicht. Zu versuchen, den Justizbehörden die Parteinahme auszutreiben, indem man ihre Mitarbeiter anweist, nicht parteilich zu sein, ist, als wollte man Kinder zu guten Menschen erziehen, indem man ihnen das Strafgesetzbuch vorliest. Da braucht es schon mehr. Sie müssen erkennen, dass man es auch so meint, dass man danach handelt, erst dann können die Schulungen fruchten. Levi musste einen bestimmten Weg einschlagen, bei der Wahl seiner Mitarbeiter, bei seiner Kleidung, bei seiner ganzen Lebensweise. In jedem Augenblick, öffentlich wie privat, musste er es vorleben, damit man ihm glauben und ihm nacheifern konnte. All dies wusste er. »Große Führungspersönlichkeiten strahlen die Werte ihrer Institution aus«, sagte er gern.

In nur zwei Jahren rettete er die Justiz. Als er sein Amt verließ, nachdem Jimmy Carter Ford als Präsident abgelöst hatte, konnte Levi mit wohlverdienter Genugtuung sagen: »Ich verlasse mein Amt voller Zuversicht, dass im Justizapparat eine hohe Moral herrscht und hohe Ziele gelten. Wir haben bewiesen, dass der Rechtsstaat fair, wirksam und unparteiisch sein kann.«

Doch trotz seiner Zuversicht wusste Levi, dass die Arbeit daran nie zu Ende ist, denn er wusste um die Kultur in Organisationen.

Die Herausforderung dabei ist, dass man diese Kultur so gut wie nicht sehen, schmecken und fühlen kann. Die Kultur verkommt in ähnlicher Weise, wie sich Raumluft verschlechtert. Kommt man von draußen in eine ungesunde Kultur, stinkt sie zum Himmel, doch wenn man selbst dazugehört, merkt man es in vielen Fällen nicht einmal. Eine gesunde Kultur bedarf permanenter Aufmerksamkeit, weshalb Levi bei seinem Abschied eine Warnung in Hinblick auf Transparenz und Wahrheit hinterließ: »Diese Ziele erreicht man nie für ewig. Sie müssen stets von Neuem angestrebt werden. Ich weiß, dass Sie unverbrüchlich daran festhalten werden.«

In den vergangenen Jahren haben die Leiter des Justizministeriums nicht unverbrüchlich daran festgehalten.

Die Rettung der Justiz ist in gewisser Hinsicht einfach. Der neue Präsident muss lediglich Führungspersönlichkeiten finden, die die Werte der Institution ausstrahlen.

Die Aufgabe des nächsten Justizministers wird leichter sein als die von Edward Levi nach Watergate, der sich einer Institution mit zutiefst problematischen, unausgesprochenen Annahmen über ihren Gebrauch von Macht gegenübersah. Nach Jahrzehnten des Missbrauchs und nach sechs Jahren Korruption nixonscher Prägung war die Institution zerrüttet.

Die gute Nachricht ist, dass das Justizwesen, das Levi und seine Nachfolger in fast fünfzig Jahren aufgebaut haben, im Wesentlichen unpolitisch und gesund geblieben ist. Donald Trump und seine Anhänger hatten nicht genug Zeit, die sauberen Wasser der Bucht zu verunreinigen. Gewiss, sie leiteten parteiisches Abwasser hinein, aber ihnen blieb nicht genug Zeit, die unpolitische Bucht in einen Sumpf zu verwandeln. Die unausgesprochenen Annahmen darüber, wie man sich richtig verhält – verankert im Geist Zigtausender Justizmitarbeiter –, bleiben das Fundament der Justizbehörden.

Einen »Deep State« in dem Sinne, wie Trump den Begriff gebraucht, gibt es nicht. Aber es gibt eine »deep culture«, eine tief verankerte Kultur der Justiz, die seit Watergate zu ihrem Grundgestein geworden ist. Beispiele davon konnten wir bei den Staatsanwälten erleben, die sich weigerten, sich an den korrupten Geschenken für Trumps Kumpel, Roger Stone und Michael Flynn, zu beteiligen. Diese Staatsanwälte repräsentieren Justizmitarbeiter mit einer tief verwurzelten Haltung: dass sie, völlig unparteiisch und ohne Rücksicht auf die Politik oder Privilegien, nach Wahrheit streben und die Wahrheit sagen sollen. Die Justizbehörden und die Mitarbeiter des FBI sehnen sich danach, wieder in stiller unparteiischer Arbeit das Recht durchzusetzen. Tausende von ihnen haben Kurs gehalten und leiden unter dem Verhalten der obersten Führung. Der nächste Justizminister muss nur diese stillen Helden darin bestärken zu sein, was sie schon seit Langem sind.

Die größere Herausforderung wird sein, das Vertrauen des amerikanischen Volkes wiederzugewinnen, nachdem die Rechten die vielen Lügen über diese Institution verinnerlicht haben, und die Linken beobachten konnten, wie die Trump-Clique die Justiz auf höchster Ebene gekapert hat. Der nächste Justizminister muss jemand sein, den die Amerikanerinnen und Amerikaner – unabhängig davon, wie sie gewählt haben – als überparteilich anerkennen können, als jemanden, der im Dienst apolitischer Gerechtigkeit steht. Und der nächste Justizminister wird all dies im Auge eines Sturms an Lügen von Fox News-Mitarbeitern und Donald Trumps nächstem Selbstverherrlichungsprojekt erreichen müssen. Um dies zu schaffen, muss der Justizminister sein Ministerium aus dem Parteienrummel heraushalten.

Dies ist nicht der Moment, das Verfahren gegen Michael Flynn auszuweiten – trotz des Skandals, dass der Präsident und sein Justizminister ihren Mitstreitern geholfen haben. Es ist auch nicht der Moment für die Justizbehörden, ein Strafverfahren gegen Donald Trump anzustrengen, unabhängig davon, wie zwingend die Spuren sind, die Sonderermittler Mueller aufgedeckt hat, oder wie stark die Beweise sind, die über seine Geschichten mit Pornostars und Finanzbetrug kursieren. Auch wenn all diese Verfahren in einem luftleeren Raum gerechtfertigt wären, die Mission des nächsten Justizministers muss die Stärkung des Vertrauens des amerikanischen Volkes sein, dass die Justiz nicht das Instrument politischer Rache ist.

Gerald Ford hat Richard Nixon begnadigt, um Amerikas nationalen Albtraum der 1970er Jahre, die Spaltung der Gesellschaft, gegenseitige Schuldzuweisungen und institutionellen Missbrauch zu beenden. Ford verlor die Wahl danach möglicherweise aus diesem Grund, denn der drängende Wunsch, einen kriminellen Präsidenten auch zur Rechenschaft zu ziehen, war weit verbreitet. Die Geschichte freilich urteilte positiver über Fords Klugheit als seine Zeitgenossen. Ähnlich weitblickend wird auch unser nächster Justizminister sein müssen, angesichts des nationalen Interesses an einem Justizministerium, das abseits von politischem Cliquendenken steht.

Aber vielleicht liege ich falsch. Es gibt auch gewichtige Argumente dafür, dass es ein Gebot der Rechtsstaatlichkeit ist, einen kriminellen Präsidenten zur Verantwortung zu ziehen, und dass die Watergate-Affäre in einem entscheidenden Punkt anders war: Nixon trat als Präsident zurück, nachdem seine Verbrechen ans Licht gekommen waren, und er akzeptierte auch die Begnadigung durch Präsident Gerald Ford, ein Akt, der schon vor langer Zeit vom Supreme Court als Schuldeingeständnis gewertet wurde. Tatsächlich trug Ford für den Rest seines Lebens einen Textauszug jener Supreme-Court-Entscheidung in der

Brieftasche bei sich. Durch die Begnadigung eines zurückgetretenen Präsidenten hatte Ford ihn in einer Weise zur Rechenschaft gezogen, wie es bei Trump nicht der Fall wäre, selbst wenn er nach einer verlorenen Wiederwahl begnadigt werden sollte. In Trumps Fall wäre das möglicherweise nicht genug, um ihn zur Verantwortung zu ziehen. Oder eben doch, vor allem, wenn ihn die Staatsanwälte in New York wegen Finanzbetrugs anklagen sollten.

Was immer der neue Präsident und sein Justizminister entscheiden, sie sollten es ihrem Land offenlegen. Um das Vertrauen zu stärken, müssen sie transparent agieren und dem amerikanischen Volk erklären, warum sie nicht gegen Trump oder andere aus seiner Clique strafrechtlich vorgehen. Wenn sie eine andere Entscheidung treffen und einige oder alle der nicht geahndeten Straftaten verfolgen, sollten sie auch das erklären, um deutlich zu machen, dass es nicht um politische Rache geht.

Präsident Ford unternahm 1974 den außergewöhnlichen Schritt, vor dem Kongress auszusagen, und erschien persönlich einen Monat nach der Begnadigung Nixons vor dem Justizausschuss des Repräsentantenhauses. Das war, so drückte Ford es aus, ein Akt, »für den es keinen wirklichen Präzedenzfall in der Geschichte der Beziehung zwischen Präsident und Kongress gibt. Doch ich bin nicht hierhergekommen, um Geschichte zu schreiben, sondern um über Geschichte Bericht zu erstatten.« Der Präsident saß allein auf der Zeugenbank und erklärte sich dem Kongress und dem amerikanischen Volk. Er habe Nixon begnadigt, weil »ich alles in meiner Macht Stehende tun wollte, um unsere Aufmerksamkeit nicht auf die Verfolgung eines gefallenen Präsidenten, sondern auf die dringenden Erfordernisse einer aufstrebenden Nation zu lenken.«

Präsident Fords Aussage galt damals, im Oktober 1974, seinen Zeitgenossen, doch sie gilt auch für uns heute:

> Wir würden unnötig von der Bewältigung dieser Herausforderungen abgelenkt, wenn wir als Volk über die Frage tief gespalten blieben, ob wir einen ehemaligen Präsidenten anklagen, vor Gericht stellen und bestrafen sollen oder nicht. Einen Präsidenten, der bereits dazu verurteilt ist, lange und tief unter der Scham und der Schande zu leiden, die er über das Amt, das er innehatte, gebracht hat. Wir sind gewiss kein rachsüchtiges Volk. Wir haben unsere Bereitschaft, Mitgefühl und Barmherzigkeit zu zeigen, oft genug bewiesen. Als Volk können wir auf eine lange Geschichte zurückblicken, in der wir selbst unseren schlimmsten Feinden vergeben haben.
> Doch Verzeihen bedeutet nicht Vergessen, was das Böse uns an Lehren erteilt hat, egal in welchem Gewand. Und die Begnadigung des ehemaligen Präsidenten wird gewiss nicht bewirken, dass wir vergessen, welch üble Auswirkungen Vergehen haben, wie die der Watergate-Affäre, oder die Lehre daraus, dass eine Regierung, die ihre Anhänger enttäuscht und ihre Gegner als Feinde behandelt, niemals, niemals toleriert werden darf.

Unabhängig davon, ob unser nächster Präsident Donald Trump begnadigen wird oder nicht, und ob die Justizbehörden gegen ihn vorgehen werden oder nicht, das amerikanische Volk muss erfahren, warum dies geschieht.

Die Behördenchefs lokaler Justizeinrichtungen müssen, zumindest was ihre Werte betrifft, ein Abbild eines moralisch integren Justizministers sein. Art und Charakter des Justizministers müssen sich in den 93 Personen widerspiegeln, die im gesamten Land zu Bundesanwälten ernannt wurden, insbesondere in Staatsanwaltschaften, die besonders im Rampenlicht stehen. Auch sie müssen die Werte der Justiz ausstrahlen und ihre direkte Beziehung zu den Bürgern nutzen, um die Amerikanerinnen und Amerikanern zu versichern, dass die Justiz in dieser Demokratie von der Politik unabhängig ist und man ihr vertrauen kann. Auf Bürgerversammlungen, in Klassenzimmern und bei Pressekonferenzen müssen sie ihre Arbeit und ihre Werte dem Volk, dem sie dienen und das sie schützen, offenlegen. Sie müssen sich aus der Politik heraushalten und ihre Mitarbeiter schulen – so wie ich im Justizapparat geschult wurde –, zu begreifen, dass kein Fall, keine Befangenheit, kein Problem es jemals wert sind, das Reservoir an Vertrauen und Glaubwürdigkeit zu gefährden.

Der aktuelle Direktor des FBI sollte die vollen zehn Jahre im Amt bleiben, die als Zeichen der Distanz des FBI vom Präsidenten eingeführt wurden. Denn ich kenne Christopher Wray als integre Persönlichkeit und vermute, dass sein Schweigen zum FBI angesichts der Angriffe von Trump und Barrs Verleumdungen ein bewusst gewähltes Mittel war, um zu überleben und ihnen möglichst keinen Anlass zu bieten, ein weiteres Mal einen Direktor zu entlassen, den sie mit einem Trumpschen Loyalisten ersetzen können und den ein schwacher Republikanischer Senat bestätigt hätte. Sein Vorgehen beweist große Klugheit – unter, wie ich annehme, großen persönlichen Schmerzen.

Wenn Wray nicht von einem gehässigen, vom Scheitern geschwächten Trump gefeuert wird, sollte er sich befreit fühlen und in der Lage sein, die Werte seiner Institution uneingeschränkt vorzuleben, er sollte offen und ehrlich über deren Mängel und außerordentliche Widerstandskraft sprechen können, wie er es nicht konnte, als es einzig darum ging zu überleben, um die Institution zu schützen. Die FBI-Mitarbeiter sind angeschlagen und müssen ihren Direktor sehen können und von ihm hören; sie müssen erfahren, dass er stolz darauf war, wie sie ihre Werte während der Trump-Regierung hochgehalten haben; sie müssen von seinen Plänen erfahren, diese bedeutende Institution zu verbessern und das Vertrauen im Land zu festigen. Und der Direktor kann, befreit vom Schatten eines rassistischen Präsidenten, zur Rettung seiner Behörde eine seiner wesentlichen Aufgaben in Angriff nehmen und mehr Frauen und People of Color als Sonderermittler und Führungskräfte ins Amt holen, um ein FBI zu gestalten, dem von allen Amerikanerinnen und Amerikanern Vertrauen entgegengebracht wird. Ein guter Start – und ein Signal an alle amerikanischen Strafverfolgungsbehörden – wäre ein klarer Bruch mit der Vergangenheit des FBI, indem J. Edgar Hoovers Name vom FBI-Hauptgebäude entfernt und es nach der Bürgerrechts-Ikone John Lewis umbenannt würde.

Es ist an der Zeit, dass Amerika diesen gefallenen und korrupten Präsidenten hinter sich lässt und sich dem Wiederaufbau zuwendet. Es ist viel zu tun, doch das Rezept ist einfach. Sagt dem amerikanischen Volk die Wahrheit, die ganze Wahrheit, nichts als die Wahrheit. Legt eure Arbeit offen, gewährt Transparenz über Erfolge wie Misserfolge. Im Gegenzug wird euch das Volk Vertrauen schenken, und die Justiz kann das Volk beschützen und diesem großartigen Land dienen. Tröpfchen für Tröpfchen wird dann das Vertrauensreservoir wieder aufgefüllt.

DANK

Großen Dank schulde ich:

Der Liebe meines Lebens dafür, dass wir unser Versprechen halten, unser Leben zu teilen und dies lachend und mit Freude tun – und dafür, dass sie mich zu diesem Buch ermutigt und mir geholfen hat, es zu durchdenken.

Unserer fantastischen, weiter wachsenden, vergnügten und liebevollen Familie, die Gott sei Dank immer wieder Wege findet, mir zu helfen, mich zu bessern.

Meinen Partnern bei Javelin, Keith Urbahn und Matt Latimer, die mich von Anfang an berieten und mir halfen, besser zu werden.

Meinen Freunden bei Flatiron und Macmillan, ganz besonders meinem Lektor Zack Wagman, der mich mit Charme, Humor und Klugheit an die Hand nahm, und das unter Corona-Bedingungen. Schade nur, dass Marlena Bittner und ich das Buch nicht auf einer Lesereise vorstellen können.

Dave Kelley, Pat Fitzgerald und Dan Richman, deren Rat und Freundschaft ich über viele Jahre – und ganz besonders während der vergangenen vier – schätzen gelernt habe.

Und schließlich all denen, die ihr Leben der Justiz gewidmet und etwas Großes aufgebaut haben. Mögen sie alle weiter das Gute tun.

REGISTER

JAMES COMEY

Größer als das Amt

Auf der Suche nach der Wahrheit –
der Ex-FBI-Direktor klagt an

Spektakulär von Donald Trump gefeuert, legt Ex-FBI-Direktor James Comey die politischen Machenschaften in Washington und das von Donald Trump korrumpierte System offen. Ein Stück Zeitgeschichte, so spannend wie ein Thriller.

»Die Präsidentschaft von Donald Trump ist ein andauernder Frontalangriff auf die Wahrheit ... die Lügenflut könnte die Richtschnur, an der wir unsere Führungspersönlichkeiten stets gemessen haben, zerreißen, den Grundpfeiler namens Wahrheit unterspülen und abtragen wie eine Sandburg am Strand.«

Aus dem Vorwort zur Taschenbuchausgabe

»Comey schreibt mit der Präzision eines Staatsanwaltes
und dem Talent eines Romanciers.«
SPIEGEL

DROEMER